景宁畲族自治县档案馆藏北洋档案选编

景宁畲族自治县档案馆 主编
张凯 编

ZHEJIANG UNIVERSITY PRESS
浙江大学出版社
·杭州·

图书在版编目（CIP）数据

景宁畲族自治县档案馆藏北洋档案选编 / 景宁畲族自治县档案馆主编；张凯编. -- 杭州：浙江大学出版社，2024.11
ISBN 978-7-308-24423-7

Ⅰ. ①景… Ⅱ. ①景… ②张… Ⅲ. ①北洋军阀政府－历史档案－汇编 Ⅳ. ①K258.2

中国国家版本馆CIP数据核字(2023)第229962号

景宁畲族自治县档案馆藏北洋档案选编

景宁畲族自治县档案馆 主编　　张凯 编

责任编辑 蔡　帆
责任校对 潘丕秀
封面设计 周　灵
出版发行 浙江大学出版社
（杭州市天目山路148号　邮政编码 310007）
（网址：http://www.zjupress.com）
排　　版 云水文化
印　　刷 浙江高腾印务有限公司
开　　本 787mm×1092mm 1/16
印　　张 41.25
字　　数 336千
版 印 次 2024年11月第1版　2024年11月第1次印刷
书　　号 ISBN 978-7-308-24423-7
定　　价 497.00元

序言

晚清民国是近代中国知识与制度转型的重要时期，知识与制度体系的全面变迁逐步改变了中国人的思维与行为。近年来，随着新史料、新理论、新方法的拓展与应用，中国近现代史研究领域不断扩展，围绕“断裂与延续、移植与异化、过渡与转型”等主题的讨论日益深化。然而，相较于清季与南京国民政府时期历史研究的热点迭出，围绕北洋政府时期历史的研究要冷清许多。究其缘由，一是受“北洋军阀”等僵化思维与单线史观的限制；二是目前北洋政府时期史料整理出版有限，使人难以全方位认知与整体把握北洋政府时期的历史。因此，学界呼吁应当打破北洋军阀观念的局限，从资料编辑开始，将北洋政府时期的所有史料史事视为有机联系的整体，尽可能完整系统地呈现北洋政府时期历史的全过程和各层面，上溯晚清，下探国民政府乃至新中国的历史。

档案史料是中国近现代史研究的基础，档案史料的整理与研究工作在学界与社会规划工作中得到了充分重视。目前学界关于北洋政府时期档案的整理与研究大体分为两类。其一，中国第二历史档案馆藏北洋政府时期档案的系统整理。该馆于 1981—2000 年陆续编辑出版《中华民国史档案资料汇编》5 辑，汇集了南京临时政府、北京政府、广州国民政府、武汉国民政府、南京国民政府的重要档案史料，各辑按政治、财经、军事、教育、外交等分类。后该馆又系统整理馆藏北洋政府各全宗档案，选择具有利用和研究价值的史料 2 万余件，影印出版大型资料专集《北洋政府档案》。其二，各类专门档案中所包含的北洋政府时期史料。比较有代表性的有天津、苏州、绍兴等地区的商会档案资料、《上海市档案馆藏近代中国金融变迁档案史料汇编》、《龙泉司法档案选编》第二辑“北京政府时期（1912—1927）”等。中国第二历史档案馆整理出版的档案史料内容广泛，反映了北洋政府时期政治、经济、军事、外交、文化等各方面的发展状况，但难以全面呈现北洋政府时期各地方政治与社会转型的复杂性。各类专门档案主题鲜明，有助于系统展现某一特定专题的具体内涵，但难以从整体上把握历史变迁。

浙江南部景宁畲族自治县档案馆现存北洋档案与上述档案史料有着显著的互补性，其特点如下：

一、数量大、类型完整且内容系统。该档案上起1912年，下讫1927年，共有3000件卷宗，10万余页。档案内容涉及北洋政府时期浙江省、瓯海道、景宁县等三级机构的行政、财政、司法、警政、教育等各个领域，各类别档案均被相对完整地保留，内容涵括各级政府公文来往，民刑纠纷及裁断，政府财政收支，各机构团体的章程条例与收支账簿等。

二、以基层视角彰显近代社会转型。此前学界已整理研究过北洋政府时期的档案，但大都是中央机关或中心城市所存档案资料，景宁畲族自治县档案馆藏北洋档案具有特定区域与特定时期的双重属性，为开展社会变迁的整体史研究提供了基础性档案史料。

浙江南部景宁畲族自治县档案馆现存北洋档案几乎包括从国家制度到社会生活的所有方面，其所反映的历史时期，正处于从传统向近代转轨的节点，恰可贴切反映历史转轨：基层政权建设既源自国家体制转型，而国家制度在基层的落实又势必呈现在地化的“调适”，民众社会生活的变化又“迟滞”于国家政治层面。整理与研究景宁畲族自治县档案馆藏北洋档案，有助于弥补既往北洋史研究的薄弱环节，进而提出新的研究视角和理路。

景宁畲族自治县档案馆藏北洋档案整理与研究的总体框架，可分为档案整理研究与专题研究两大部分。档案整理包括两部分主要内容：一是重新编目。档案的整理与编目是所有研究工作的基础，现有卷宗与文件目录所含信息有限，有待进一步完善。重新编目将尽可能提供事由、关键词等多方面信息，方便研究者利用。二是编纂出版《景宁畲族自治县档案馆藏北洋档案》大型资料集。首先鉴定每个案卷中不同文件的格式，历时性理顺其次序，并为每份文件建立目录。后续开展档案录入与校对，分批整理出版。

专题研究从以下方面展开：

一、北洋政府时期基层行政体系的转承研究。该专题研究以景宁地区基层行政体系的转承为线索，主要考察北洋政府时期浙江省、瓯海道、景宁县三级行政体制的设置与运行的曲折历程，探讨北洋政府时期基层行政体系转承的背景、演化及其影响，将眼光放到基层的政权建设，将中央权力的更替与地方的变化相结合，聚焦中央与地方、制度设计与基层实践的契合与紧张关系，在从传统向近代转轨的视野中，揭示制度设计与基层实践的复杂内涵。

二、近代学制转型与北洋基层教育变迁。科举制度废除前后，浙江官方和民间对于兴办学堂、发展新式教育的重要性与紧迫感达成某种共识，掀起开办新式学堂的热潮。北洋政府时期，浙江乡村教育的近代化改造开始起步。景宁畲族自治县档案馆藏北洋档案既保留了北洋政府时期政府各阶段的乡村教育政策，又记录了北洋政府时期景宁地区基层教育改革的实情，结合对民初浙江知识群体乡村教育问题的学理分析，有助于揭示近代基层教育的历史进程，为理解近代乡村教育思潮与实践提供有效知识资源。

三、警政与北洋政府时期基层社会秩序。近代国家权力机构不断向下渗透之际，基层社会逐渐形成以县公署为机关的“官治”与在籍乡绅以“四局”为凭借的“自治”双轨并存的县政模式。双轨模式加速了士绅向权绅的演化，如何划定官治与自治的权力边界，协调官、绅、民的关系成为长期困扰北洋政府时期基层社会的难题，地方利益的重组、职权界限的纠葛等使得社会精英阶层冲突不断。该专题研究以景宁畲族自治县档案馆藏北洋档案为线索，通过警察制度，把握近代中国乡村及国家与社会关系，历时性分析警政与北洋政府时期基层社会秩序。

四、民初基层司法体系与裁判实践。该专题研究以北洋政府时期景宁地区司法诉讼为中心，按照判决依据与判决方式对纠纷类型进行裁判法源分类。即有哪些案件援引大理院的判决例和解释例，哪些案件拒绝援引，哪些案件选择性地接受以及哪些案件在援引过程中产生误解等。通过具体的数据统计分析，进而讨论基层司法裁断与大理院判决的能动关系，阐释近代法律移植过程中基层司法裁断如何应对中西法律的对话与冲突。

上述专题侧重语境化地分析浙南地区基层社会的“变”与“不变”，与此前学术界研究比较深入的江南核心地区与华南地区相比较，突破学科界限，寻求历史语境、制度革新、基层实践三者的有效结合，理清近代制度转型与社会变迁背后中央与地方、各阶层与团体间观念、人事、利益的冲突与行事，切实呈现、分析社会秩序与政治转型中的“常情”与“变态”，为认知近代中国转轨提供“浙南样本”。

综上可知，景宁畲族自治县档案馆藏北洋档案为研究北洋政府时期地方政治、区域经济、基层社会秩序及整合等提供了极为丰富的第一手资料。此次编纂《景宁畲族自治县档案馆藏北洋档案选编》，为整理、利用这批珍贵档案作初步尝试。

（撰稿：张凯、陈静、何伟东）

编辑说明

一、本书选用档案均来自景宁畲族自治县档案馆，以全文影印的方式出版。

二、本书按照档案内容划分大类，其细目按档案产生时间先后顺序排列，并附相应档号。

三、档案中原标题完整或基本符合要求的使用原标题；对原标题有明显缺陷的进行了修改或重拟，对同类型相关事件的档案予以总体命名。

四、档案标题中人名使用通用名并以括号标明原档案写法，机构名称使用机构全称或规范简称，历史地名沿用当时地名。

五、本书使用规范的简化字。对标题中人名、历史地名、机构名称中出现的繁体字、错别字、不规范异体字、异形字等，予以径改。限于篇幅，不作注释。

本书在编辑过程中可能存在疏漏之处，欢迎方家斧正。

目录

北洋县制

学制转型与基层教育变迁

警政与基层社会秩序

基层司法体系与裁判实践

北洋县制

诚如学者所言："以县乡一体的社会、行政系统为基础层面和基本单元，是中国社会结构不同于其他社会文明的一个重要特点，这种特点即使在今后可以预见的现代化进程中，也不会发生根本改变。"清末新政时期政府颁布《直省官制通则》，试图将"官治"与"自治"融为一体。民国改元后，各地县级行政机关均以不同形式贯彻"官治"与"自治"。一方面，北洋政府坚持实行"官治"县政，县公署履行国家行政职能而不承担地方自治行政职能，但却继续推进县行政组织的健全和整合；另一方面，在县议参两会于1914年被袁世凯政府下令取消后，各地形成了由地方人士组成、专以办理地方公益事务为职能的各种局所，构成了"官治"县政之外的另一套县政系统。

1912年11月，袁世凯发布大总统令划一官吏名称："民国成立以来，各省府厅州县分职设官，率皆自为风气，或早改从知事之新名，或尚沿袭牧令之旧制……（在地方官制制定之前）各县及凡府、直隶厅、州之有直辖地方者，所有长官官名，一律先行改为知事，一应管辖区域，暨办事权限，悉依现制办理。"

1913年1月，北洋政府正式颁布了《划一现行各县地方行政官厅组织令》，其中关于县公署组织和职责的主要内容包括：第一，统一县地方行政长官名称，统称"知事"；划一地方县级行政区划名称，除现设各县仍称"县"外，现在有直辖区境的府和直隶厅、直隶州，以及现在各散州、厅，名称一律改为"县"，推进地方行政体制的科层化。第二，规定县知事"依现行法规之例，各办理其行政事务及该省行政长官委任之事务"，"各县地方彼此关系事件应互为法律上之协助"。第三，规定了县行政公署的内部组织结构。各县知事公署可以设置科长和科员两种"佐治员"，并"酌设技士办理技术事务"，均由该省行政长官委任。各县知事公署分设各科办理行政事务，根据本县事务繁简设2至4科，各科科员为2至4人，并可"酌用雇员"，"缮写文件、办理庶务"。第四，规定未设审判厅各县可以酌设帮审员1至3人，管狱员1人，渐进推行行政与司法的分离。

1913年3月，北洋政府还颁布了《各县知事公署暂行办事章程》，规定县行政公署各科负责办理以下具体事项：选举、监督下级自治团体及其他公共团体、赈恤救济及慈善、道路及土木工程、宗教及礼俗、征兵征发、人口户籍、警察卫生、土地调查和收用、本县行政经费收支、委任关税征收、文化教育、农林工商、官产官物和地方交通行政等。此举将清代州县行政以赋税征收和刑法诉讼等政治统治职能为主，拓展至社会管理和建设职能。1913年9月北洋政府发布教令，令各省将属县划分为不同等级，县知事的任用权已统归各省，县等的差别主要表现在各县公费的金额，景宁划归为三等县。如景宁县北洋档案所见，景宁县公署在田赋征收、地丁征缴、催解赋税、催粮劝农、劝捐、兴修水利、勘察灾歉、筹办平粜、经费的呈报具领划拨等基本事业外，还有诸如劝募公债、详报积谷情形、电政监督管理、征收学租、征收店屋捐、办理诉讼经费、推广蚕桑等事务。在原有机构设置外，还增加了邮局所、民团局、农会、工会、习艺所、女蚕讲习所等。

1914 年 5 月，北洋政府公布省、道、县三级官制的法令，明确县级行政的基本制度与职能：第一，知事主持县政，由道尹直接管辖。第二，县知事为县内最高行政长官，全权处理县内各项事务。第三，县知事有发布命令、撤销与委任属员、调用警备与请求邻近军队等权限。如景宁县北洋档案所见，县知事抵任后需要开展经济调查、呈报官吏册籍、整顿府仓积款、呈报行政公费、呈送县等级官俸、拟具司法经费和囚粮表册，还需要与前任知事进行政绩对比，具体涉及民政类如自治（平粜、道路、桥梁、河道）、警察、禁烟；实业类如农、工、商、矿；财政类如租税、公债；教育类如普通教育、特种教育，都需要就实呈报。具体来说，县知事的行政权力为委任职员、征兵、党务督导、缴收民团枪械、集中士绅劝捐办理地方公益事业。此外，还涉及户口登记、组织禁烟、公路桥梁、办理公债、修缮官舍、发展实业、办理祀孔典礼、关岳祀典、船舶管理、官兵抚恤、解缴军饷、筹措清乡经费等。

景宁县知事的行政事务多为委任职员、征兵、督导、缴收民团枪械、集中士绅劝捐办理地方公益事业。如 1916 年，为疏浚河道，知事秦琪提议由自治委员洪昌骥邀集城区士绅首先认捐，再赴各区劝告量力支持，待认捐数额达成后，再妥当商量修浚事宜。景宁县公署筹备拟订地方自治施行细则，推行地方自治。依托景宁县北洋政府时期档案，以景宁地区基层行政体系为线索，有助于考察北洋政府时期省、道、县三级行政体制运行的实情，通过基层政权建设，将中央权力的更替与地方的变化相结合，聚焦中央与地方、制度设计与基层实践的契合与紧张关系，以从传统向近代转轨的视野，揭示制度设计与基层实践的复杂内涵。

浙军政府政事部长为景宁县民事长查照府县编制暂行章程将署内任用课员列折具报的照会

（一九一二年一月十九日）　0261-005-0801-019

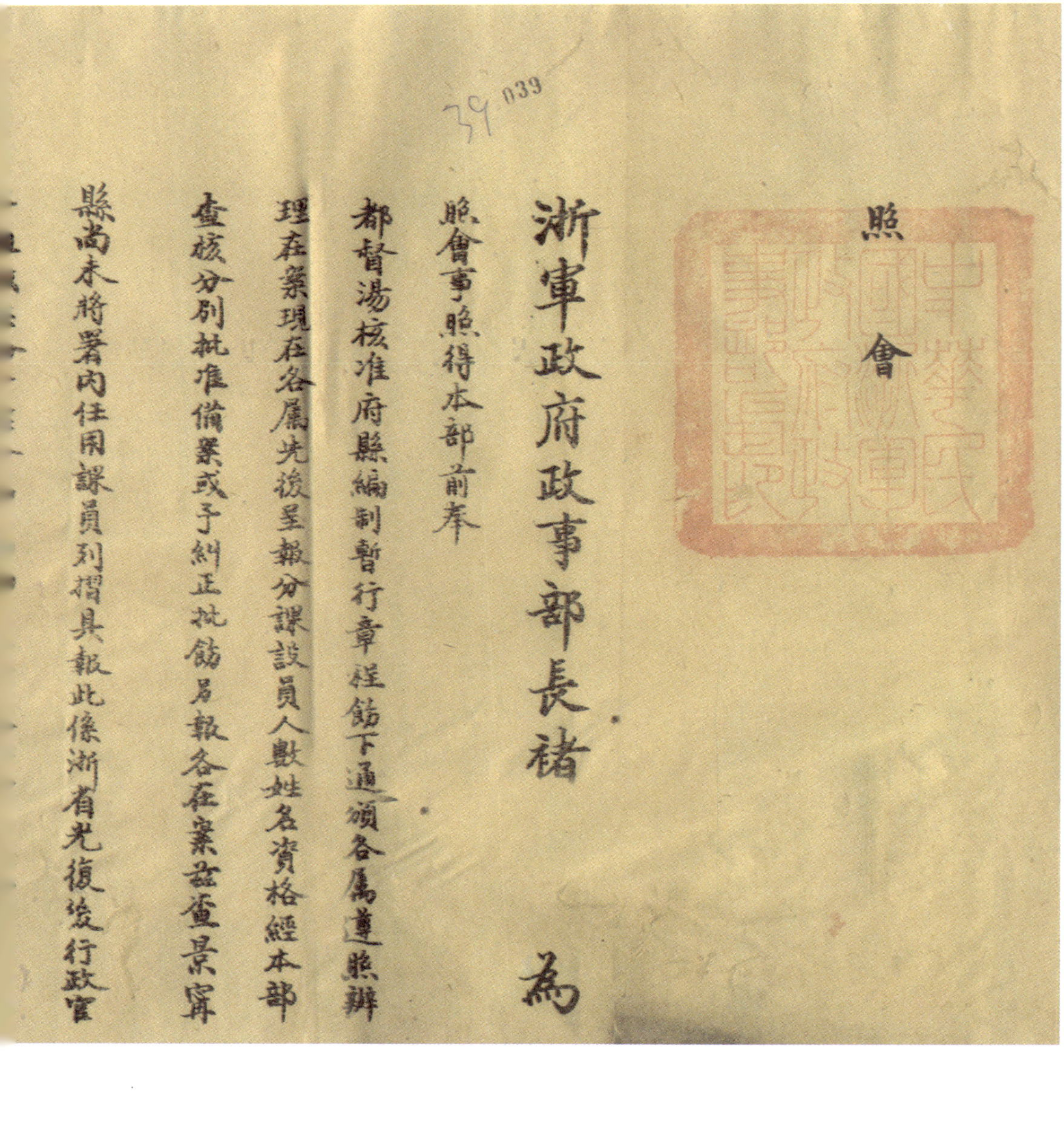

照會

浙軍政府政事部長褚　為

照會事照得本部前奉

都督湯核准府縣編制暫行章程飭下通飭各屬遵照辦

理在案現在各屬先後呈報分課設員人數姓名資格經本部

查核分別批准備案或予糾正批飭另報各在案茲查景寧

縣尚未將署內任用課員列摺具報此係浙省光復後行政官

0024

貴民事長查照前頒編制章程并任用執法課員先後文飭赴日

聞具清摺呈報以憑彙核切再稽延須至照會者

右照會

景寗縣民事長劉

中華民國元年元月十九日

二月三号到

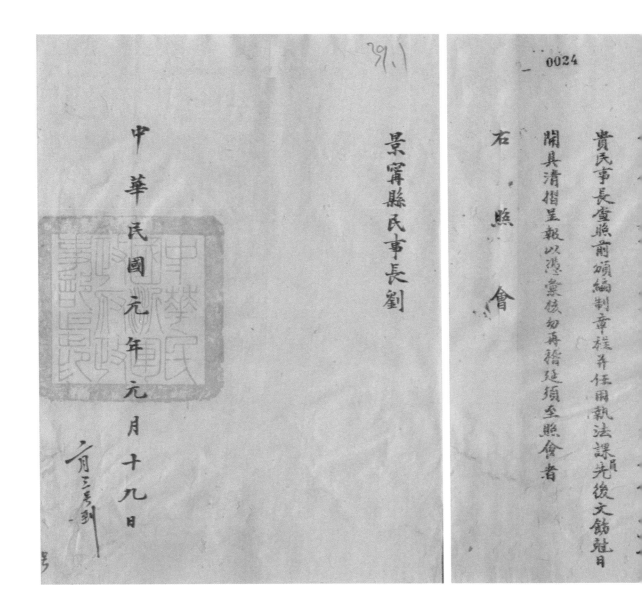

001

照會

浙軍政府政事部長褚　爲

照會事案奉

都督蔣照開本年元月二十四號准

南京內務大臣程來電查取地方官廳之組織及官吏之簡明

履歷等項行查到部查地方官廳之組織臨時省議會地方官

制議決案不日實行各屬亟應遵照至官吏簡明履歷雖據各

屬先後具報遺漏尚多茲奉行查合就備文照會各民事長

(議決案實行應改知事)迅將姓名年歲縣籍及學識上之資

格(如學校畢業)或政治上之經驗(如曾辦某項事務)或光復

-7-

浙军政府政事部长为各知事讯将官吏姓名年岁县籍等切实开具册折列文呈报的照会

（一九一二年二月二日）　0261-005-0711-001

貴民事長請煩查照即希將文開各項依限具報無稍
稽延是所至盼須至照會者

002

右照會

景寧縣民事長

中華民國元年二月二日

元年二月廿一日到

-8-

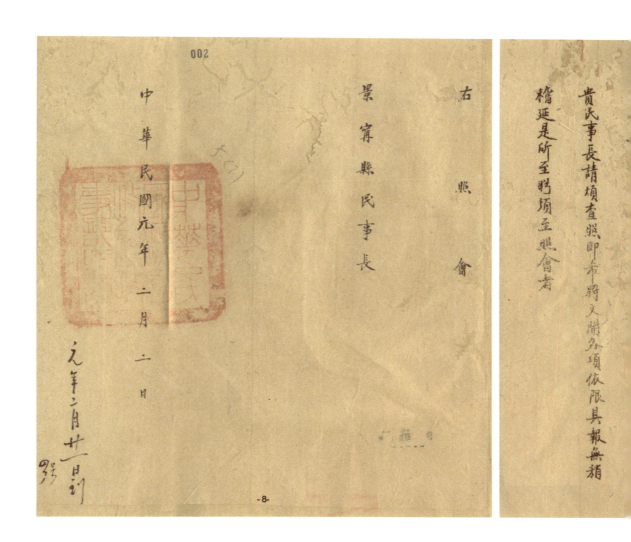

景宁县公署为呈送五项舆图的函
（一九一二年三月五日） 0261-005-0782-020

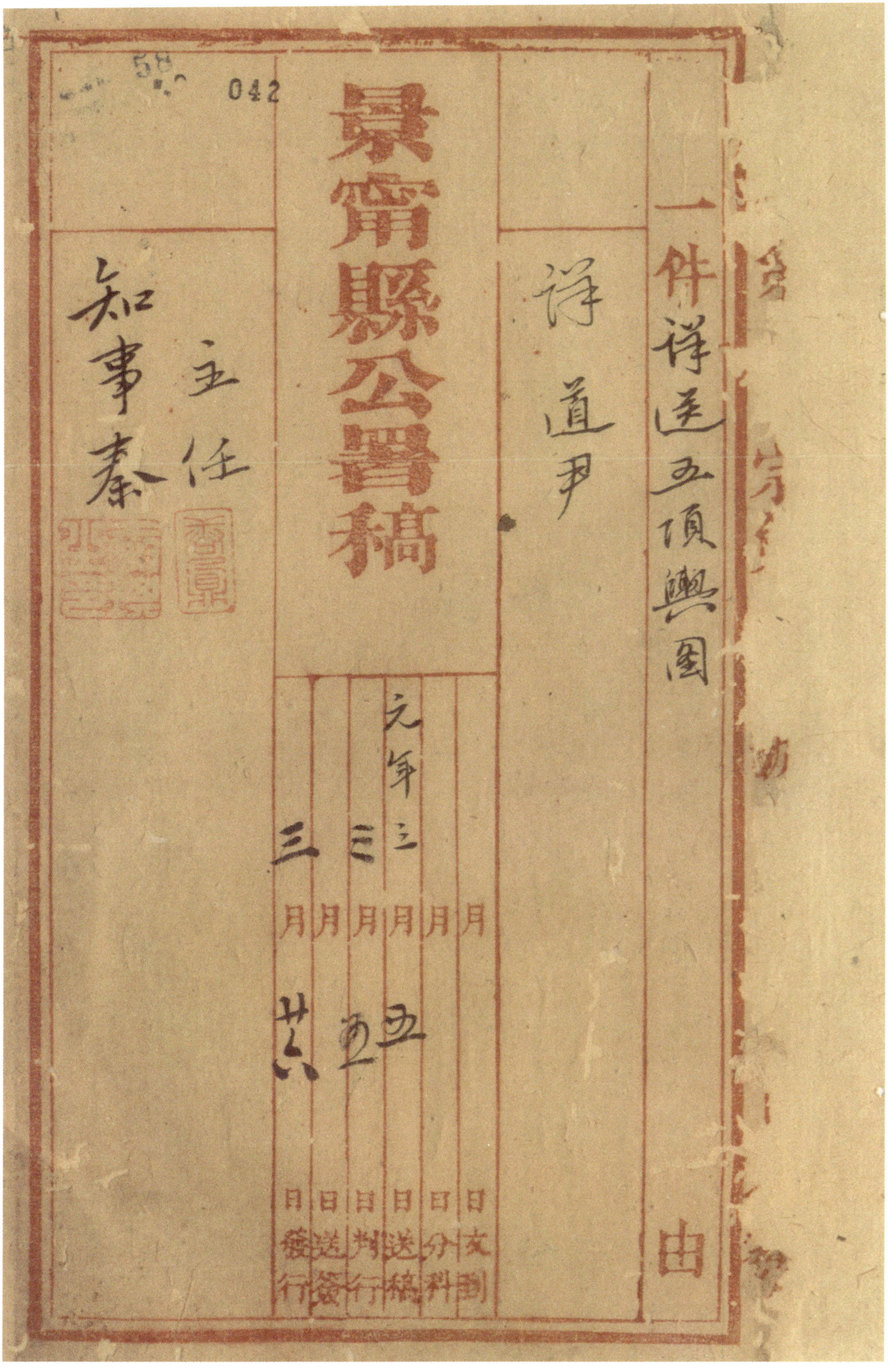

58
042

景寧縣公署稿

一件詳送五項輿圖由

詳 道尹

知事秦
主任

元年三月 文到
三月 分科
三月五日 送稿
三月五日 判行
三月 送簽
三月廿六日 發行

详为详送子集事

钧尹饬开事

巡按使饬开以防务计划因地域形势而不同行政设施视郡国利病

而为要饬即摹绘五项舆图详送汇转等因计发原图十三纸图

纸二十张凡例一纸到县奉此遵查景宁地居奥区崇山叠嶂

幅员辽阔而地舆专门人材又绝缺乏再三遴聘分头出发费

时六月方克集事绘成四份又分别缮写校对始克告竣除用过经

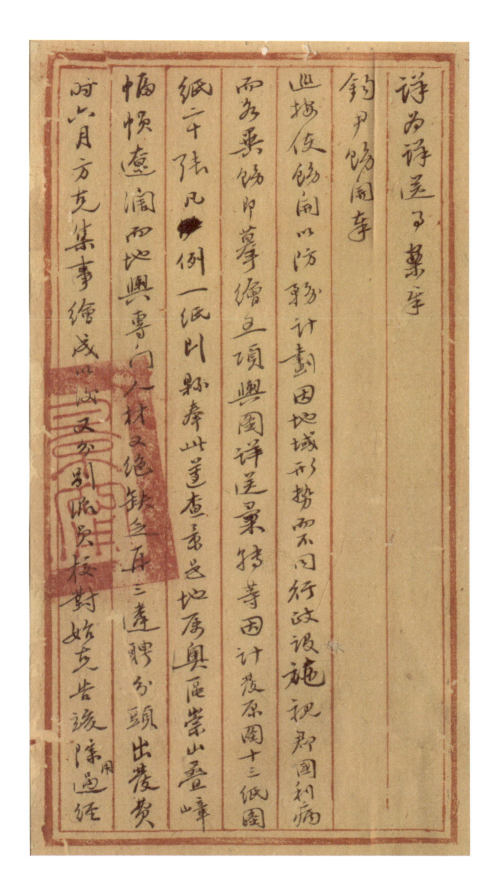

043

貴道尹準備全境勘丈另文報銷外所有奉文摹繪五項輿
圖告竣理合備文並原圖詳請
鈞尹俯賜查核察收彙轉實為公便再禀邑輿圖南北距離非一
紙所能繪罄因分列二紙計五項輿圖二份共需圖紙四張與奉發
之紙適符其間因初繪時污損一紙遂照式由摹繪員摹配一
紙該圖僅止二三方格會併聲明謹詳
浙江甌海道道尹

計詳送
五項輿圖二份　又原圖十三張
地輿說明書一本

謹將景寧縣五項地輿說明閱摺呈請

鑒核

計開

(甲)防務險要及劃分區域駐有營警保衛團之圖

(說明)查景邑僻處邊陲地本奧區外匪竄入爲必所

有警備隊游擊隊及水警保衛團並業舉辦

陸警借駐於城内分區並無設有派出所其險

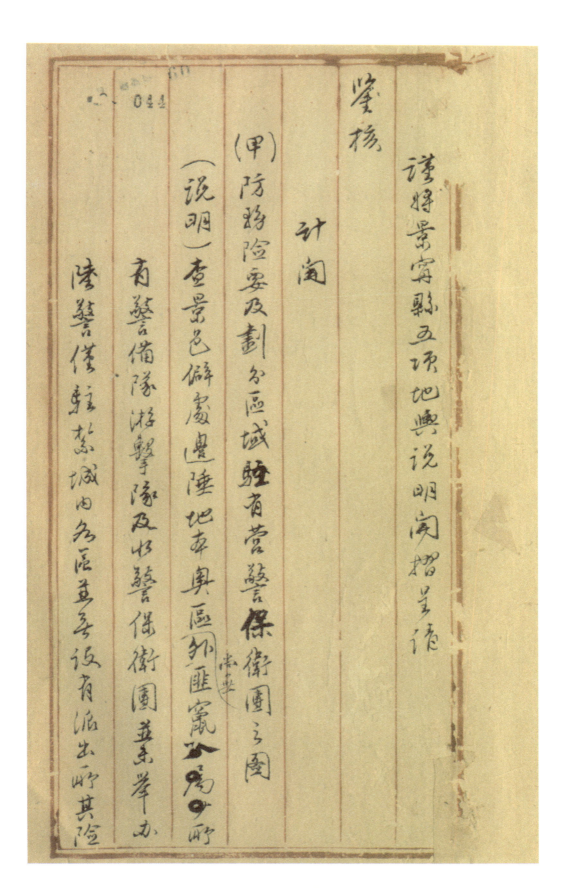

要處並警視線及陸警區域均於圖內標明

（乙）歷代沿革之圖

（說明）凡有清以前官所營汛有可考者均已於圖內標明

（丙）山脈水道之里之圖

（說明）山脈道里山並水道之里及沙灘各線均已標明

其有無鑛產之處因景色而無　鑛專科人

員從召調以故圖內誌點皆付闕如

（丁）自治學務區域之圖

（說明）查景邑舊時自治區域分爲十二區現在籌办地方自治遵將舊時十二區併爲五區其學務區域與自治區域同

（戊）繁盛村落市鎮之圖

（說明）查景邑村落住戶在二百家以上者僅有數處均用红色小圓圈誌明其市鎮商店在五十家以上者絕無以故圖內市鎮商店標誌均付闕如

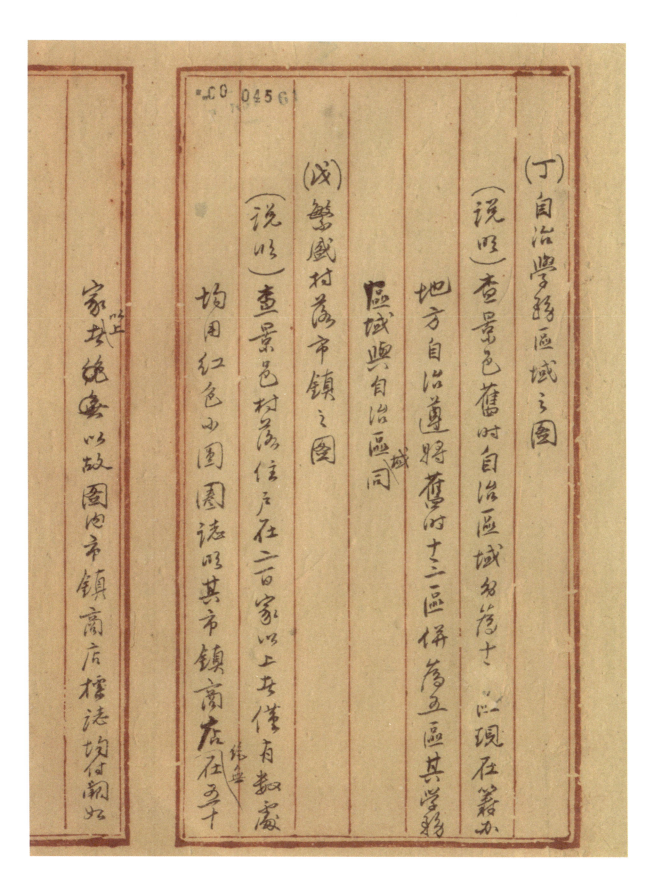

浙军都督府呈请景宁县知事遵照办理各县等级官俸的令
（一九一二年三月二十八日） 0261-005-0711-004

令

018

中華民國浙軍都督蔣 令

據民政財政司會呈請酌定各縣公費一案奉批呈摺均悉查表內所列各縣司書生一項爲公布官俸暫行法議決案內所無惟現在書吏業經裁去應准酌量增設書記各一二名以資辦公各縣活支由司分級規定

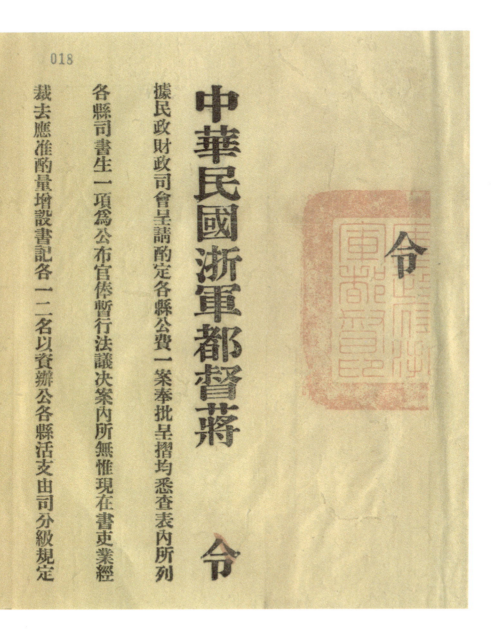

019

查各縣等級官俸既蒙核准呈請通令各屬遵照并刋刻公報俾衆周知

等情到本軍府據此除刋布公報并通令外合就令行縣知事遵照辦理

此令

右令景寗縣知事准此

蔣尊簋

四月十号到

53

中華民國元年三月廿六號

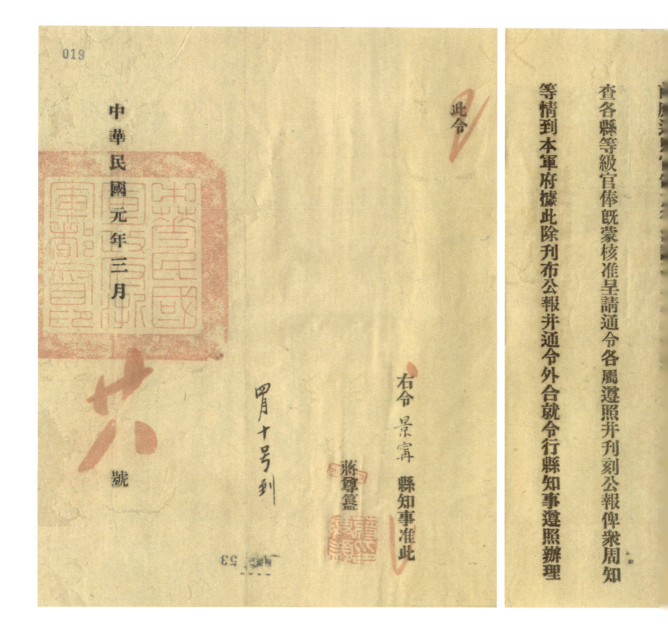

景宁县三等知事委任职官一览表

（一九一二年三月二十九日） 0261-005-0578-017

048

124

景寧縣三等知事委任職官一覽表

中華民國元年三月廿九日 知事季汝[illegible]填送

職務	姓名	年歲	籍貫	資格	到任年月
民政科長	張志商	三十一歲	本邑順濟鄉人	自治畢業生前充浙路勸股員	陰曆辛亥年十月十九日
財政科長	洪占榮	二十八歲	本城錦衣坊人	東京宏文普通畢業	陰曆辛亥年十二月初一日
教育科長	沈鏘鳴	三十一歲	本邑順濟鄉人	處州中校二學年生前充本邑勸學員傳考浙江農教員講習所學員	陰曆辛亥年十月九日
政科員	金鑑源	三十歲	本城西河坊人	前係城自治董事曾辦公立小學堂三年	同前
財政科員	嚴品端	四十二歲	本邑南康鄉人	前充本邑勸	同前
教育科員	葉森祺	廿歲	本城錦衣坊人	處州師範畢業曾辦公立小學三年	中華民國元年三月十六日
書記	潘紹周	三十一歲	本邑景和鄉人	自治修業生	中華民國元年二月初十日
書記	陳鍾奇	二十六歲	本邑渤海鄉人	自治畢業生	陰曆辛亥年十二月初二日
書記	洪昌驥	三十三歲	本邑錦衣坊人	前充本邑巡警局董辦理三年	陰曆辛亥年十二月初一日
書記	鄧謙	三十二歲	同前	自治畢業生	中華民國元年三月十六號
掾史	鮑獻忠	四十七歲	本邑順濟鄉人	前充諮議局初選投票所監察員	中華民國元年二月十二號
掾[illegible]	[illegible]	[illegible]	[illegible]	[illegible]	[illegible]

備攷

陰曆辛亥年十一月初四遵照府縣編制暫行簡章分設六課每課各設課員一人續奉公報改設科長三人科員五人掾史一人書記六人業經呈報在案本三月廿八号奉頒縣知事委任職官一覽表理合分別任用照章更正遵表填註以昭慎重而備查核

（說明）本表所塡職務以地方官制案所列民政財政教育三科爲限兼執法一科應另呈提法司核定無庸塡入本表

本表自科長至掾史均應依項照塡其資格一項尤須簡明眞確

一二三等縣科長科員書記掾史應設員額業經財政民政兩司呈奉都督批准分列如左

一等縣	科長三	科員六	書記三	掾史二
二等縣	科長三	科員四	書記三	掾史二
三等縣	科長三	科員三	書記三	掾史一

各等縣任用員數不得逾左列之數惟書記或不敷辦公得酌量增設一二名

參事係薦任官應由知事專案開摺呈請不入本表

浙江民政司印發

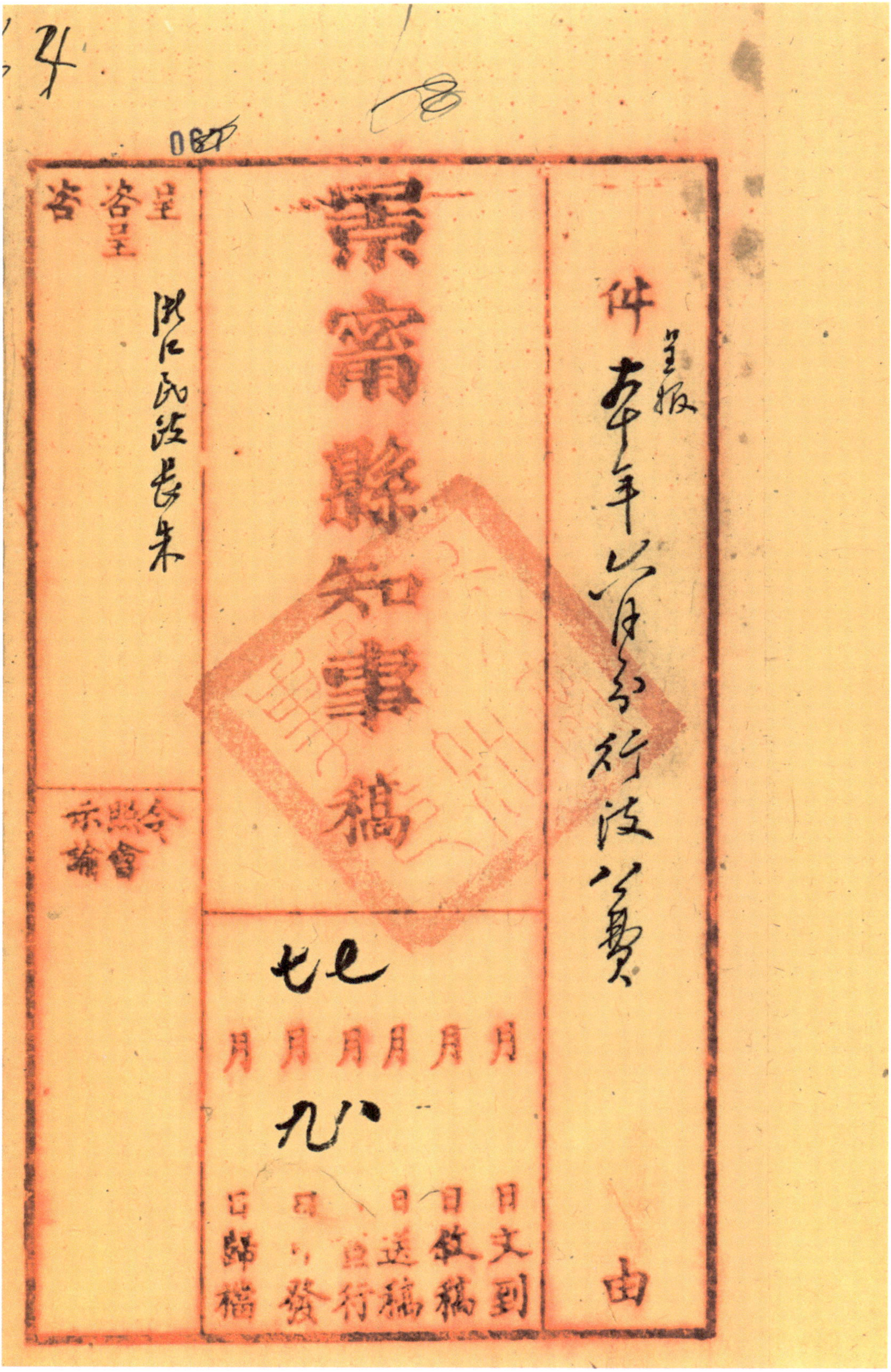

景寧縣知事稿

呈
咨呈
咨

浙江民政長朱

件 呈報本年六月份行政公費 由

令
照會
示諭

文到 七月 日
敘稿 七月 日
送稿 月 日
繕行 月 日
蓋發 月 九 日
歸檔 月 八 日

景宁县知事为呈报本年六月份行政公费的呈文（附清册）
（一九一三年七月八日） 0261-004-0101-064

6

主稿員

月　日

書記

月　日

景甯縣知事呈

案據警察事務所所長王諱炘鋑呈稱：本年□□所長

書記官俸□元，業已呈乞轉鋑，並自本年五月分起在

部批准……警察所官俸，業并將上月分應支公費、所

長官俸五十元，書記官俸十六元，造冊具領，呈乞轉

請撥給等情。據此，理合備文轉呈，仰祈

鈞長察核，准撥，實爲公便。謹呈

浙江民政長朱

計呈送

警察事務所上月分官俸清冊一本、領結一紙

景甯知事呈

業照改組各知地方行政官廳以三月一日為實行之期業經五月分公費呈報在案茲將六月分合支之薪俸公費應實支洋七百十三元九角一分四厘理合附具印領併造表冊備文呈送仰祈

鈞長俯賜批准核銷職為公便謹呈

浙江民政長朱

計呈送

清冊二本

印領一紙

決算表一紙

8667

~~028~~

景寧縣知事陸焯造送中華民國二年歲分領支公費清册呈請

鑒核

計開

收入

借存項下

無

領款項下

無

支出

经常费项下

一支官俸洋五百五十八元 内

知事陈烽官俸洋壹百六十元

第一科科长一员官俸洋五十元

第二科科长员官俸洋五十元

第三科科长员官俸洋五十元

第一科科员一员官俸洋三十六元

第一科科员一员官俸洋三十六元
第二科科员一员官俸洋三十六元
一等雇员五员薪水洋壹百元
二等雇员四员薪水洋四十元
一支仆役工食洋三十六元　内
公役六名工食洋三十六元
一支杂费洋壹百九元九角一分六厘　内
笔墨纸张灯油费二十六元柒角五分

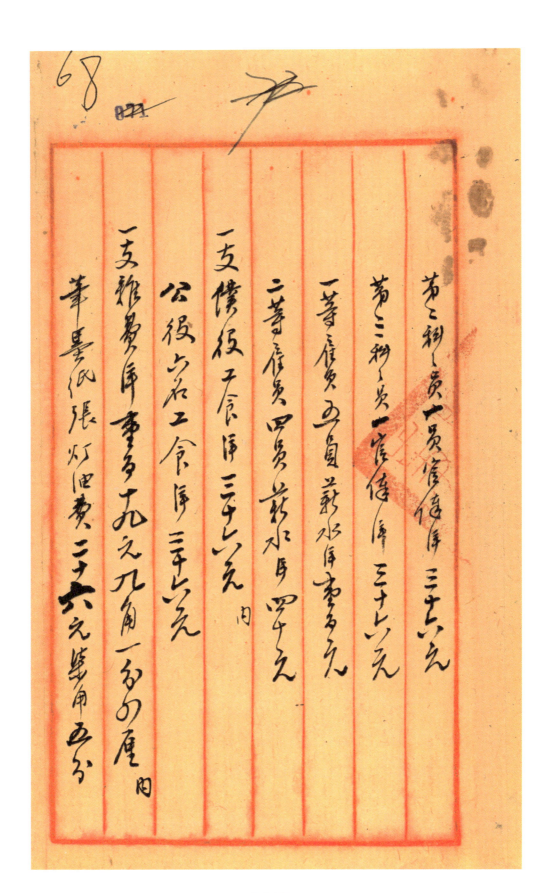

茶叶柴炭洋十二元六角四分四厘

电报费洋四元叁角四分

邮费洋九元

油烛洋六角八分

专差送告示及公往各乡催工食洋十二元五角

署叶等费洋十七元 六角九七

以上经常费洋[illegible]元九角一分四厘

临时费项下

稿69　　070

知事衔
四区各乡烟查验开办事夫马洋四千二元
以上临时费洋四千二元
总共支出洋柒百十三元九角一分四厘
实在
無
署富顺知事　合行
盖印领事　领得
中华民国二年　月

今领到
以上费洋柒百十三元九角一分四厘并无虚冒
情事所具印领是实

知事陈〔利〕

中華民國二年七月八日

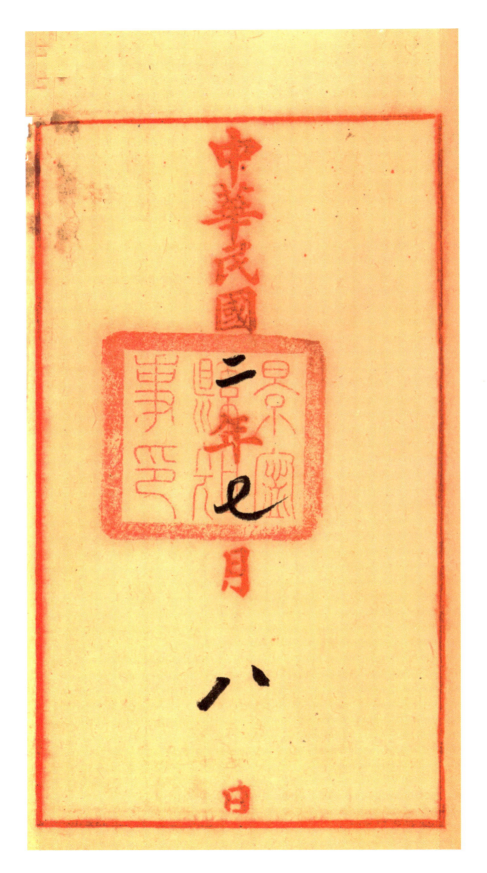

川

景寧縣知事稿

件 洽商二個月經費時告難籌措俟地方昭為陸續支墊

呈 咨 咨 呈 本邑清鄉局

令 照會 示 諭

六月廿六日文到

月 日敘稿

月 日送稿

月 日畫行

月 日印發

月 日歸檔

由

主稿官

月

日

12

景寧縣知事洛

案准

貴委員咨稱案查云云咨送章程等因准此查辦理清鄉扶良鋤暴為地方安危所繫關係綦為重大景邑僻處窮山距省遼遠其文報往返費時月需經費尚有可以預代設法之處自當勉力籌付以資挹注詎奈本邑糧款正額有限而尤當此災歉之餘致上忙徵收數目迄今尚難起色四五六等月行政公費既已墊罄窘審檢所之開支均無着落

前因作業經代為竭力羅掘，已將第一個月公費並門牌清冊紙張工料共洋壹百零捌元先行如數墊付外，茲有商借第二個月薪工公費洋二（三）百元，為數過鉅，一時若難措手，洵領一紙借且送還，俟本屆地丁收有成數，再當陸續支墊，以應急需，而便週轉可也。特此呈覆，並附還洵領一紙，請煩

查照。此呈

景甯物清鄉委員顧

計呈還洵領一紙（第二個薪工公費）

閱

咨

民國二年六月廿六日收到

14

景甯縣清鄉局委員　　咨

案查本局前因需欵孔亟備具關領咨請商借第二個月清鄉經費洋三百二十四元在案嗣准

貴知事咨復以本邑粮額已屬有限而尤當災劇之餘致上忙徵收數目迄今尚難起色四五六等月行政公費暨警察審檢所在在開支均[illegible]着落茲准前因除業經代為竭力羅掘已將第一個月公費並門牌清冊紙張工料共洋一百另八元先行如數墊付外所有商借第二個月薪工公費洋三百二十四元為數過鉅一時苦難措手關領一紙暫且送還俟本届地丁收有成數再當陸續支墊以應急需而便週轉並咨還關領一紙等因過局准此查

景甯縣知事陳

計咨送第二個月關領一帋

顧昌齡

收 [illegible]

中華民國二年六月廿六日

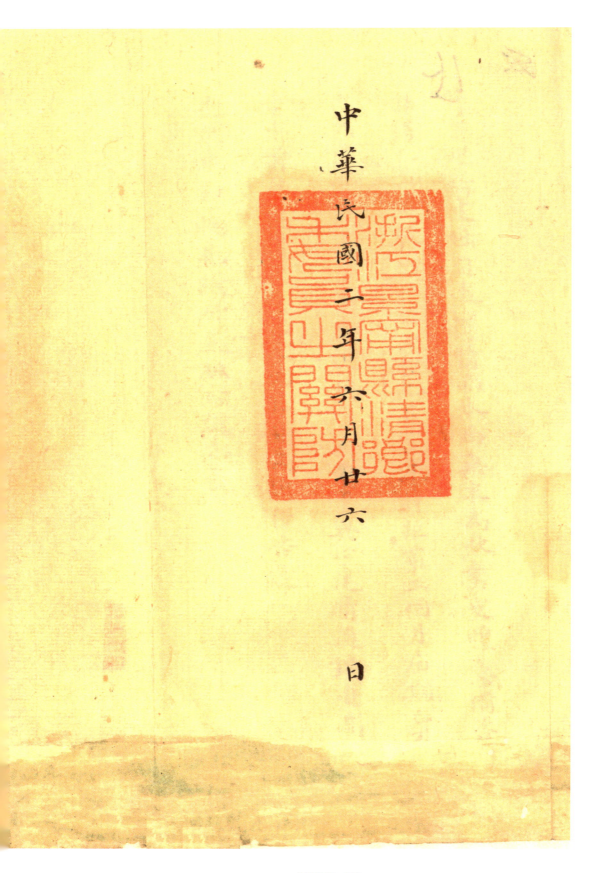

16

咨

民国二年七月十五日收到

景寧縣清鄉局委員　咨

案照本局辦理清鄉事宜自中華民國二年六月十四日起扣至七月十三日止為第

二個月屆期所有應領本局第二個月各項經費前經遵照核准預算表備具

關領咨送

貴知事查照在案茲屆第二個月期滿自應造具第二個月本局收支四柱清冊遵

照前奉

都督兼民政長朱第一千三百四十六號[illegible]

都督察核示遵實為公便此咨

景寧縣知事陳

計咨送本局第二個月收支清册壹本

顧昌齡

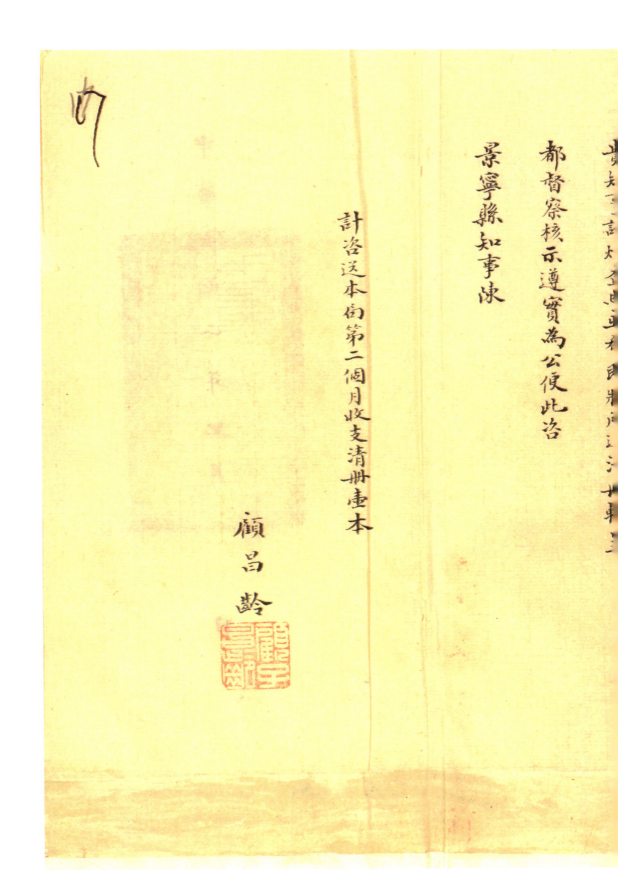

18

呈
咨呈
咨

浙江都督兼民政長朱

令
照會
示諭

景甯縣知事稿

一件呈請由省給放清鄉局經費並轉報收支銷冊及代具印領 由

七月 日文到	月 日敘稿	月廿一日送稿	月仝日畫行	月仝日印發	月仝日歸檔

主稿員

月

日

書記

月

日

49

景寧縣知事呈
本年七月十五日准本縣清鄉局委員顧昌齡咨稱案照本
局办理清鄉事宜自中華民國二年六月十四日起扣至七月
十三日止爲第二個月屆期所有應領本局第二個月各
項經費前經遵照核准預算表備具閱領咨送貴知事查
照在案茲屆第二個月期滿自應造具第二個月本局
收支四柱清册遵照前奉
都督兼民政長朱第一千三百四十六號指令備文咨送

貴知事請煩查照並希即將所送清冊轉呈
都督察核示遵等情准此查景邑賦額無多收數有限
兼之被災過劇更難起色值此青黃不接之際民間窮迫
較前尤甚救死惟恐不贍何忍更事催科業已呈報停征
在案現在正項既無所收入即六七月之行政公費暨審
檢所警察署各處開支尚難應付此項清鄉經費寔
無絲毫餘款可以抵注理合將原冊轉呈並代出具印
領備文呈乞

220

鈞長察核如數由省給(撥)發(以便)俾資轉發(而資)以全公費誠為德便謹呈

浙江都督兼民政長朱

今呈送清鄉局第二個月報(收支)銷清冊一本 印領一紙

景寧縣知事今於

與印領事代領得本縣清鄉局自六月十四日

起至七月十三日止第二個月各項經費銀元叁百貳拾四元轉交

局員收支所具印領是寔

中華民國二年七月 日知事陳焯

中華民國弍年柒月　日

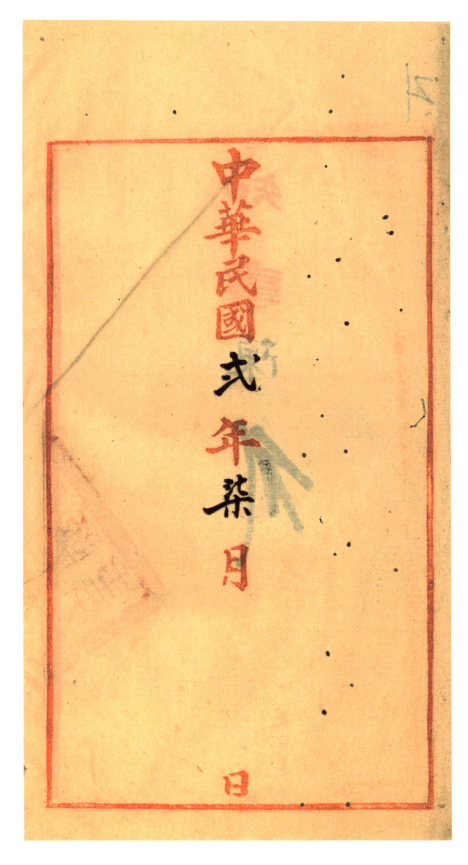

21

知事陳

22

咨

民國二年八月十一日收到

景甯縣清鄉局咨

本年八月十日奉

都督朱第一千零六十七號訓令內開案准

行政公署函開財政司案呈七月十五日准貴都督函准本署函送景甯縣知事

送該縣清鄉局第一個月經費清冊印領到府應予照銷抄冊連領函請查照等

准此查該清鄉局第一個月經費共開支洋肆百貳拾元既准核明應即照銷備

除由省領過洋叁百拾貳元外所有向景寧縣署領洋壹百零捌元相應填劃手

一千一百二十號地丁劃單函送貴都督令發該清鄉委員轉交景寧縣知事

收照劃並飭將第二聯截呈

國稅廳劃收作解等因過府合將原送第一千一百二十號劃單一紙令發該委

查收照辦此令計附發劃單一紙等因奉此查此項找款壹百零捌元前經本局備

具領册咨送

貴署領訖在案奉令前因合將原發第一千一百二十號劃單一紙備文咨送

23

計咨送劃單一紙

委員顧昌齡

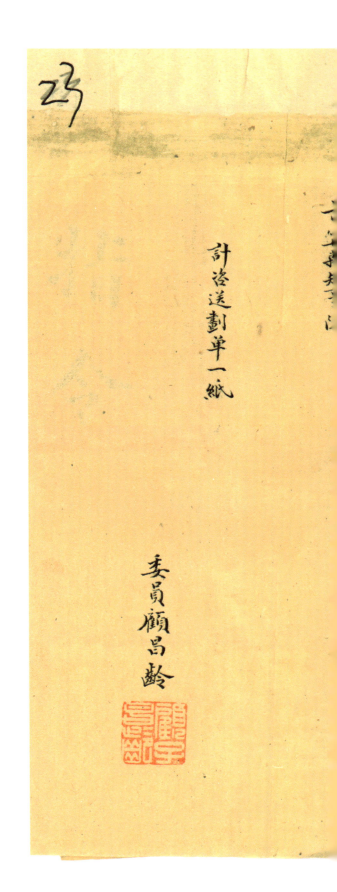

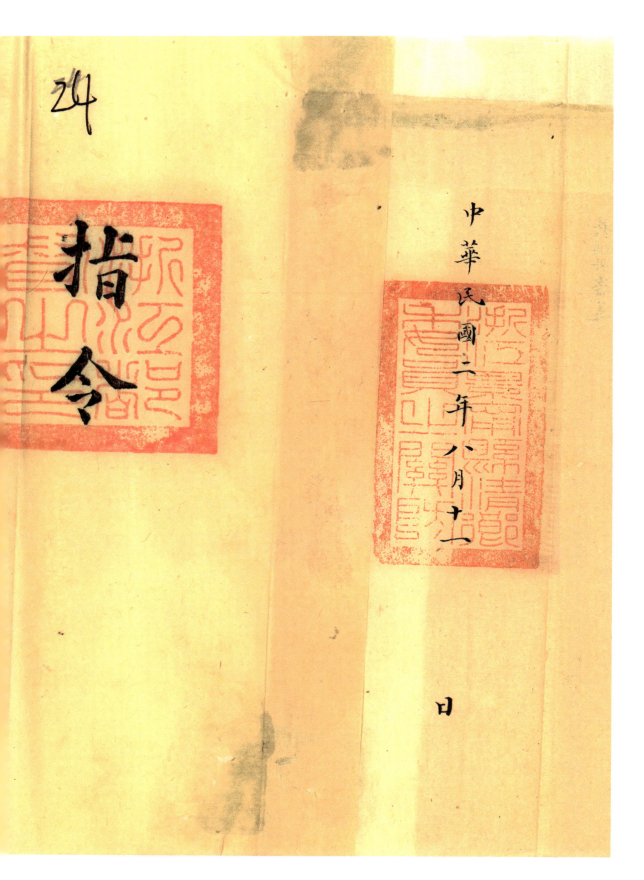

24

指令

中華民國二年八月十一日

浙江都督府指令第壹陸陸柒號

令景寧縣知事陳焯

據轉呈該縣清鄉局第二個月收支清冊並

請將清鄉款項由省給發等情仰候函請

行政公署查核飭遵可也冊及印領均存此令

都督朱瑞

民國二年八月廿 日收到

請將清鄉款項由省給發等情仰候函請
行政公署查核飭遵可也冊及印領均存此令

都督朱瑞

已制卡

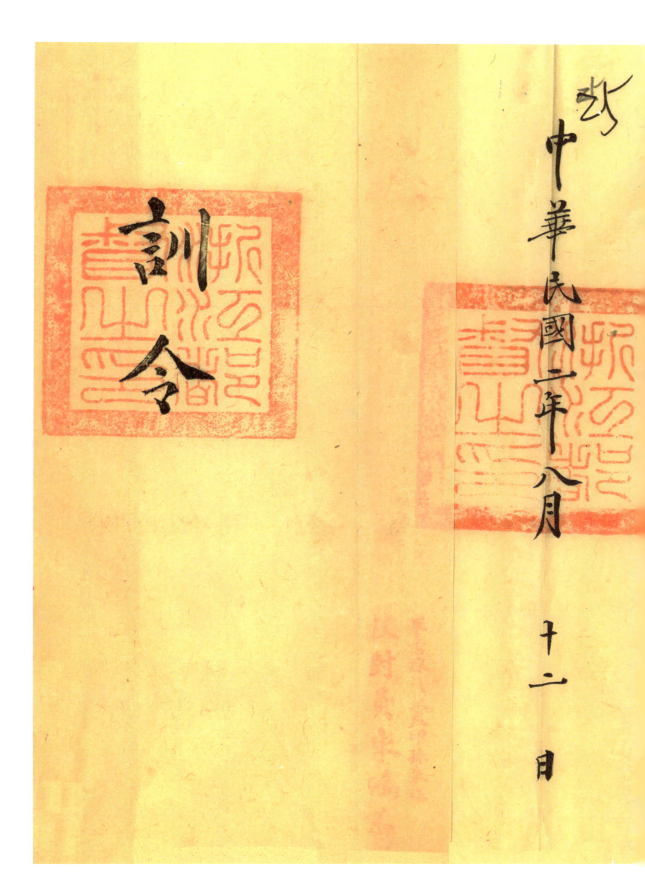

中華民國二年八月十二日

訓令

26

浙江都督府訓令第壹肆弍肆號

令景寧縣知事陳焯

本月二十六日准

行政公署函開財政司案呈八月十三日准貴都

督函據景寧縣知事呈准清鄉局委員顧昌

齡造具第二個月收支清冊咨請轉呈惟此項

清鄉經費景邑無欵可以挹注合將原冊專呈

並代出具印領乞如數由省撥給以便轉發等

情到府查該縣無款可撥自係實情是否可

寄發現服抑飭由鄰近統捐局劃撥無從縣

擬除指令外抄冊連同印領函請查核辦理

等由准此查該局第二個月經費共開支洋壹

百弍拾肆元既准核明應即照銷惟冊內新收項

27

揣除指令外抄冊連同印領函請查核辦理

等由准此查該局第二個月經費共開支洋

百弍拾肆元既准核明應即照銷惟冊內新收

下已列收景寧縣署支撥經費洋叁百弍拾肆

元而來呈則稱景寧縣署無款可撥文冊所

語岀兩岐諒此款係由景寧縣署借墊自應准

另撥以清款項茲由署填擧第一千四百五十二號劃

縉雲縣領取以資歸墊除令飭縉雲縣知事

查照發給外相應函復查照施行等因過府令

將原送第一千四百五十二號劃單一紙令發該知事

查收遵辦此令

計發第一千四百五十二號劃單一紙

都督朱　瑞

28

中華民國二年八月二十九日

軍需副官兼監印孫余樑

校對員朱鴻義

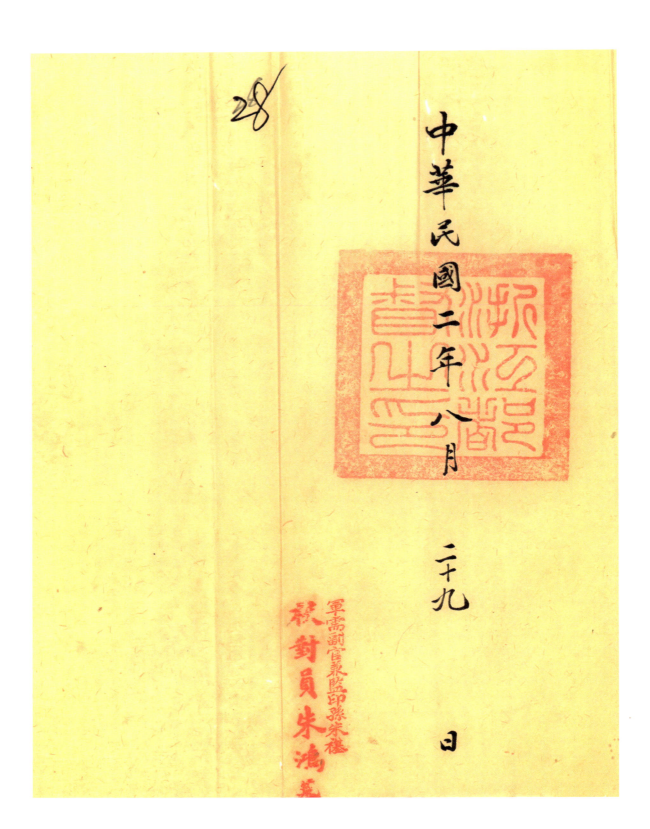

32

景寧知事洽

本年九月十五日奉

浙江都督朱　訓令第壹肆貳肆號内開本月

二十六日准

行政公署函開財政司案呈八月十三日准貴都

督函據景寧縣知事呈准清鄉局委員歐呂

縣造具第二個月收支清冊云云查收連冊計

發第一千四百五十二號劃單一紙等因奉此

除另具印收飭令司警赴領外合將發到劃單

備文咨請

貴知事查照發領俾資歸墊希即施行是

為至紉此咨

縉雲縣知事劉

計咨送

年發第一千四百五十二號劃單一紙

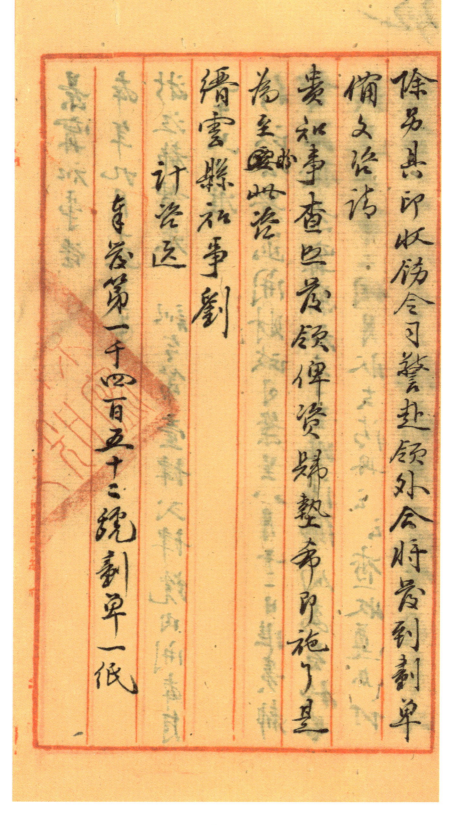

33

知事

陳[illegible]

中華民國弍年玖月十七日

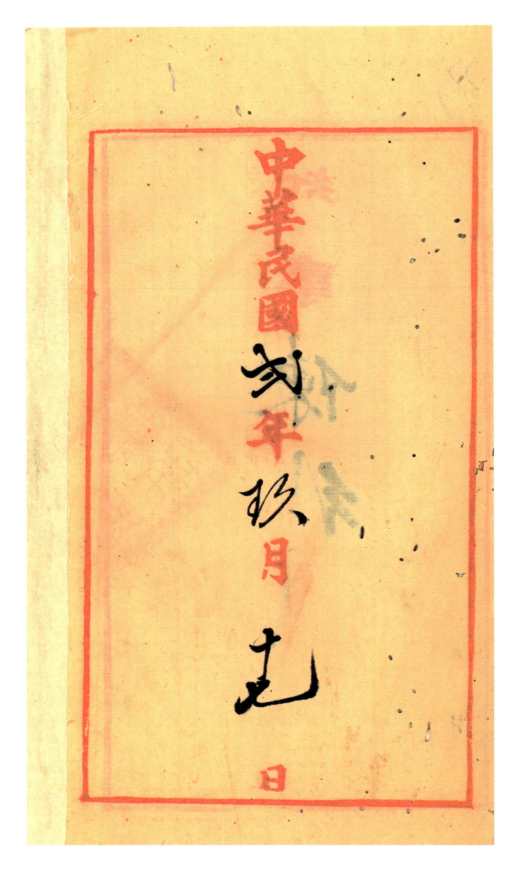

34

景寧縣知事呈

案以本縣清鄉局月需經費奉令由縣給領前准
傾委員昌齡洽領第一第二兩月開支經費均經
請奉劃撥發領在案復准先後造送第三第
四兩月收支冊請領前來當以縣署經濟困
絀電請由省撥發嗣奉
鈞府電撥永嘉公一莊洋一千元飭即向領當
別撥用等因奉此即派員赴領遵將該局應支

第三第四两月经费收数发领并报外，所有清
鄉局委员领名签送前项收支清册理合备文
呈请
钧府察核转销诚为公便此呈
浙江都督兼民政長朱
计呈送
清鄉局第三第四两月收支清册各一本

知事陳

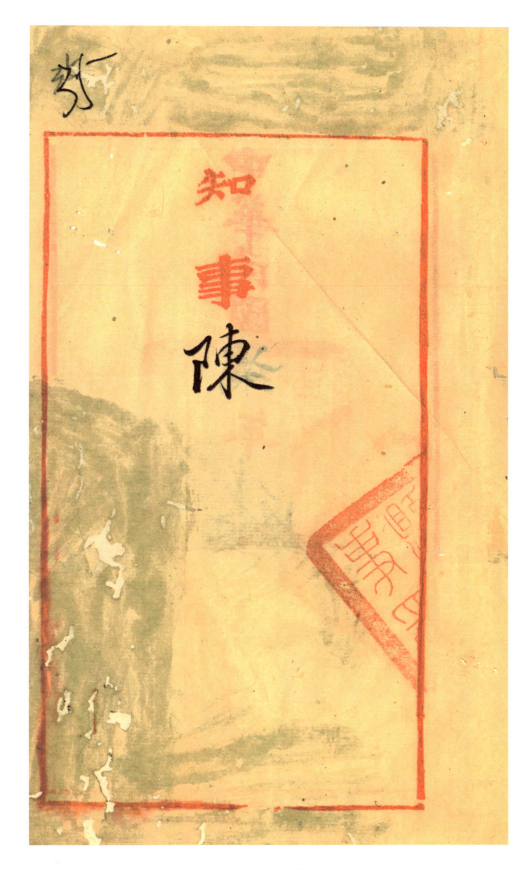

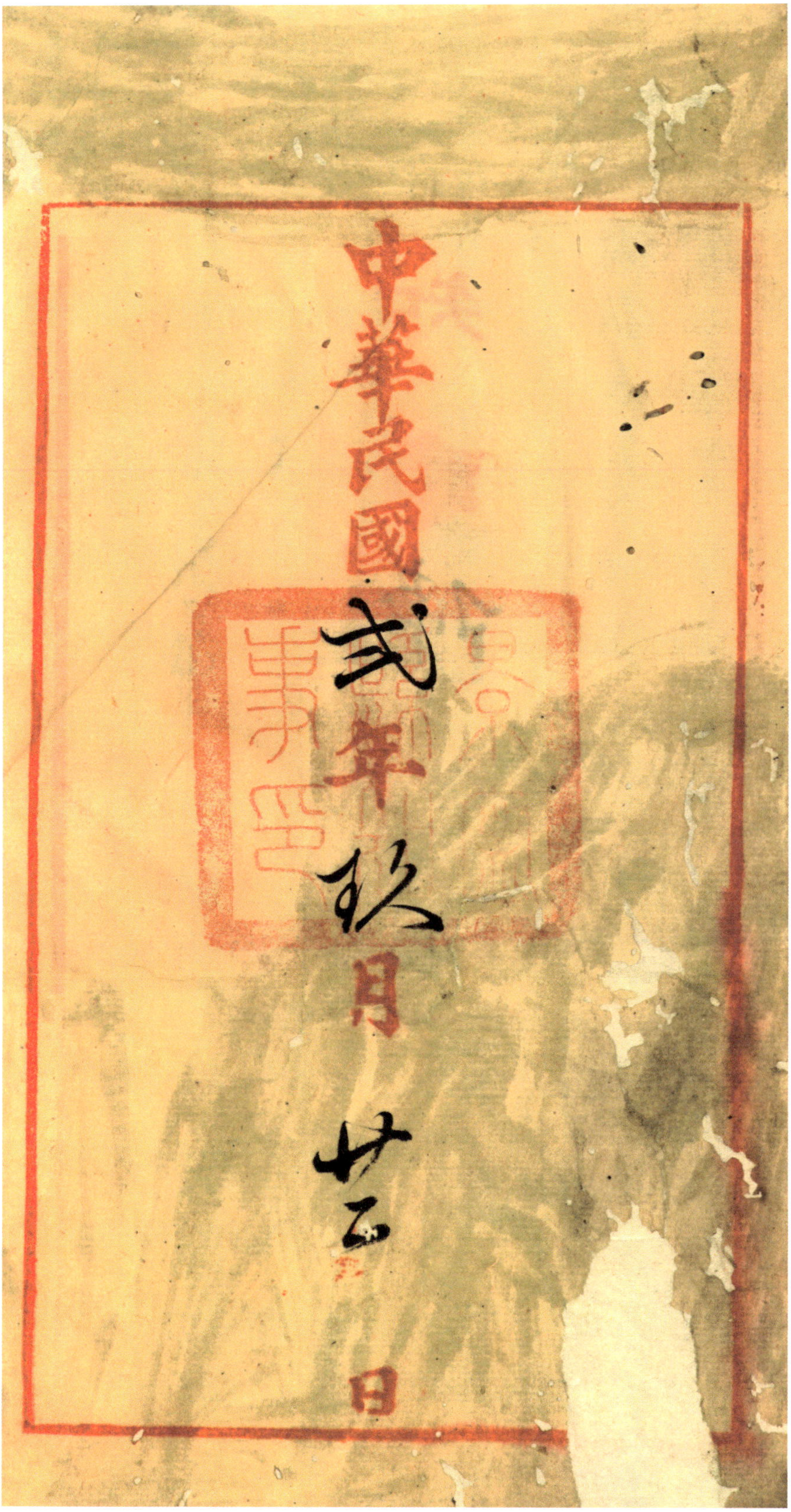
中華民國弍年拾月廿三日

景宁县知事为报送县公署九月份行政公费和警察事务所官俸领支报销册的呈文（清册）

（一九一三年十月九日） 0261-004-0101-102

景寧縣知事稿

呈
咨呈
咨

浙江民政長朱

令
照會
示諭

件
呈前公署領出九月公費
警察事務所官俸領支報銷册

由

十月 拾 月 月 月 月 月
九日 十日 日 日 日 日

日文到
日敘稿
日送稿
日書行
日印發
日歸檔

主稿員

月　日

書記

月　日

103　786

景甯縣知事公署呈

案查

鈞署第二千七百三十一號訓令開：凡司法行政機關應支薪俸量為核減，凡官俸在一百元以上者均按八成核發，不及一百元者均按九成核發，自三十元以下概照數發給，即自八月一日起一律實行。等因，奉此，遵經核減呈報在案。又奉

鈞署第二千七百九十號訓令開：現因軍事緊急，餉需浩繁，經政務會議議決，自九月起，凡三等縣知事裁法科員一員，所有九月份知事公署公費

等因，奉此，遵即裁汰第□科□員一員，應支案牘陸百貳

因元九角八分理合附具印領併造表冊備文呈送仰祈

鈞長俯賜核令准銷實為公便謹呈

浙江民政長朱

計呈送

清冊二本

印領一紙

決算表一紙

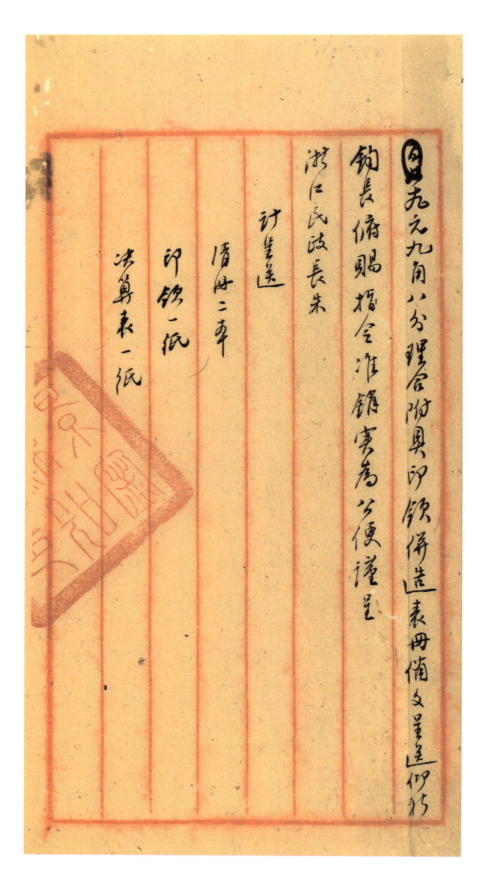

景甯縣公署呈

案據警察事務所所長薛頌坡呈稱所長書記官俸洋元業已呈乞轉領至本年八月分止在案所有九月分應支所長官俸五十元書記官俸十六元造具冊領呈乞賜轉鈞署請撥給等情前來據此理合備文轉呈仰祈

鈞長察核准撥實爲公便謹呈

浙江民政長朱

計呈送

警察事務所官俸清冊一本

印領一紙

呈齎縣公署　合於

與印領事領屬中華民國二年九月分

縣公署公費項陸百弍拾九元九角八分中間並無虛冒情

弊所具印領是實

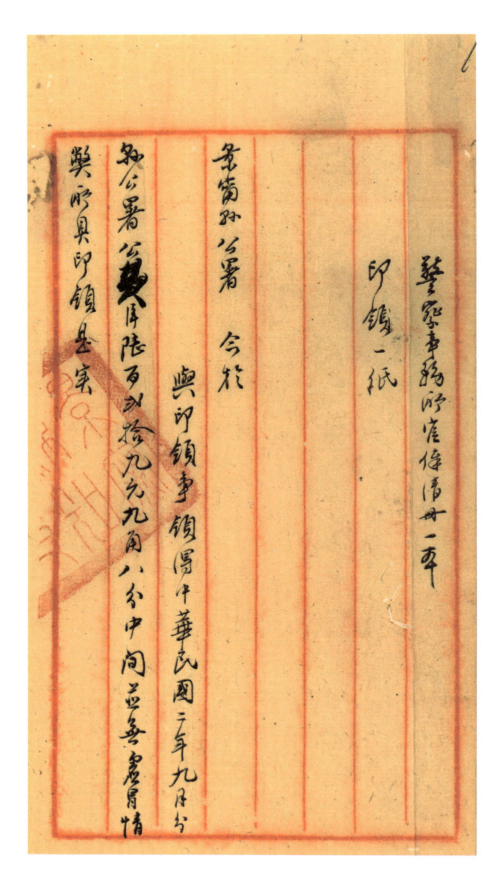

景甯縣知事陳焯造送中華民國二年九月分領支公費清册呈請

鑒核

計開

收入

結存項下

無

領款項下

無

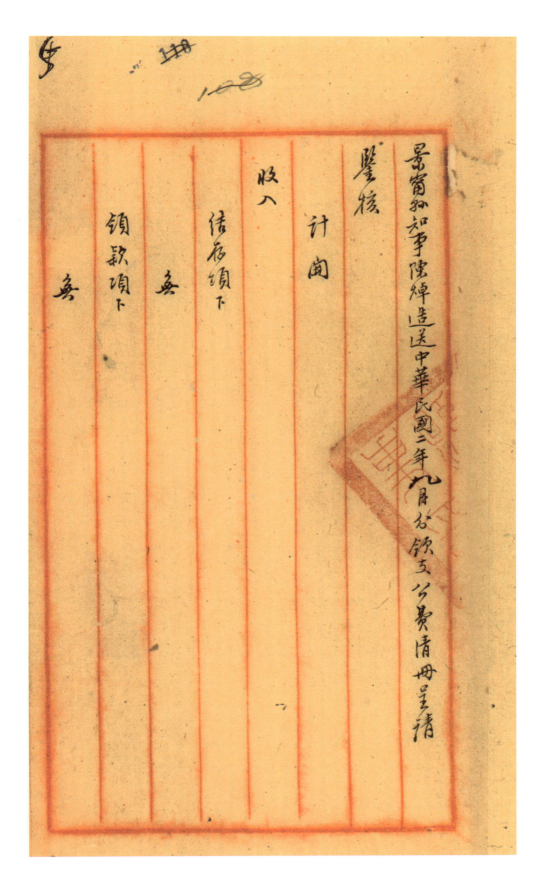

10

支出

經常費項下

一支官俸肆百六十七元捌角四分内

知事陳煒官俸洋壹百貳拾捌元

第一科科長一員官俸洋四十五元

第二科科長一員官俸洋四十五元

第三科科長一員官俸洋四十五元

第一科科員一員官俸洋三十二元四角

106　111　109

第三科科員（兼第二科）一員官俸洋三十二元四角

一等雇員五員工薪水洋壹百元

二等雇員四員工薪水洋四十元

一支僕役工食洋叁拾陸元內

公役六名工食洋叁拾陸元

一支雜費洋壹百貳拾元乙角捌分

筆墨紙張燈油費貳拾六元三角五分

茶葉（柴）炭洋拾壹元捌角

電報費洋陆拾五元〇角五分

郵費洋玖元〇角六分

專足送公文往各鄉工食洋捌元一角二分

以上經常費洋陆百贰拾玖元玖角捌分

總共支出洋陆百贰拾九元九角八分

實在

無

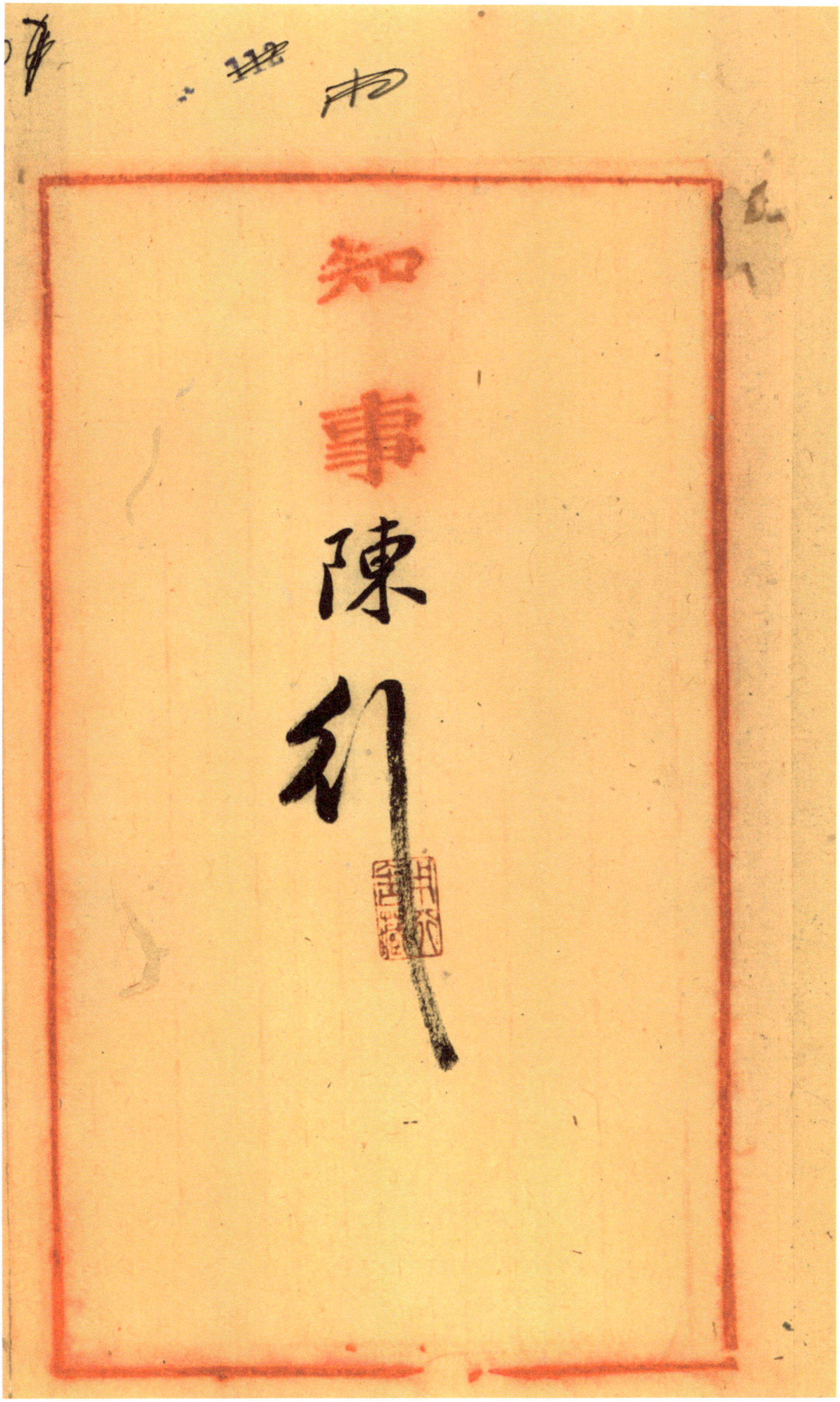
知事
陳

中華民國　年　月　日

景甯縣審檢所知事陳焯
幫審員樓之成
造送中華民國二年九月分領支公費清册呈請

鉴核

計開

收入

借存項下

無

領款項下

無

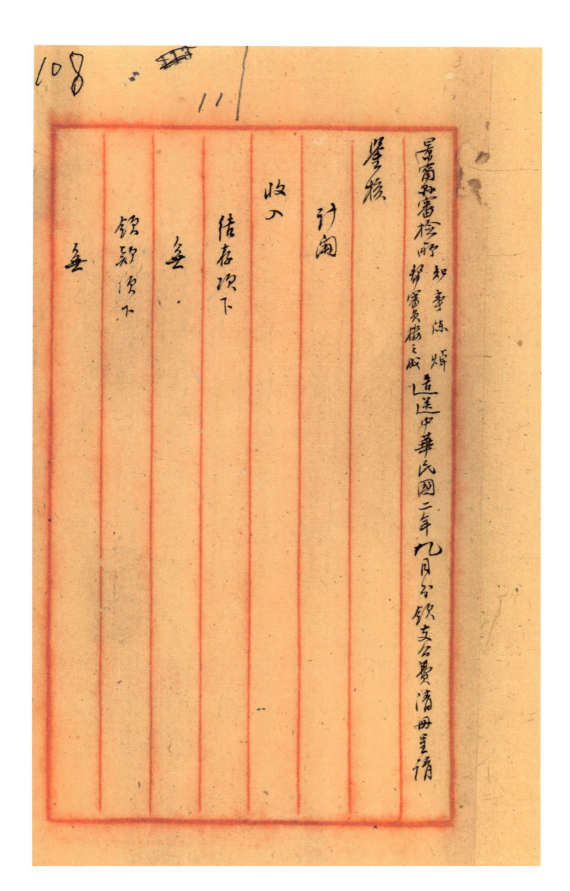

支出

經常費項下

一支官俸洋壹五拾七元四角　内

幫審員楊之成官俸洋四十五元

管獄員馬錫河官俸洋二十二元四角

書記吳作舟官俸洋二十元

又　實諧官俸洋二十元

承發吏呂朝文官俸洋十元

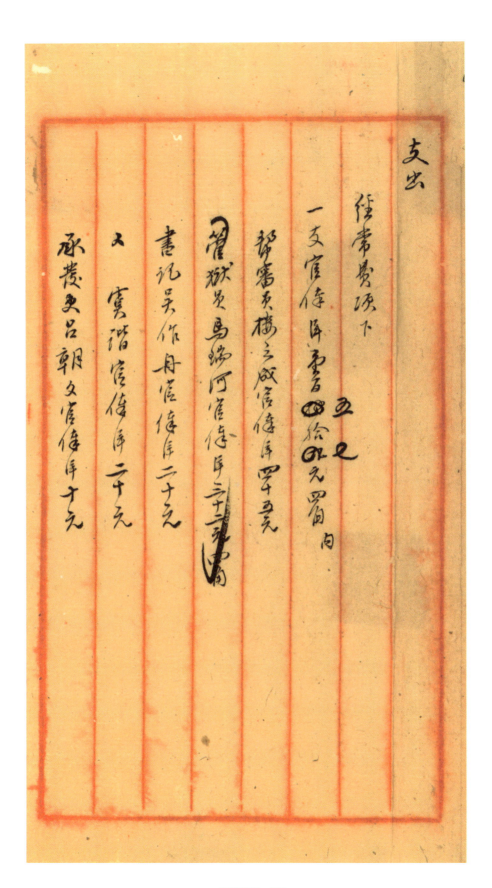

又　陳豪　官俸洋十元

又　鮑誠　官俸洋十元

又　陳齡　官俸洋十元

一等雇員一員　薪水洋十二元

二等雇員二員　薪水洋二十元

一支隸役（司法警察）工食洋（九十六）[illegible]元　内

司法警察十二名工食洋九十六元

獄卒六名工食洋四十八元

一支雜費洋叁拾五元九角 内

筆墨紙張灯油洋拾壹元捌角柒分

茶葉柴炭洋柒元一角

郵費洋捌元五角捌角

藥資洋捌元三角五分

醫生藥水洋八元

一支監獄費洋五拾四元六角捌分 内

監犯口粮洋五拾捌元六角八分

110 170

景甯初審檢所呈

案查執法科改組審檢所以來司法經費與行政經費劃分不

相混雜並奉

鈞署民政長訓令凡司法行政各機關應支經費原定一百元者均按九成核發自八月一日

起一律實行各無法曾經遵照呈報至本年八月分止

在案所有九月分司法公費實支銀圓三百二十八元七角

造就四柱清冊並據監獄員馬塘河呈送監獄經費應支洋壹百三

十五元分造四柱清冊前來理合一併備文呈送仰祈

鈞長察核俯賜撥款予領　實爲公便陳呈
鈞處施行
司法籌備處外謹呈
民政長
浙江民政長朱
司法籌備處長許
計呈送
清冊一本
印領一紙
○○○

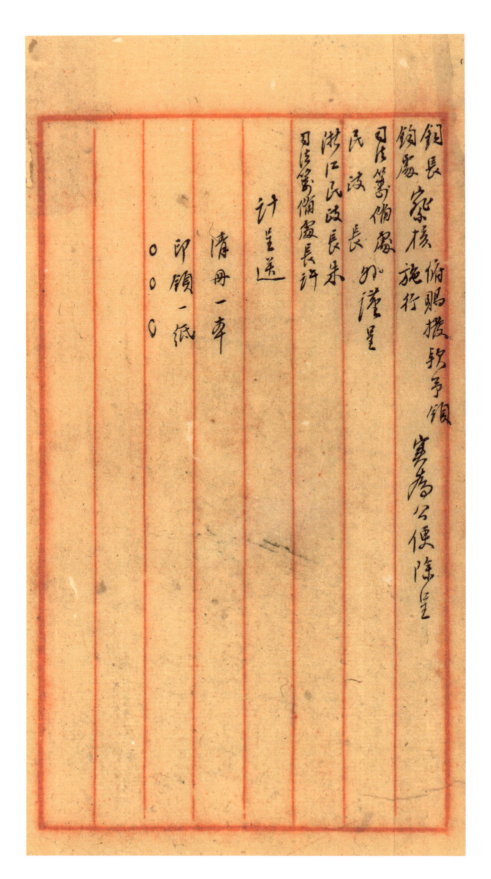

114

以上經常費洋貳百八拾八元九角[illegible]

臨時費項下

一支臨時費洋捌拾玖元捌角　內

病斃監犯二名棺木等費十九元五角

派往警防兵拿辦匪犯膳宿費洋叁拾元捌角

以上臨時費洋捌拾玖元捌角

總共支出洋叁百叁拾叁元七角[illegible]

實在

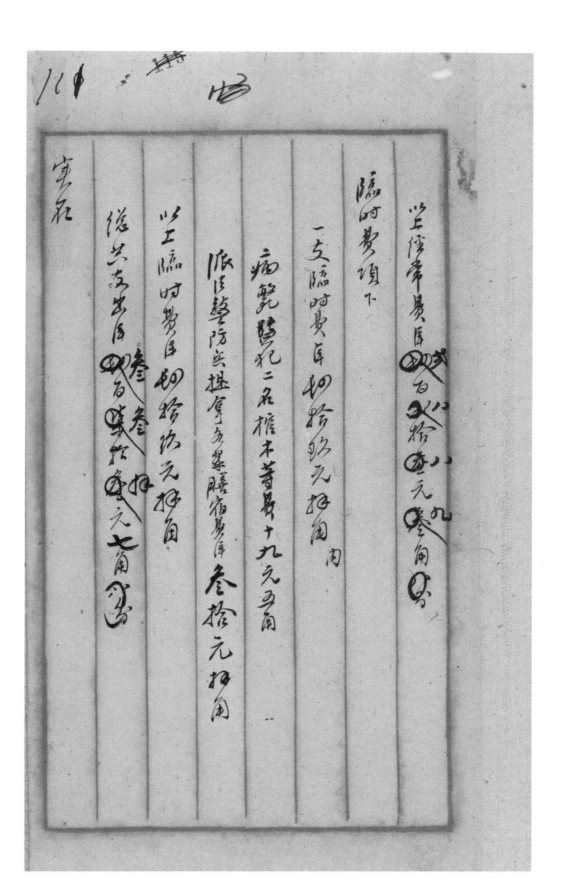

查

呈當孫審檢所　今於

具印領事。領得中華民國二年九月份

審檢所公費由兩糧等項叁百三十八元七角八分，中間並

無虛冒情弊，所具印領是實

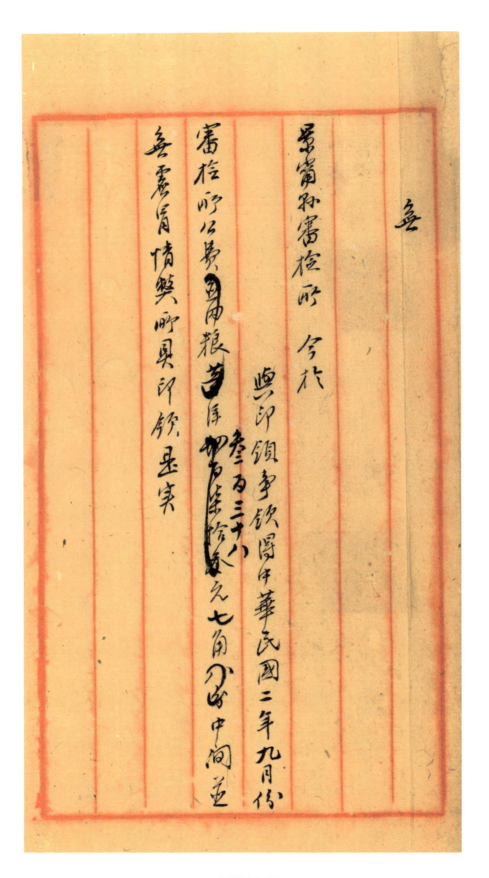

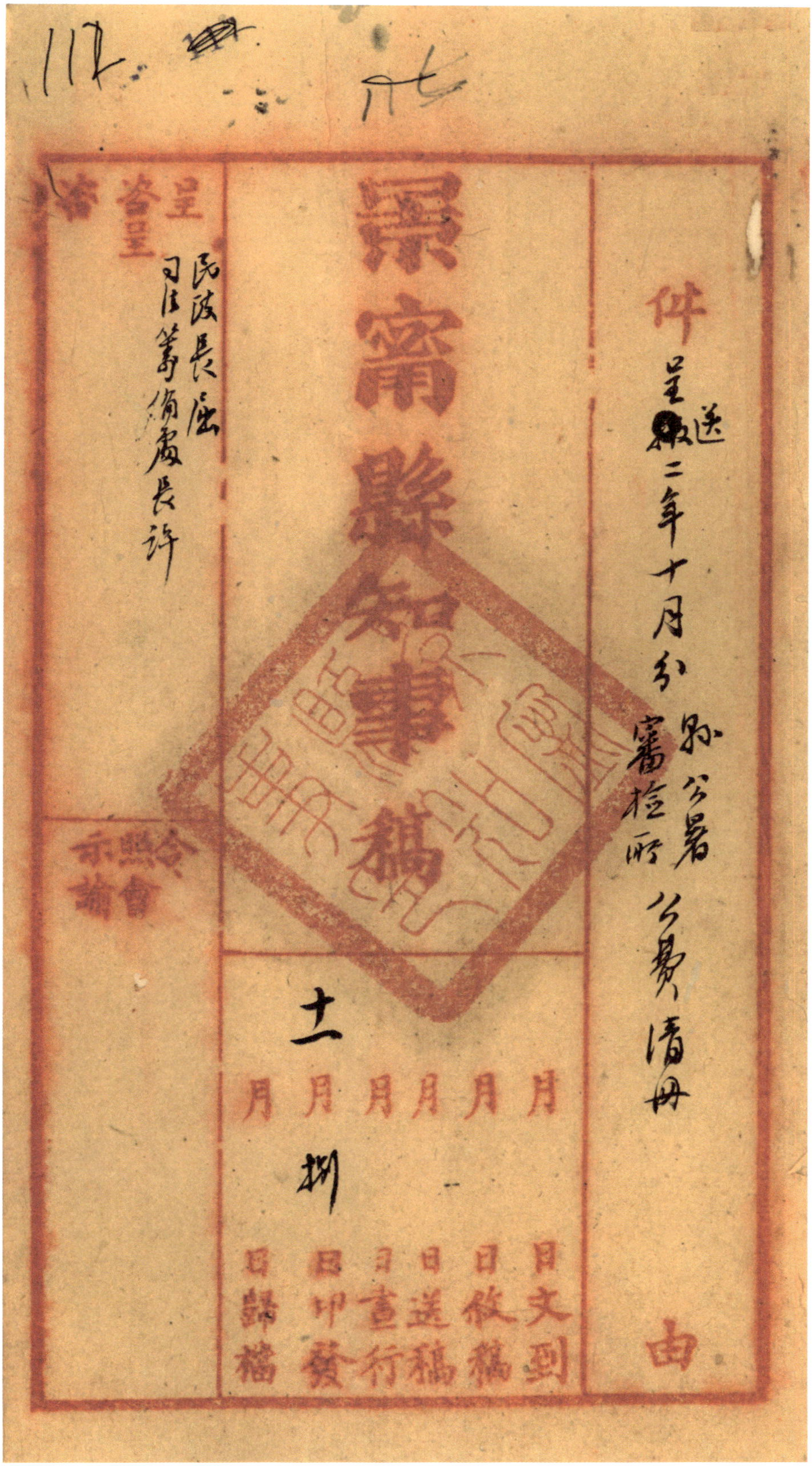
112

景寧縣知事稿

呈 咨呈

民政長屈
司法籌備處長許

合照會 示諭

件

呈送二年十月分縣公署、審檢所公費清冊

由

十一月捌日

月日到文 月日發稿 月日送稿 月日畫行 月日印發 月日歸檔

景宁县知事为呈送二年十月份县公署和审检所公费清册的呈文（清册）
（一九一三年十一月八日） 0261-004-0101-112

主稿員

月 日

書記

月 日

景宁县公署呈
案奉
钧署第二千七百三十七号训令内开：自行政机关暨文俸薪员为核减
凡官俸在一百元以上者均按八成核发，不及一百元者均按九成核发，自
三十元以下仍照数发给，即自本月一日起一律实行。又奉
钧署第二千七百九十号训令内开：因军事紧急，饷需浩繁，经政务会议
议决：自九月起，凡三等县知事每县裁减科员一员，各（三等知事公费）按该管遵照呈报

至九月分止在案所有十月分應支實俸陸百貳拾四〔壹〕元六角三分理合附冊

印領併送表冊備文呈送仰祈

鈞長俯賜指令准銷實為公便謹呈

浙江民政長屈

計呈送

清冊二本

印領一紙

決算表一紙

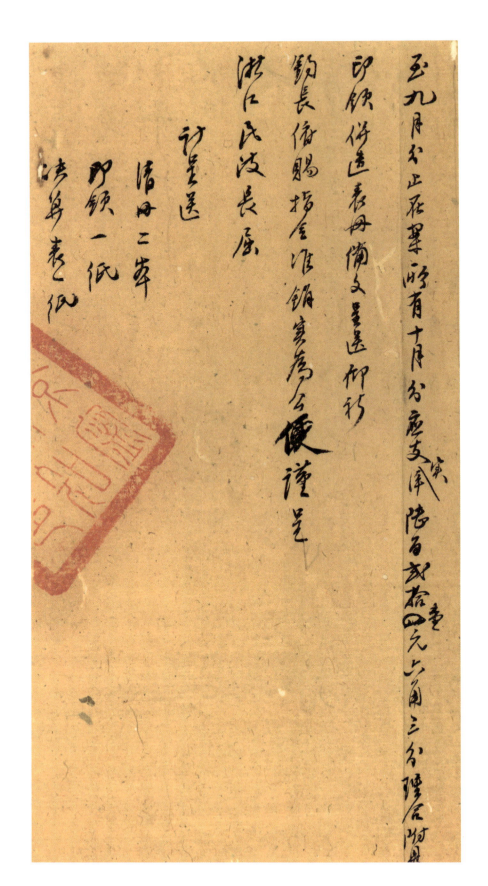

114

景甯縣公署呈

案據警察事務所長薛炳坡呈稱所長書記官俸洋元業已呈乞

轉飭五年九月分止在案所有十月分應支公費所長官俸洋卅

元書記官俸洋十六元造具册飭呈乞轉請撥給等情前來據此

理合備文轉呈仰祈

鈞長察核准撥實爲公便謹呈

浙江民政長屈

計呈送

警察事務所官俸清册一本

呈甯縣公署　合行

照印領事領得中華民國二年十月分縣公署

公費洋陸百弍拾壹元七角三分實並無虛冒情弊所具印領是實

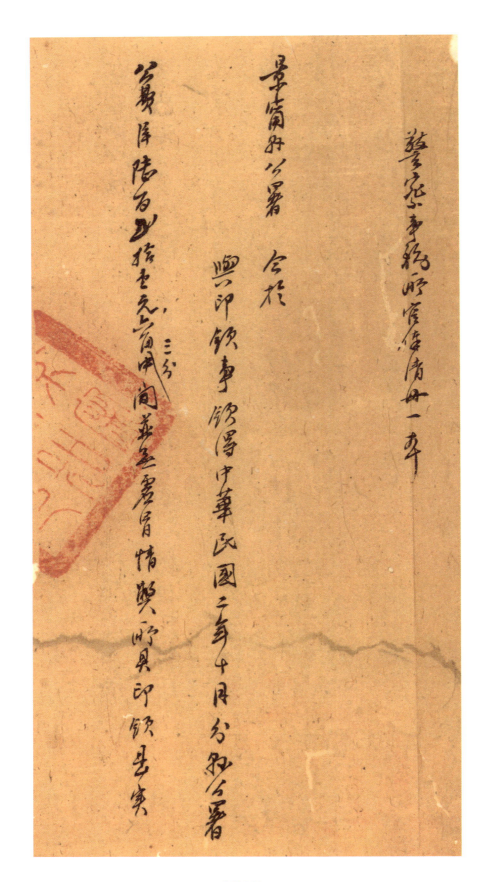

景甯縣知事陳焯造送中華民國二年十月分錢支公費清册呈請

鑒核

計開

收入

結存項下

無

領款項下

無

115

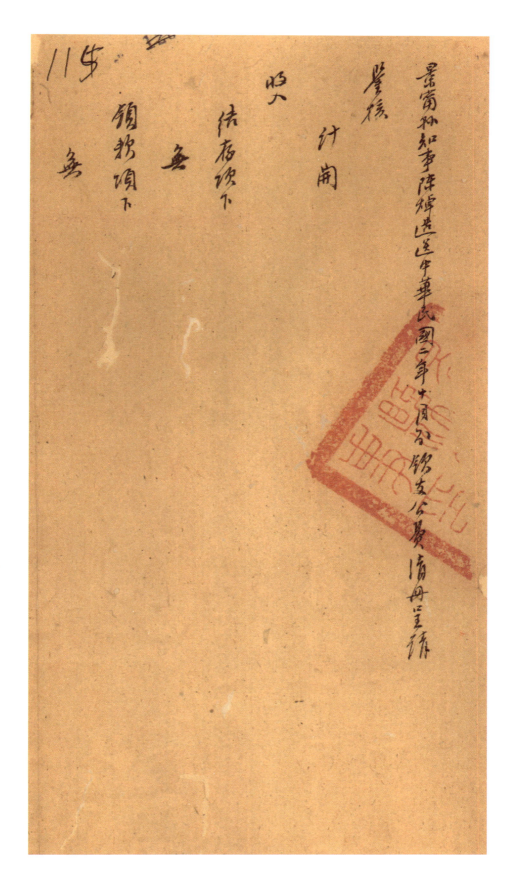

支出

經常費項下

一支官俸捌百六十七元八角内

知事陳縡官俸洋叁百貳拾八元

第一科科長一員官俸洋四十五元

第二科科長一員官俸洋四十五元

第三科科長一員官俸洋四十五元

第一科科員二員官俸洋三十二元四角

115

第三科兼第二科、员一员，应俸洋二十二元四角

一等雇员五员 薪水洋壹百元

二等雇员四员 薪水洋 四十元

一支仆役工食洋三十六元 内

公役六名工食洋三十六元

一支杂费洋壹百零元捌角三分 内

笔墨纸张灯油等费洋贰拾捌元五角一分

茶叶柴炭洋 拾贰元四角

電報費洋六十六元貳角七分

郵費洋九元三角五分

專差送各宗公文往各鄉區洋五元三角

以上係常費洋陸百貳拾壹元陸角三分

總共支出洋陸百貳拾壹元陸角二分

實存

無

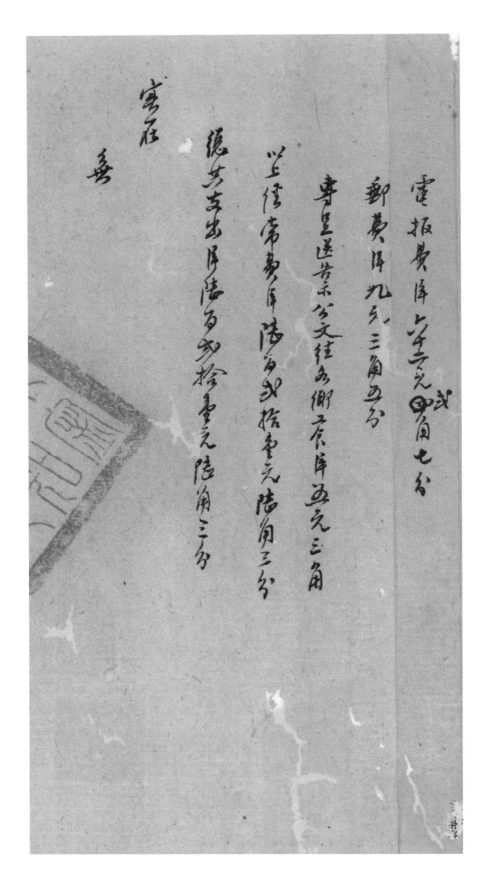

景甯縣審檢所呈

案查執法機關組審檢所以來司法經費與行政經費劃分不相混雜

並奉

鈞署

民政長訓令九月司法行政各機關應支薪水不及一百元者均按九成核發自

本年一月一日起一律實行在案當經遵照呈報至本年九月止在

案所有十月分司法公費實支洋叁百叁拾柒元九角四分造就清冊

並據監獄員馬瑞河呈送監獄經費應支洋壹百二拾元八角六分清冊前來據

11

合併備文呈送，仰祈

鈞長

鈞處察核施行，備賜撥歸予領，實爲公便。除呈

司法籌備處

民政長外，謹呈

浙江民政長屈

司法籌備處長許

計呈送

備司法公費清冊一本

監獄費清冊一本

印鈐二紙

○○○

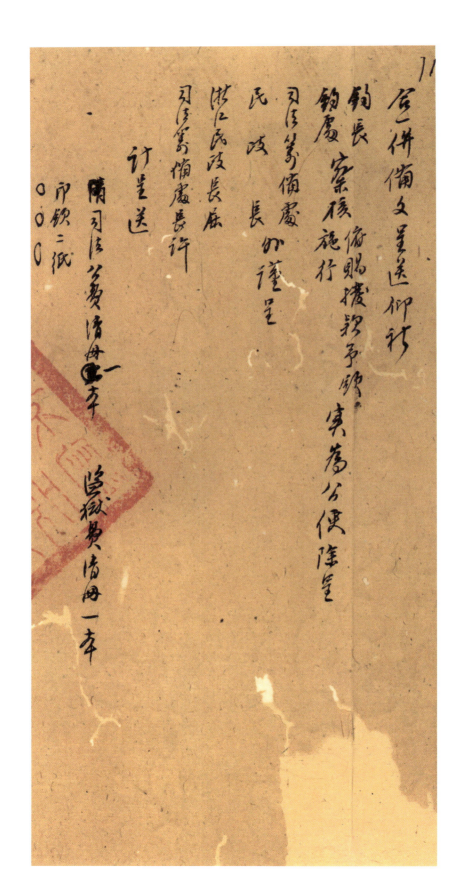

118

景甯地方審檢所知事陈辉
帮審員楊之成造送中華民國二年十月分領支公费清册呈請
鉴核
訓開
收支
結存項下
無
領款項下
無

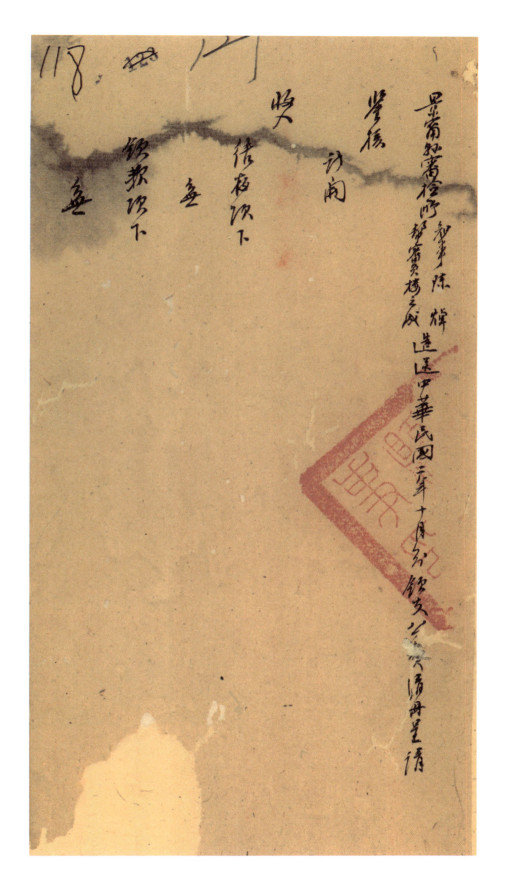

支出

经常费项下

一支官俸洋壹百五十七元[illegible]内

帮审员杨之成官俸洋四十五元

书记吴作舟官俸洋二十元

又

实习官俸洋二十元

承发吏吕朝文官俸洋十元

又　陳豪官俸洋十元

又　鮑誠官俸洋十元

又　陳黔官俸洋十元

一等雇員一員薪水洋十二元

二等雇員二員薪水洋二十元

一支司法警察工食洋九十六元　内

司法警察十二名工食洋九十六元

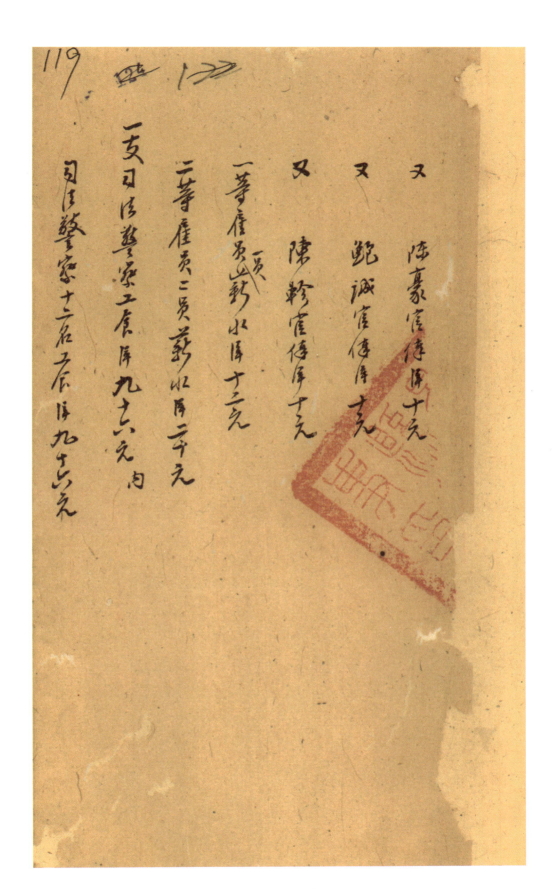

一支雜費洋叁拾六元貳角四分 內

筆墨紙張灯油費洋拾壹元貳角三分

茶葉柴炭洋柒元四角

郵費洋捌元三角六分

藥資洋伍元八角五分

醫生薪水洋拾元

以上係常費洋貳百拾拾元玖貳拾角四分

臨時費項下

一支臨時費洋捌拾捌元一角肉

痳疯篮□一名棺木等费洋拾元贰角

派隊警防兵提拿匪案膳宿费洋叁拾柒元九角

以上臨時費洋捌拾捌元一角

總共支出洋叁百叁拾柒元九角四分

陳寶在

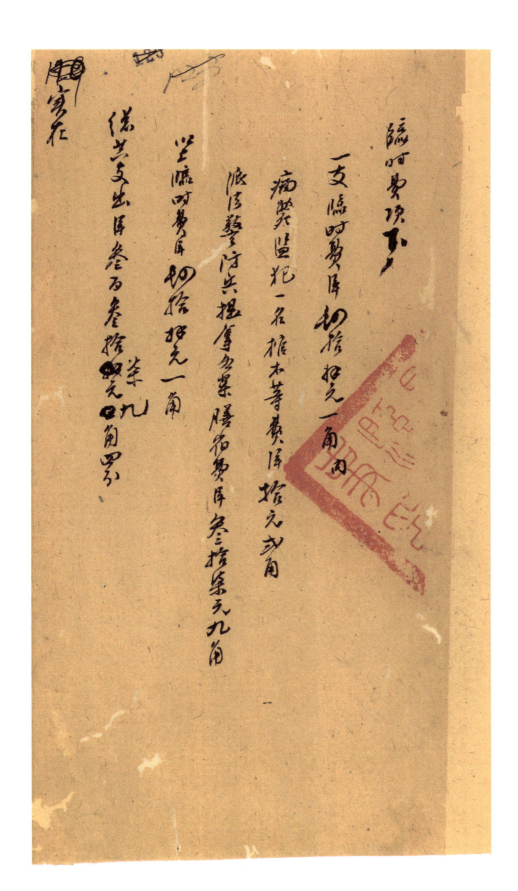

無

景甯縣審檢所　令飭

與印紙屬中華民國二年十月分審檢所公費準叁

百叁拾元三角四分中間並無虛冒情弊所具印紙是實

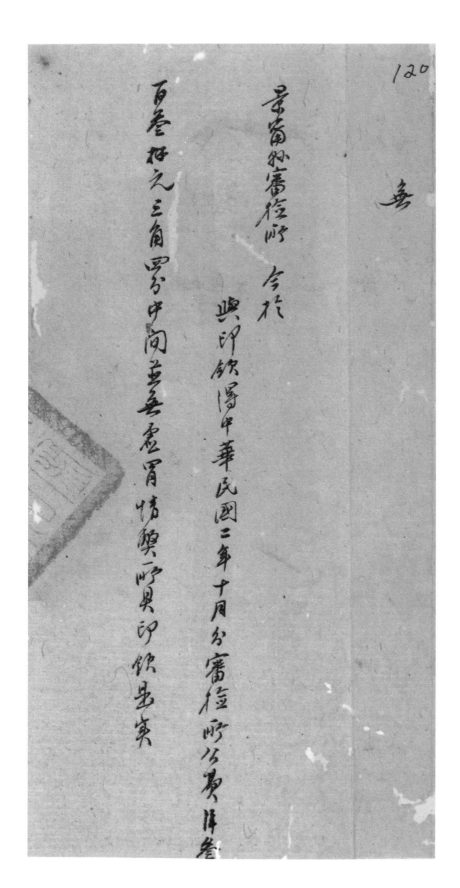

121

知事陳

中華民國　年　月　日

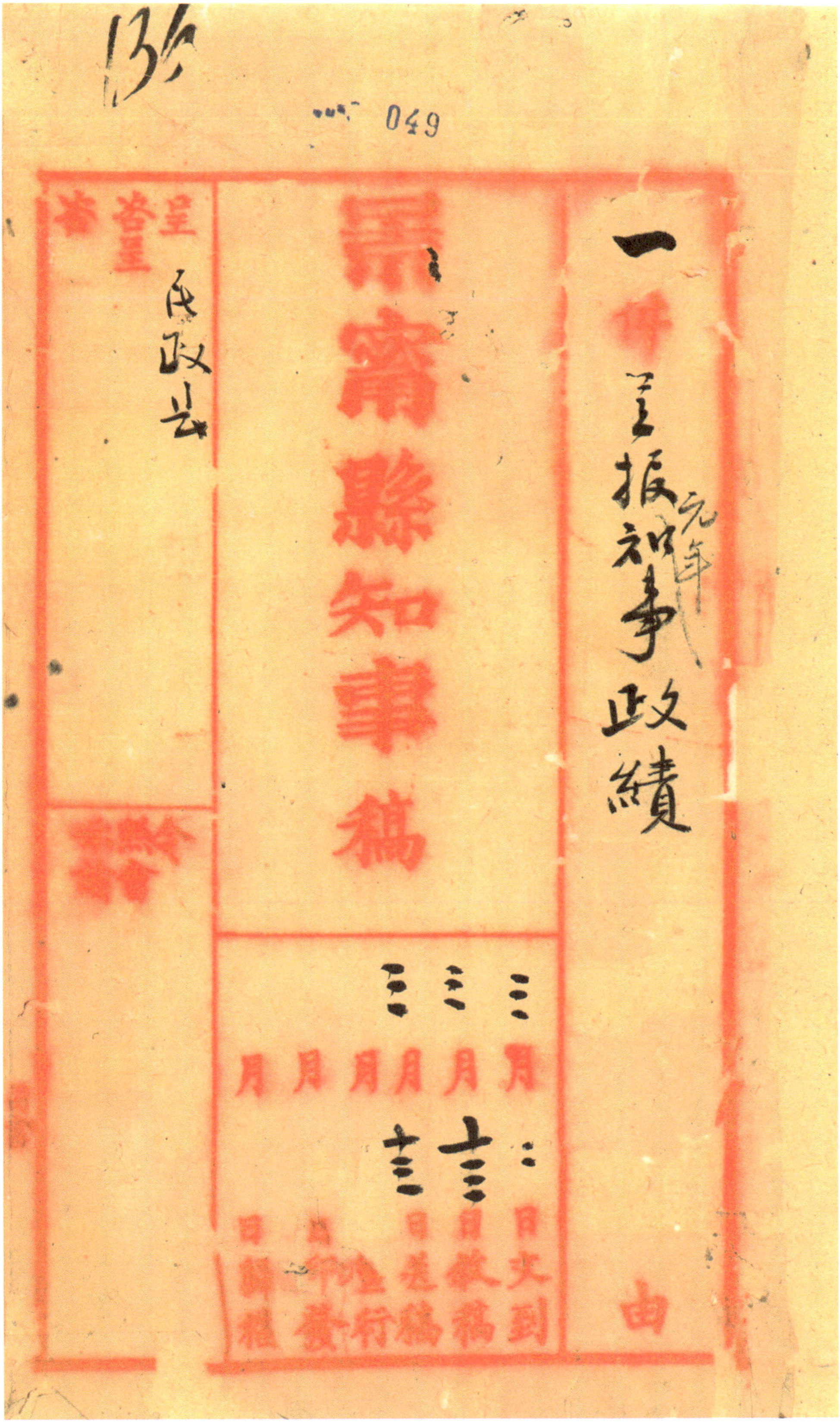
135
049
景寧縣知事稿
一件 呈報知事元年政績 由
呈 咨呈 咨 民政長
三月二日交到
三月十三日擬稿
三月 日送稿
三月十三日判行
月 日繕發
月 日歸檔

民政科
主稿

月

日

景寧縣知事呈十年月二日奉
前民政司長屠令開案查
前司長據擬各縣知事自行彙報政績並擬具表式加附
說明呈請通令遵照一案奉
前都督府批據呈知事政績表係為考察吏治起見應准
如所擬通行仰即知照并因並咨各報如前擬通行各在案查此項
各報係事實以能報為考覈之權衡其報陳縣衙方促進
治理關係至為重要乃限期已逾旬日而各縣遵報未齊

等除石門、龍游兩縣外，閱寂字內似此既誤要公，殊屬不成事體。

合亟通行咨催。為此令仰該知事即便查照第六十九冊公

報所載表式說明事理，迅將該縣民國元年分所有各項政債

分別據實填列製表，齎司立等彙核，毋得視具文延宕，

干究切切。此令。等因奉此，遵即按照表列各類分任考查，

據實摘要填表，理合備文呈送，為此呈請鈞祈

鈞府俯賜鑒核施行，實為公便。此呈

都督兼民政長朱

中華民國三年　二月　日　陳焯

景寧縣知事政績表

類別	前任已離職政績	現任到離職政績
民　自	查景寧鄉自治會業經成立於前清而知自治之職務權限者但人民昔於不知即求之自治人員鮮有了解故自治成立數年未為自治一事舉	知事七月二十八日接篆任事[illegible]當以登其歡改旧址既空新[illegible]未[illegible]民載通而辦[illegible]知事設法保全之[illegible]鄉縣素知有連來[illegible]擴[illegible]後局平[illegible]

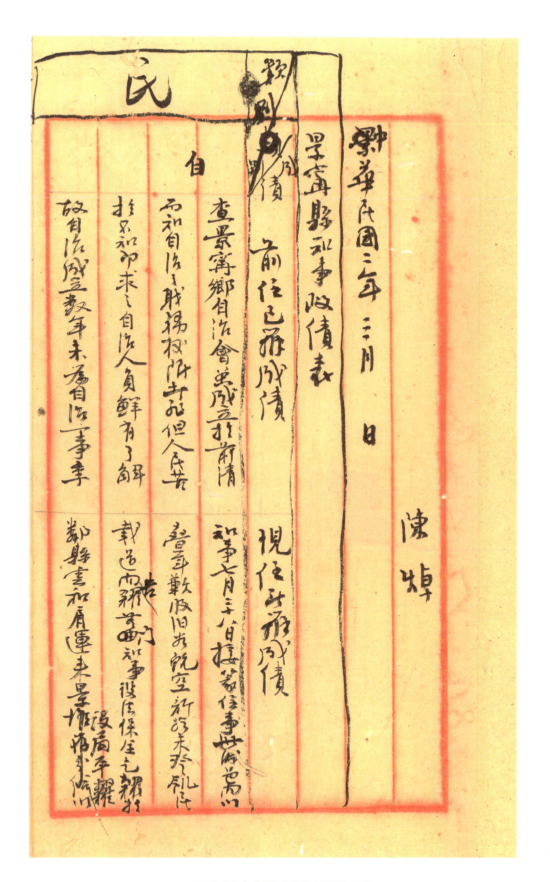

知事深知底佃村於民國元年一月邀
集各區自治會鄉董請其於各區
自治會次第定期召集會員由罫內選
派專員赴會演說自治章程以任
職由州權附以有任意裁棄定行駁
奪之權之此以自治人員始知彼此
推誠時知職務三月間聯議會成
立城鄉聯合已無隔閡

資以集捐修及乃遭水災城鄉振
告票設人民房舍道路橋梁盡
圍牧畜仍受其害當來日不暇修治知事壹
被災甚最重之順清渤海大祥大埔
沙川廿區時親撫慰與見友之慰撫續
港生存者家道路橋梁衝崩坍
是其素漂毀壞慘之狀態不禁
為之悲惻由是知事以前的自治辦理

汲

052

之事項命各鄉董督率議員分
途勸導如
一道路 各區道路遺水衝崩行人又
被逾越令各議員督令就近村莊以
速修繕如需費滿十五元以上就近
村莊不能担任者報由該區自治会
設法補助之現并未復原狀而行人
亦可通行矣

一橋梁 無論向用石築或木架，既遭衝毀而行人必須涉水而過者，命各議員督令就近村莊自架木橋，所有木料價額達至十元以上，飭就近村莊能擔任者，報由該區自行會議籌措，撥款補助辦理，使可以通行，無失阻礙之虞。

一河道 如有堤防潰毀、河道堆積，河水多泛溢於村莊或田地，不速疏通

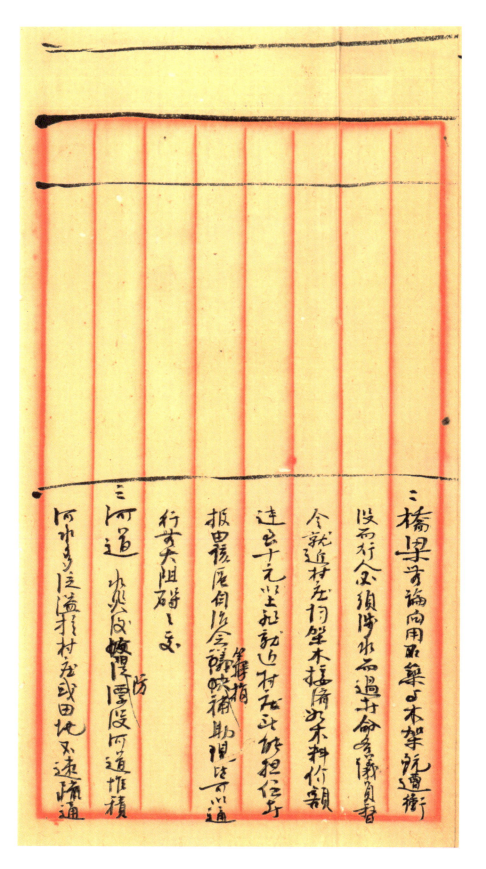

053

治

警察

本邑警費僅有縣稅三成不敷孔甚

計派出所巡士六人其額支活支前任

多方挹注頗費苦心僅得勉強維持

而已

稍減水害住居山〻種植再三照會

治人員督同各處挨〻戶勸諭通飭永

沙田逐一稍免泛溢

小民之糧稅全收較前尤為踴躍

其當任一再稟商新知縣極力籌畫借

墊撥[illegible]俯得以維持也今而後方人

民咸沾警察之保護

禁煙

光復之初煙禁廢弛，本季前出示嚴禁
中央禁令派巡士會同各地方自治財員
前往查禁吸煙之家，限期戒絕，去三
月間親往督辦兵警剷拔煙苗，搜
索吸煙器具，並查獲煙膏，隨時發案
對眾燒毀，並禁風自是稍戢

初到任，接管前任移交舊存煙土已另詳明核辦
販賣煙土，迭次查獲，付火焚毀，竟加懲治，並有越境私售
復傳諭前任所戒之吸食未戒
絕者有戒而未清者，均經分別勒戒，又
種煙苗下種之初，派人分赴各區曉諭
大禁不准下種，間有不肯遵禁之深山
僻壤，前經團保免其已經禁煙監督派
兵來搜，並無偷刻，現已不見煙苗形迹

054

業　　家　　費　目

墾　墾　農勵　　　　工

山多田少，田野彌治，並無荒地可（景邑）
亦墾塏宇內視並無天災草荒可以獎
勵

自來具成田地，潭殘黎民，萬蹠幸宦廊
義賑之豈具呈名相修整殘田日
以暇從為之，以邦數從麥種，俾其各
民種麥之穀，向來增加一倍有
餘
機械工業本邑無之，而手工業之普
在安僅附城全伍村有女子一計其
中有三人織布，私自觀往觀察見

類

礦	業	工業	商
礦		商	

機具並房木造而此本邑向有之
机为貸款僧の信知己曾命校該
無庸擴充資本力圖改良現
已出貨已增至五倍云
本邑大宗貨物僅有竹木自老復
成貨物阻滯並可具振此為前成
任銳同
無

055

財政

租税

景邑額征地丁清銀六千二百卅兩六錢二分六厘每年共征銀四千三百五十九兩一錢九分七厘民欠銀二千五百七十一兩六錢二分九厘查本邑地丁向係分忙造串上忙所征均屬上户下忙被災貧苦及係中户以下故

類	公債
征數愈形減色	無

教育類

普通

縣邑舊有初立務本高等小學校一所，是年上學期學生卒四十名；私立並育初等小學校一所，學生卅七名；公立普覺小學校一所，學生廿二名；私立振英女子小學校一所，學生十三名。遂前知事楷周為勸育科後，初办新立大均、勸海小學各一所，又預備籌於每區擬學二所，以廣教育。

翌年擬作推校，水災前往新安之大均、勸海初小學校並舊設普覺小學校各校原擬被沖毀，圍內器具亦付洪濤。知事商之教育科另擬具復其初立高等小學校學生畫有已屆畢業之期，當於每俟合同該校之長擬商及格者六名，並邑第一次高等學生之畢業者本年補校，學生增獎校舍，各女學校亦然，學務望振興矣。

056

特種

知事陳焯

無

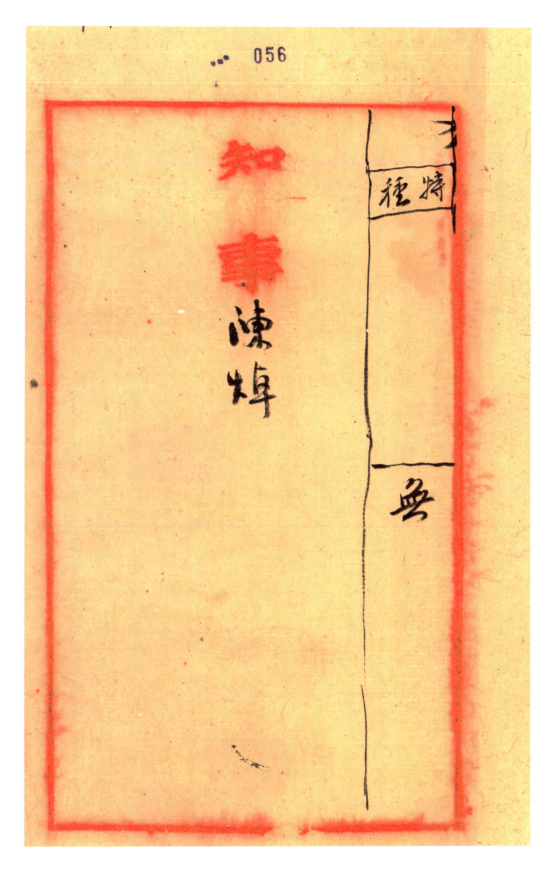

中華民國　　年　　月　　日

浙江行政公署关于知事抵任后整顿府仓积款、买谷还仓等的训令

（一九一四年三月二十七日）　0261-005-1045-026

存查

第一科

000052

068

浙江行政公署訓令第一二五三號

民國三年三月廿七日

第一二五三號

令景甯縣知事

內務司案呈本年三月十一日據麗水縣知事郎先麟呈稱查知

事接任後整頓府倉積穀情形疊經呈報在案嗣復經

知事會同警佐等澈底跟究續經查出存款一千六百六十

元連前共有六千九百六十元之數除存四明分行

內提四百元給舊處屬各縣聯合會應用款有該

案公文備案外其餘六千六百六十九元已令各處議定利率及起利年月日分立息摺按期繳息在知事個人主張總數貫穀還倉恢復舊政無如府則廢撥同屬各縣既議之見畫若鴻溝若無主合之者令則各縣代表所抱宗旨未有不極端主分者此知事所以不敢行個人之主張也然究之合則見多易於集事分之見少消耗亦鉅

虞今特列表呈請衡奪尚有邑東刊發交原冊虞存
之平二千元可否令行縉雲縣知事着落邑東升
遺族如數措繳俾重荒政之處理合備文呈乞
察核施行等情並附表一紙據此除由本公署以積
穀為備荒要政與其主分毋寧主合蓋合則見效易
於集事分則見少消耗堪虞誠有如來呈所云者現

在舊衛府倉穀業經本公署准照衛縣知事呈擬辦法責由該舊屬首縣知事保管在案該倉事同一律自應責成該知事就現有款項買穀還倉妥為保管將來各外縣果係遇有荒歉應仰遵照該縣知事呈請本署核准令行首縣知事照數截留至秋收時仍責成首縣知事追繳還

飭知此外法應於荒政不無裨補據呈前情除令

飭知外仰即遵照至呂東升移交原冊底存銀二

千元應否查（啓）令飭縉雲縣知事追繳並仰該知事

叙明理由專案呈請來署聽候核辦可也再舊

處屬各縣縣令飭現在已啓解散併即迅速具

覆等語指令遵照暨一分令外合亟令行該知事

000056

00 071

知
遵照此令

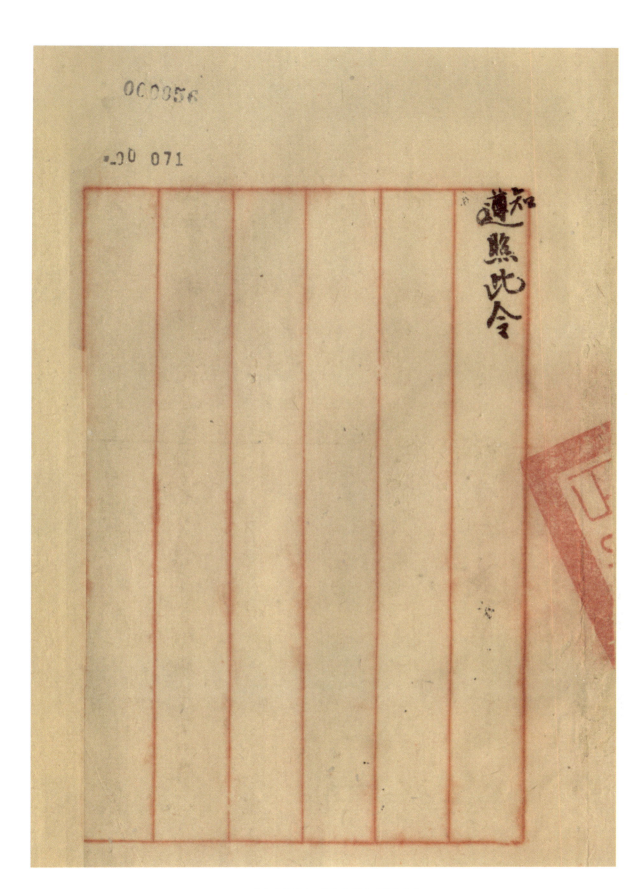

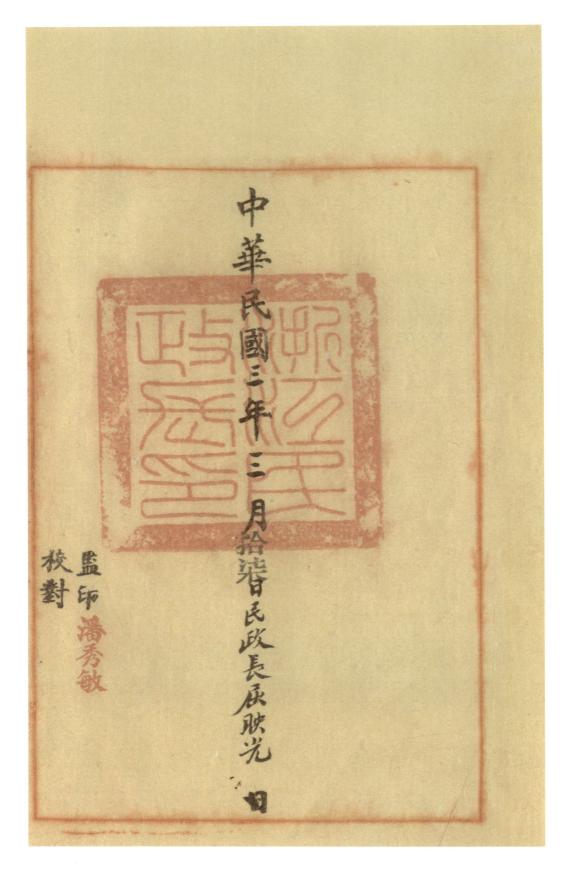

中華民國三年三月拾叁日

民政長屈映光

監印潘秀敏

校對

景宁县知事详报遵照新颁县官制取消科长员另委主任佐理的函

（一九一四年七月二十九日） 0261-005-0378-007

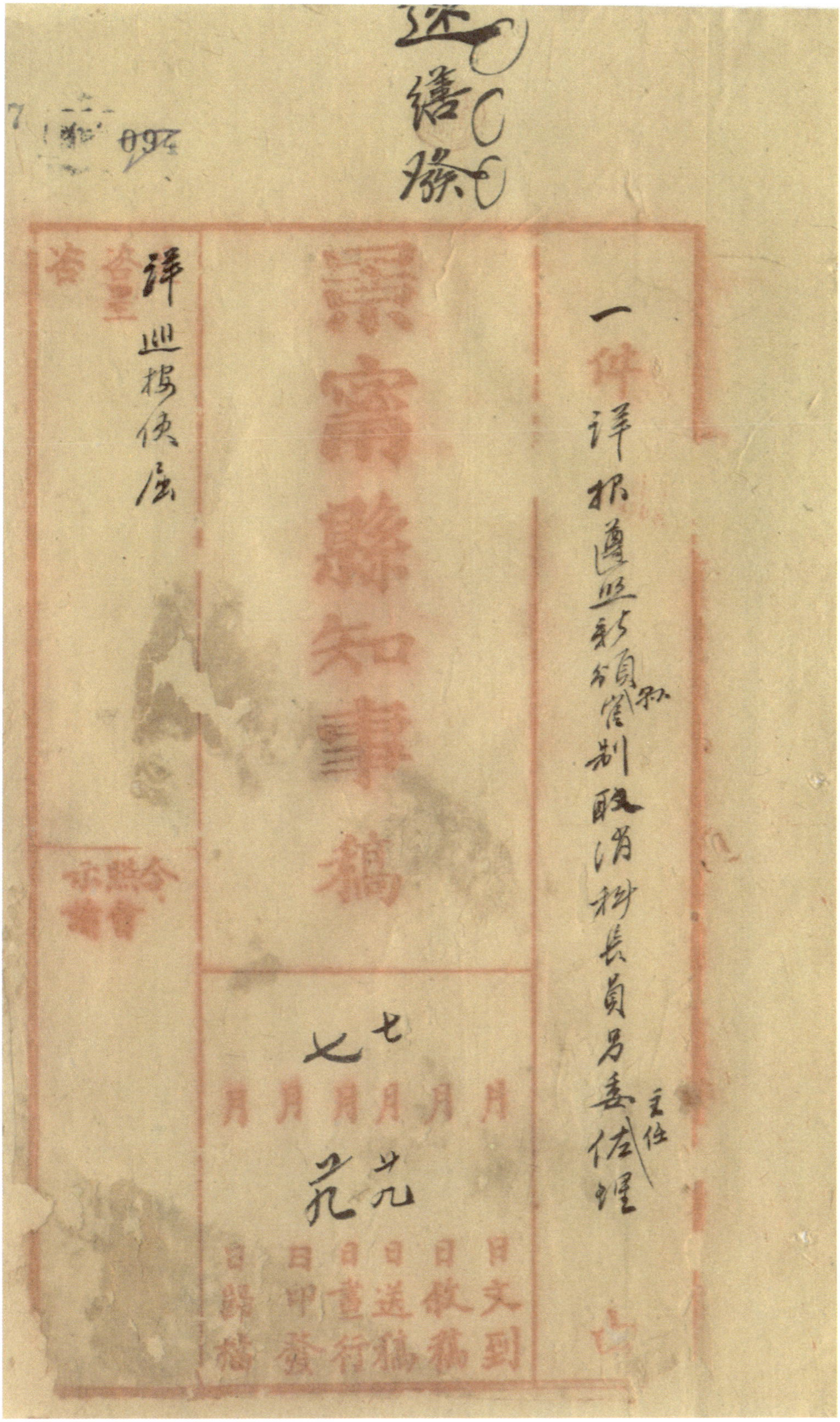
景寧縣知事稿

一件詳報遵照新頒縣官制取消科長員另委主任佐理

詳巡按使屈

七月廿九日

七月廿九日

月日文到
月日敘稿
月日送稿
月日畫行
月日印發
月日歸檔

主
書記
月
日

018

為詳請事案準

鈞飭第四百五十號內開縣署椽屬名額酌定遴委委員分配戥掌原設科長科員中如有成績較優確能勤慎廠戥者應准量予留用以資熟手仍分別檢同履歷加具切實考語詳候察核毋延等因奉此遵查縣署原設科長科員等員等計十四人其係各役食等共應支三百七十餘元[illegible]公費定為三百八十元除雜支一百二十元外所除係薪役食數僅二百六十元款既銳減則戥掌必須歸口少人員需知

減汰方能施行現擬將原設之第一第三兩科事務併為一科（酌量併）
定名政務第二科（股）則以為財政科（股）驗契事亦隸也各科（股）設主
任員一人每月支薪水洋四十元設助理員一人每月支薪水洋二
二十四元會計員收發員庶務兼監印員各一人每員月支洋
十六元司書四人每月支薪水洋八元公役六名每名支工食洋六
元計月共支洋二百六十元與定數相符而職掌亦較有然（股）
國政務科主任員為知事臂助之人非學識經驗俱富不
情形熟悉之人不克勝任茲查原充第一科科長唐鼐

繕校員

096

任幕僚品端學裕自今年正月奉委到差以來對於縣屬
禁煙及催辦工賑各事尤能不辭勞怨深資贊襄以之委充政
務主任員實屬勝任愉快原充第二科科員汪源才長心細
臨事不苟本年奉委到差後知事以縣屬舊辦驗契不甚
起色飭令承辦該員悉心辦理因能收數大增以之充任財
政主任員亦屬勝任，至助理員為各股助理員亦應慎選通
材查有法政畢業生鄭允倫修業生張國勳文理優長
堪勝政務財政兩股助理員之職至會計員著仍以該承

019

充以資熟手除分別給委外理合造具主任助理等員履歷

詳請

鈞使俯賜查核備案實為公便再此案因 知事因公赴省

甫回致詳報稍遲合併聲明謹詳

浙江巡按使屈

計呈履歷清摺一扣

020

~~09~~

知事秦　七月廿九日

中華民國三年七月廿九日

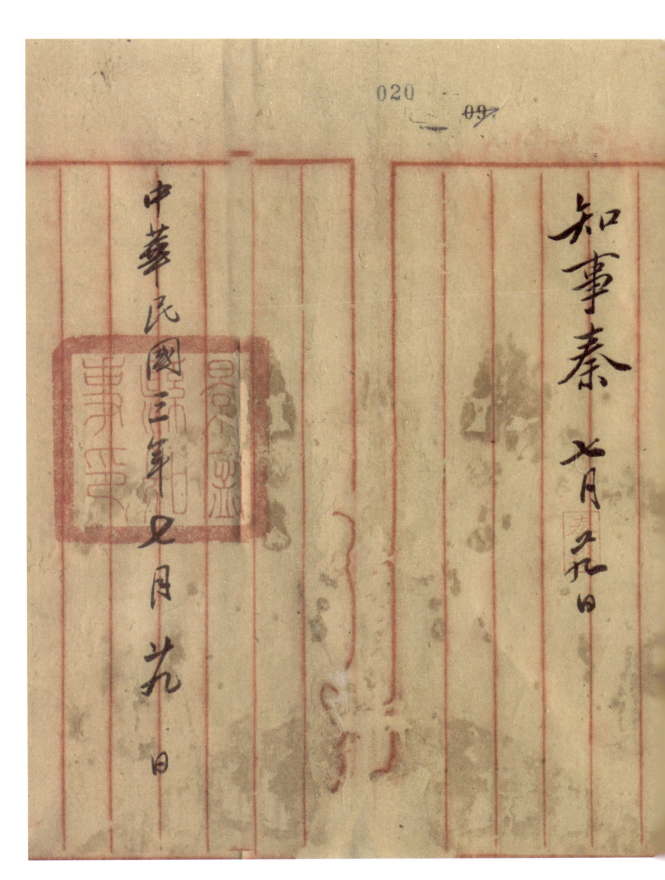

景宁县公署为筹办景宁城区后溪堤工的函

（一九一四年十一月二十五日）　0261-005-0432-001

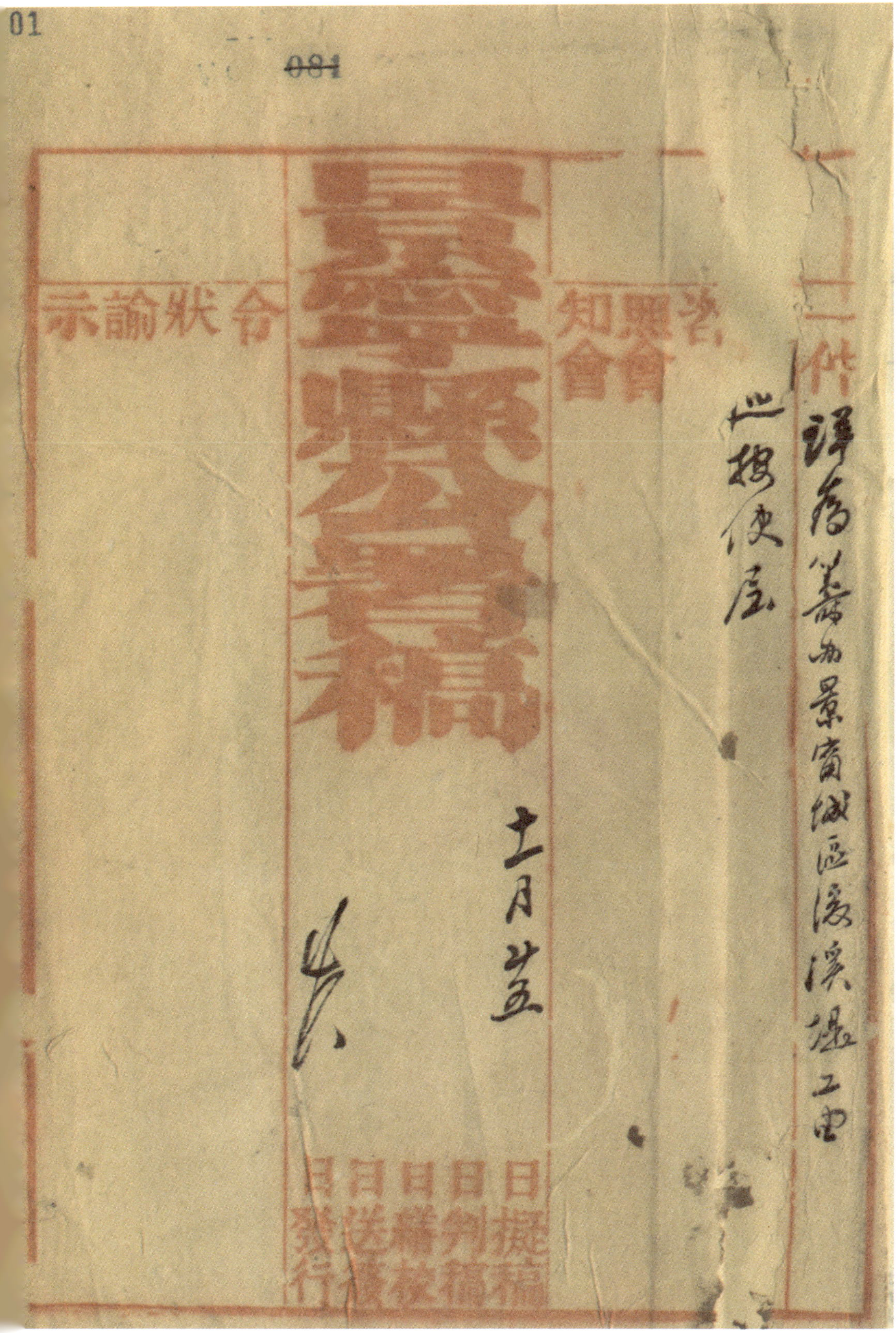

景寧縣公署稿

令狀諭示

咨 照會 知會

一件

譯為籌辦景甯城區後溪堤工由

函據便條

十一月廿五

日擬稿
日判稿
日繕校
日送簽
日發行

知事秦

科長

科員

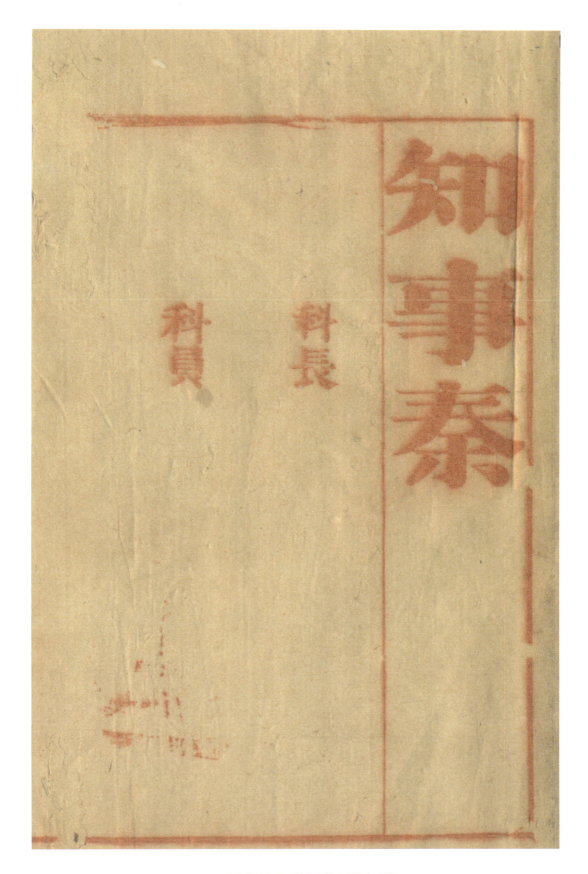

詳請示遵事十一月二十二日奉

鈞使批 委員 詳報驗收景寧縣城區以溪堤工業已被水冲毀情形一案奉批

前據景寧縣知事詳報後溪堤工被水冲毀等情即經批以據稱該縣於九月

八九兩日連日大雨山洪陡發致新修之以溪堤衝毀一百六十餘丈並波及民

房等語殊深憫念查是項堤工將次完竣又被衝毀雖係天災流行要亦該

總理潘維深辦理草率所致事後又並不稟報本應責令全數賠償以

重賬款姑念山洪暴下搶救非易天灾之不測與人工之苟簡相湊而成應

由該知事先將該總理捐存解款勒令悉數繳還一面會同工賬委員將

被水處所逐段勘明核實估計責令該總理認賠其半解款詳

候察核尊餘准如詳辦理並仰將動用準備金數目另詳財政廳備

案繳等語印發在案據稱來項堤工以老堤舊址為較妥且工亦差省

自應如擬照辦惟查前批責令賠償之款僅及半數其餘不敷

或就地設法籌補或即在繳回公債票內酌撥若干勸由殷富承購均仰
該委員會同縣知事妥速籌辦另委承修以期穩固仍隨時將辦理
情形具報繳等因奉此知事業已先奉批同前因遵即會同詳查潘維
深承修之新堤孤立水中不適於禦水捍患今既詳准接修昔日老
堤舊址則斷不能再用潘維深為經理而潘維深應賠修及未築成
之堤工惟有責令繳價以資應用查新堤亟宜移前次督勘責令應修

之工為中间缺口二十丈尾閭八十丈嗣以潘維深僅將中间缺口築成

其尾閭堤工尚未興修即遭水冲則此項未築尾閭堤工自應照繳

又被水冲毁之工計一百六十七丈五尺以半數計之應賠修八十三丈七尺五寸

合兩項併計共一百六十三丈七尺五寸即照潘維深原報銷每丈三元二角

合計之共應繳洋五百二十四元此款總理賠修之應繳洋數也至由老

堤遺址接築至許真人祠後止共量得木尺一百九十二丈其築法則上流

04

~~004~~

百丈計高八尺又入土四尺濶八尺下流九十二丈則高七尺又入土四尺濶八尺平均計算則為高七尺五寸入土四尺濶八尺按匠估計約每丈需洋三元以一百九十二丈合計應需洋五百七十六元以濬維深所徵賠修洋支抵尚不敷洋五十二元而續修之堤價既核實事須認真遴委經理監工勢難令其枵腹茲公擬設經理一人監工一人經理月支津貼拾元監工六元以四個月為限共計六十四元二共不敷洋一百十六元以各區繳

到零數現洋六十九元九角抵充之尚不敷洋四十六元一角擬由知事
設法就地勸募足數應用至公債票景邑寔難强售不能抵作修
堤急迫之款此估修籌款之情形也如蒙
核准再由知事執行勒令潘維深繳洋興工限期完竣以資捍禦
庶免景民為魚之厄所有籌办景邑後溪堤工緣由理合會同備

鈞使俯賜查核批示祇遵實爲公便謹詳

浙江巡按使屈

督辦溫處工賑委員陳宜楙

景寧縣知事秦琪

秦琪

中華民國三年十二月廿五號

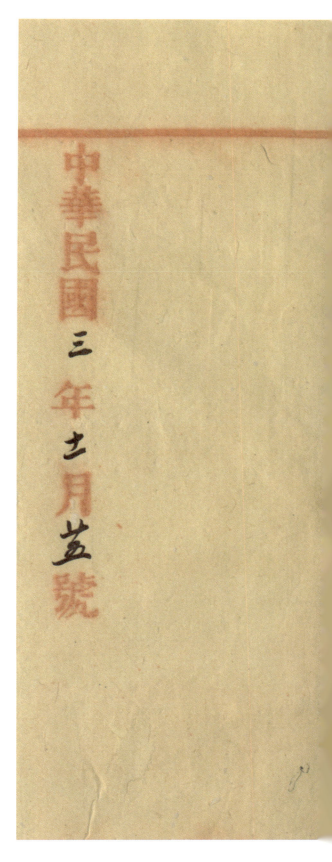

浙江民政厅颁发浙江护国军政府组织法的饬令（附浙江省护国军政府组织法）

（一九一六年五月十七日）　0261-005-0908-044

存位

政务股

饬

抄奉浙江护国军政府组织法由

浙江民政厅饬第

二

号

第五二三号

民国五年五月廿八日政印

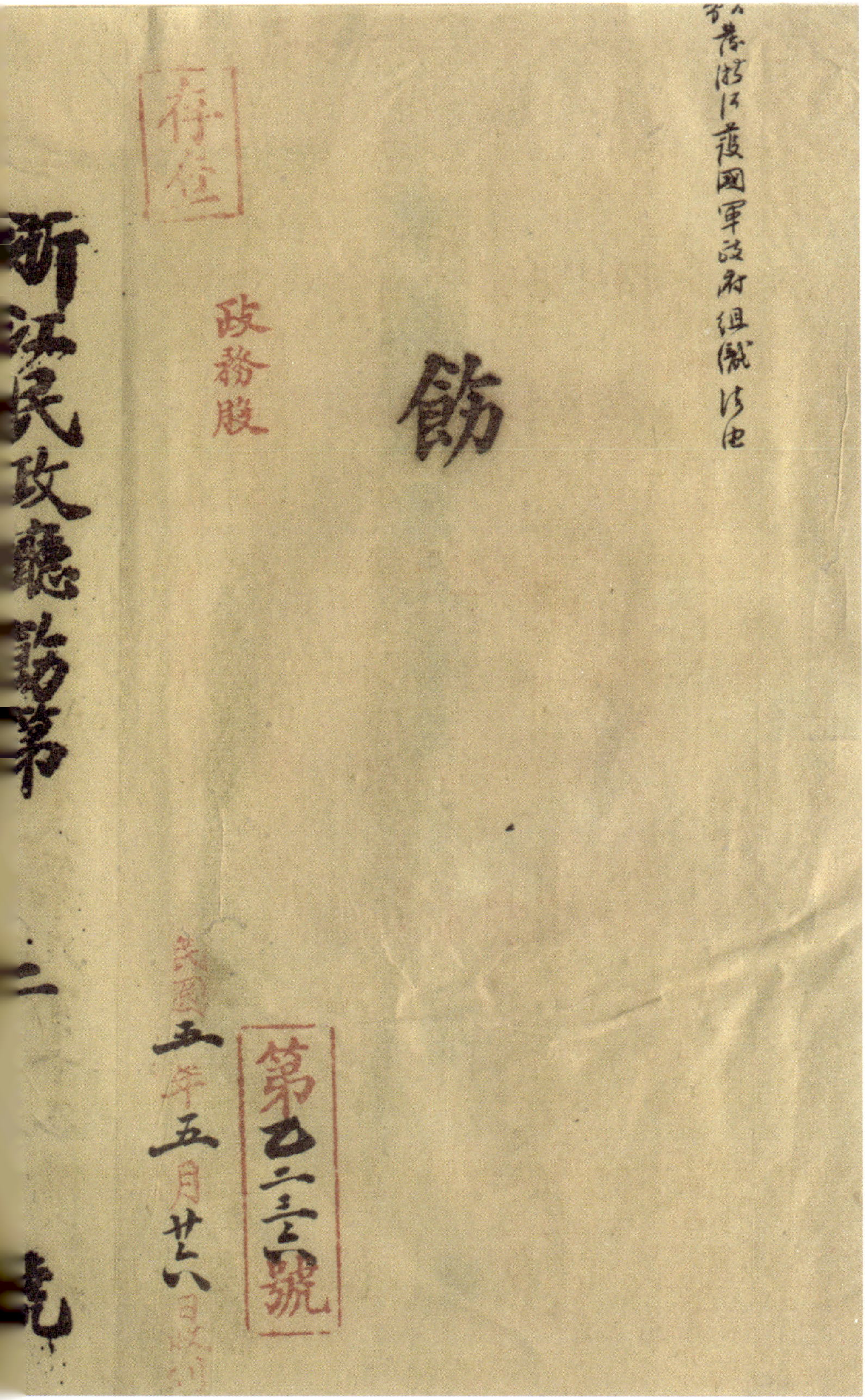

本道[illegible][illegible]奉

都督府第七八號飭開茲制定浙江省護國軍政府組織法經浙江參議會審查通過亟應公布實行所有前頒浙江都督府組織大綱應即廢止除分飭外合將組織法飭發該廳長並轉飭所屬一體遵照等因計發浙江省護國軍政府組織法一份奉此查是項組織法據第八第九第十各條之規

5-8-1

定凡屬省內民政事項應由民政廳處理本廳長奉
都督特任業遵組織法將本廳組織成立並即呈
報啓用印信暨通電各在案除分飭外合行飭仰
該知事遵照此飭

計飭發浙江省護國軍政府組織法一份

浙江民政廳長王文慶

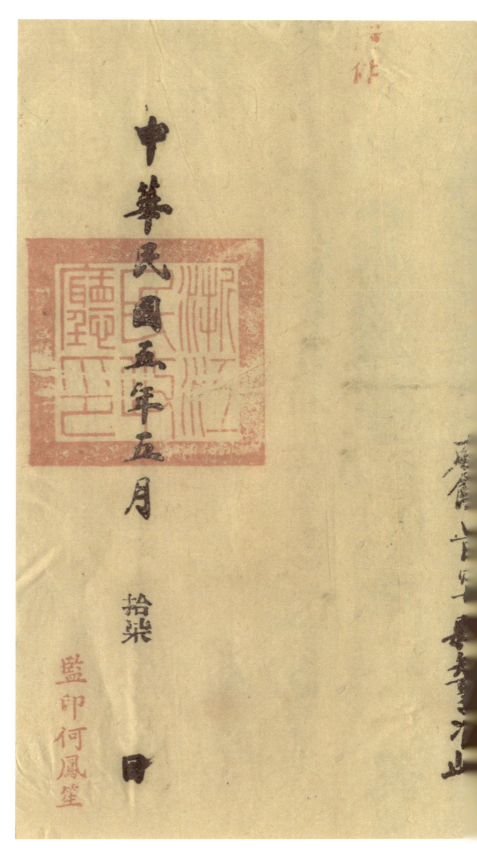

中華民國五年五月拾柒日

監印何鳳笙

浙江省護國軍政府組織法

第一章 總綱

第一條 以浙江省固有之區域組織護國軍政府統治之

第二條 本軍政府以都督及所屬各機關與參議會法院之三部構成之

第二章 都督

第三條 都督統率全省水陸軍警總攬軍政民政財政頒布法律命令依法任免文武官吏對外為全省代表

第四條 都督府設參謀長一員贊助都督參與機要都督

第五條　都督府設軍事參議會備都督重要軍務之諮詢

第六條　都督府設軍務廳秘書廳外交處其組織另定之

第七條　都督府得設顧問

第八條　都督統屬機關如左

一　民政廳承都督之命處理全省民政

二　警政廳承都督之命處理全省警政但地方警察權直屬於民政廳

三　財政廳承都督之命處理全省財政

四　鹽運使承都督之命處理全省鹽政

第九條　民政警政財政各廳於主管事務及都督特別委任之件

得發廳令

第十條　民政警政財政各廳之組織另定之

第十一條　除軍事各項以外民政警政財政各廳長經參議會之同意由　都督任命之

第十二條　都督得宣告戒嚴並宣戰媾和

第十三條　都督對於法律案及預算案之執行須先提出於參議會如遇緊急必不得先行提出時執行後須提出請求追認

第五章　參議會

第十四條　參議會於省議會未召集以前為全省立法機關議決法律案及預算案

第四章 法院

第十六條 法院以都督任用之審判檢察各廳人員組織之但高等審判廳長高等檢察廳長之任用須得參議會之同意

第十七條 法院之編制另定之

第五章 附則

第十八條 本法經參議會之議决得修改之

浙江省民政厅关于省参议会裁撤各属学务委员的训令

（一九一六年九月二十一日） 0261-005-1055-018

訓令

政務股

第一九五九號

民國五年十月一日收到

浙江民政廳訓令第五七六號

令景甯縣知事

案查前

省長訓令內開案查本年七月十四日准

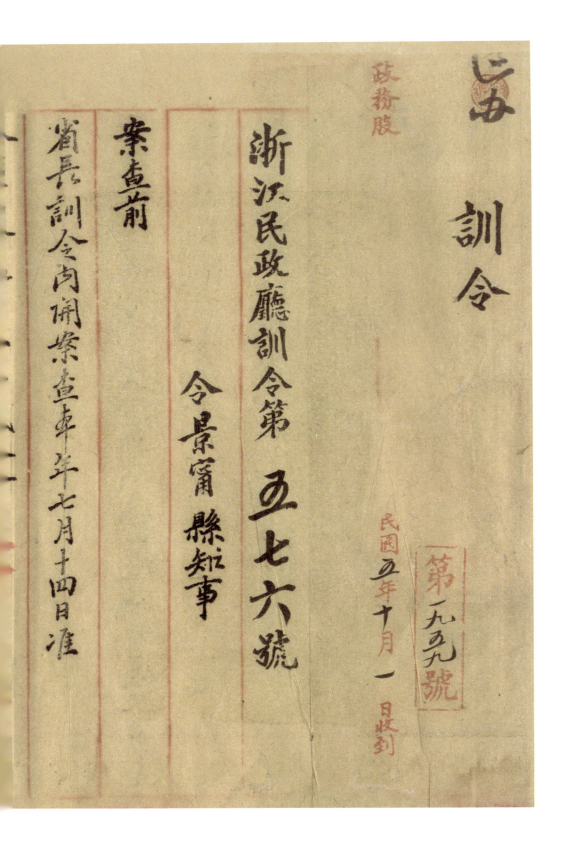

員等悉心經畫在去者者□行以學委員協同

駢擬自應即予裁撤至自治委員有經管地方公款

公產之責應俟正式自治機關成立後再行裁撤以昭情

咨請復議在案參議會旋即停止此項復議事件

雖未准該會咨復然既經提交復議自無庸遽予裁

撤至學務委員一職實係情同駢指應即照案執行

合亟令仰該廳通令各屬將舊設學務委員限九

月十五號以前一律裁撤具報備案所有該委員

執掌事務分別移交縣公署辦理學務人員及視學

員接管以節糜費毋延切切此令等因奉此當經奉
廳以本府調查應增國民學校校數地點及私塾各
表係由各區學務委員專辦現查前項應增國民學
校改查表未到者尚有十縣私塾表未到者尚有六縣
此項事務較繁縣公署辦理學務人員及視學員甚覺
難兼顧所有該十六縣學務委員擬俟前兩項調查
辦竣再行遵辦其餘各縣即遵照限期一律裁撤

所有舊設學務委員一職除復查應增國民學校校

數地点及私塾未經查核並各縣應尅日提辦俟查核

後即行裁撤外其餘各縣限於文到日一律裁撤仍將遵

辦情形具報備核此令

中華民國五年九月念壹日

民政廳廳長王文慶

景宁县筹办保婴所暂行简章
（一九一八年） 0261-005-0064-022

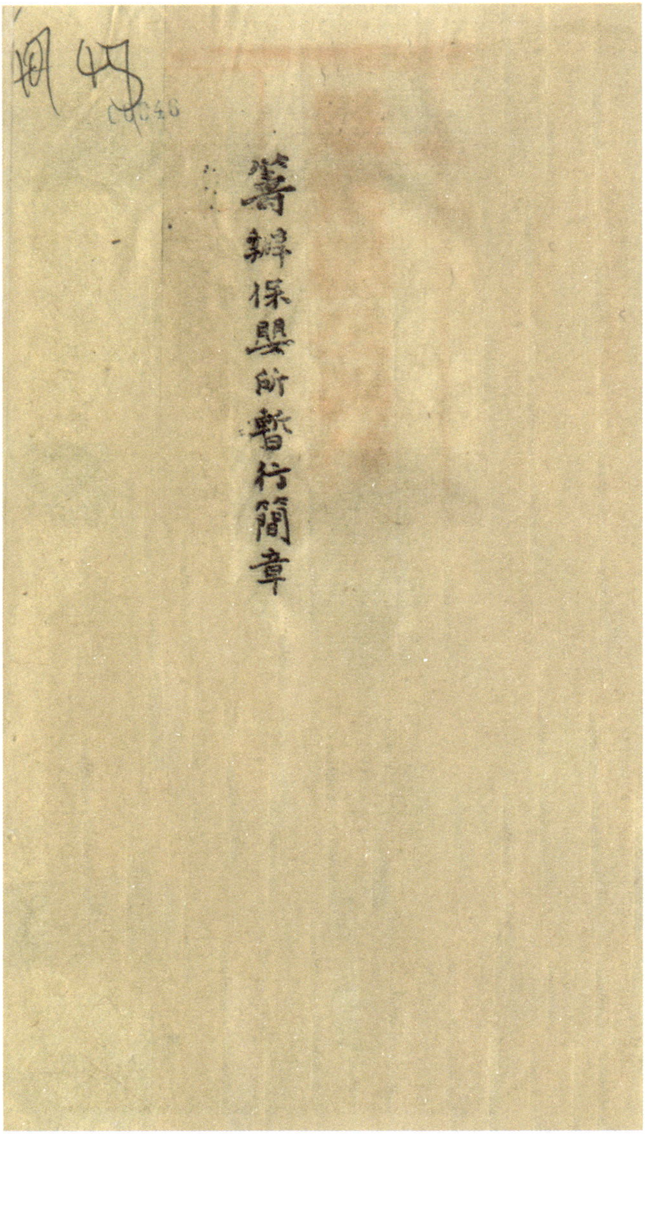

籌辦保嬰所暫行簡章

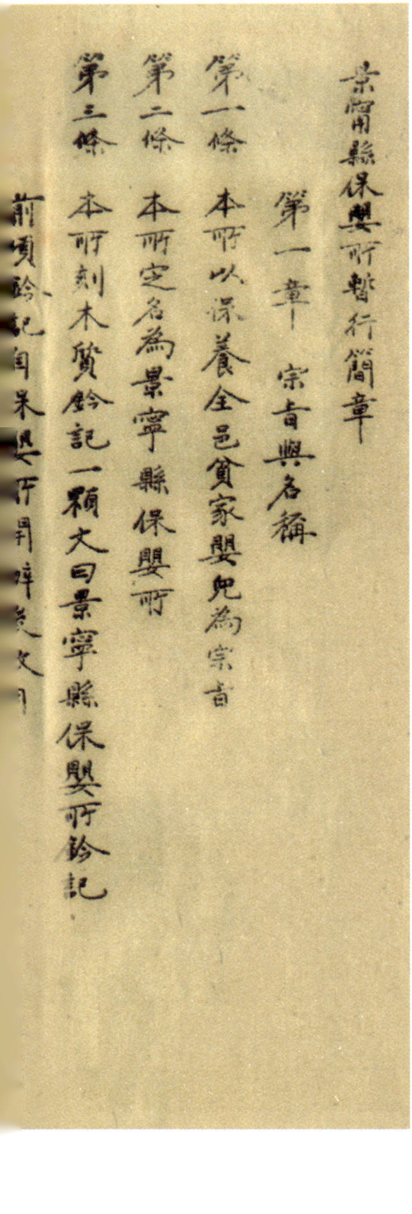

景甯縣保嬰所暫行簡章

第一章 宗旨與名稱

第一條 本所以保養全邑貧家嬰兒為宗旨

第二條 本所定名為景甯縣保嬰所

第三條 本所刻木質鈐記一顆文曰景甯縣保嬰所鈐記

前項鈐記自保嬰所開辦之日

作為基本金

第五條 應募人捐助若干繳由縣署給與印收以資憑證

第六條 捐助在五十元以上者由縣給與扁額在百元以上者由縣呈請 道

再給獎以資鼓勵

前項捐助如係租谷年捐四石者照五十元給獎年捐八石者照百元請獎

第七條 每年勸募若干應於年終由縣開具捐助人姓名暨捐項數目冊

報 道署備案並榜示公衆週知以昭信實

第八條 捐助之基本金或存放生息或置買田租由縣知事會商紳董定之

前項放息須擇殷實商戶或由殷實商戶擔保如置買田地由遴

定擔任保嬰所職務之紳董招佃收租置買畝分若干每年收

租若干由縣於年終冊報 甌海道公署查核備案

第九條 所內除保嬰必要費及置買田地之必要糧稅外一切雜費均由

縣署支給

第十條 自治項下之施棺田租收埋田租自保嬰所成立後改為保嬰所所有

第十一條 本所初開辦如因勸募經費之不敷得由縣知事會商紳董從自

治項下酌量提撥以資進行

前項提撥若干核定後由縣呈請 道署備案

第十二條 所內經費之收支於年終冊報 道署備查

第十三條　保嬰所附設於縣公署，以縣知事為總經理

第十四條　每鄉選舉一人為經理，分任所內一切職務，受縣知事之監督

第十五條　前兩條之經理人均為名譽職，不支薪水

第十六條　保嬰所成立後，應將各經理姓名、人數呈報　殷海道署備案

第三章　保嬰之方法及保嬰費之給與

第十七條　本所為經費支絀，且豫防流弊起見，遇有貧家嬰兒，暫不收所留養，由所給予保養費，以資救濟。所謂貧家，指無營業且無家產者而言

第十八條　前條之保養費，每嬰兒定為每年五元，分兩期給領，其領費期自產生之月起算

前項貧家邑生活程度不高，貧家產生嬰兒，每年給與五元保養費，即可逐漸撫養，此全邑紳民公同議定，合併聲明

第十九條　貧家產生嬰兒，如寔在無力撫養，由鄰佑或親族報由就近經理人查明屬寔，出具切結，報由縣署給與保養費

第二十條　各經理於該管區域發見遺棄嬰兒，須隨時招人撫養，一面報由縣署給予領費證

第廿一條　保嬰費之領證由縣署製就三聯，於騎縫蓋用鈐記，一存根，一給與領證人，一俟年終彙呈　道署備查

[illegible]

媳者保嬰費停給之

第四章 懲罰

第十五條 各鄉經理人如遇有實係貧家嬰兒及第廿條所列情事而故匿不報或非貧家嬰兒而故意捏報者由縣查明屬實得處以十元以下

之罰鍰

前項之罰鍰充作保養嬰所基本金

第十六條 保嬰兒之父母或收養人由縣給與領證後如遇有第十四條之情事不將領證繳銷仍來縣冒領者依前條之例辦理

第十七條 貧家產生嬰兒如不依第十九條理辦理而任意遺棄依刑律遺棄各條治罪

第五章 附則

第十八條 本簡章如有未盡事宜或另有變更應先得隨時酌量修改仍呈報 道署備查

第十九條 本簡章自呈奉 道尹核准保嬰所開辦之日施行

知事陳景元

戊午年秋月望日

景甯縣保嬰所簡章

景甯縣保嬰所暫行簡章

第一章　宗旨與名稱

第一條　本所以保養全邑貧家嬰兒為宗旨

第二條　本所定名為景甯縣保嬰所

第三條　本所刻木質鈐記一顆文曰景甯縣保嬰所鈐記

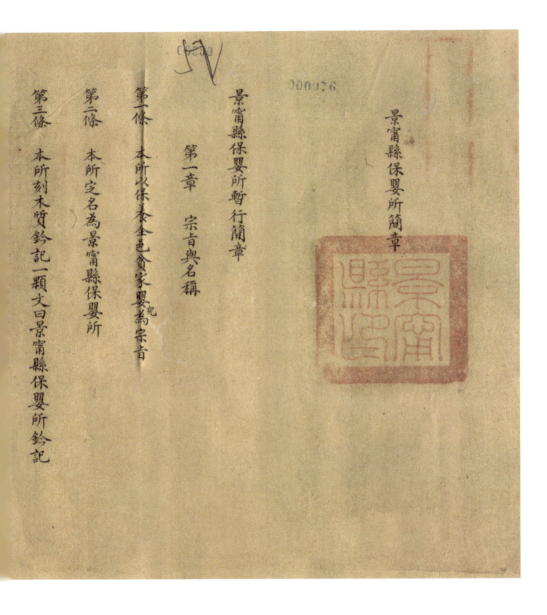

第四條　本所經費由縣知事商同闔邑紳商隨時勸募以勸募之款作
為基本金

第五條　應募人捐助若干繳由縣署給與印收以資憑證

第六條　捐助在五十元以上者由縣給與匾額在百元以上者由縣呈請
道尹給獎以資鼓勵
前項捐助如係租谷年捐四石者照五十元給獎年捐八石者照百元請獎

第七條　每年勸募若干應於年終由縣開具捐款人姓名暨捐項數目冊報
道署備案並榜示公衆週知以昭信實

000078

第八條　捐助之基本金或存放生息或置買田租由縣知事會商紳董定之
前項放息須擇殷實商户或由殷實商户擔保如置買田地由選定擔任保
嬰所職務之紳董招佃收租置買畝分若干每年收租若干由縣於年
終冊報　甌海道署查核備案

第九條　所內除保嬰必要費及置買田地之必要粮稅外一切雜費均由縣署支給

第十條　自治項下之施棺田租收埋田租自保嬰所成立後改為保嬰所所有

第十一條　本所初開辦如因勸募經費之不敷得由縣知事會商紳董從自治項
下酌量提撥以資進行
前項提撥若干指定後由縣呈請　道署備案
省長公署暨甌海道公署查核

第十二條　所內經費之收支於年終冊報　道署備查
省長公署暨甌海道公署

第十三條　保嬰所附設於縣公署以縣知事為總經理

第十四條　每都選舉一人為經理分任所內一切職務受縣知事之監督

第十五條　前兩條之經理人均為名譽職不支薪水

第十六條　保嬰所成立後應將各經理姓名人數呈報　甌海道署備案

第三章　保嬰之方法及保嬰費之給與

第十七條（十六） 本所為經費支絀且豫防流弊起見遇有貧家嬰兒暫不收所育養由所給與保養費以資救濟所謂貧家指無營業且無家產者而言

第十八條（十七） 前條之保養費每嬰兒定為每年五元分兩期給領其領費期自產生之月起算

前項景邑生活程度不高貧家產生嬰兒每年給與五元保養費即可逐漸撫養此全邑紳民公同議定合併聲明

第十九條（十八） 貧家產生嬰兒如寔在無力撫養由鄰佑或親族報由就近經理人查明屬寔出具切結報由縣署給予保養費

第二十條（十九） 各經理於該管區域發見遺棄嬰兒須隨時招人撫養一面報由縣

第二十一條　保嬰費之領證由縣署製就三聯於騎縫蓋用鈐記一存根一給與

領證人一係年終彙呈甌海道公署備查

前項領證免貼印花

第二十二條　保嬰費之給予定為三年以嬰兒產生之日計算

第二十三條　保嬰費之領證於末期給費時吊銷

第二十四條　給與領證後如嬰兒因疾病死亡或寄他人為養兒養女或養媳者

保嬰費停給之

第四章　懲罰

第二十五條　各鄉經理人如遇有寔係貧家嬰兒及第十九條所列情事而故匿不

報或非貧家嬰兒而故意揑報者由縣查明屬寔得處以十元以下

之罰鍰

前項之罰鍰充作保嬰所基本金

第二十六條 [二十五] 嬰兒之父母或收養人由縣給與領證後如遇有第二十四[三]條之情事不將領證繳銷仍來縣冒領者依前條之例辦理

第二十七條 [二十六] 貧家產生嬰兒如不依第十九[八]條辦理理而任意遺棄依刑律遺棄各條治罪

第五章 附則

第二十八條 [二十七] 本簡章如有未盡事宜或另有變更擴充得隨時酌量修改仍[分]呈[省長公署暨沂海道公署查核]
[報道署備查]

第二十九條 [二十八] 本簡章自呈奉[道署]核准保嬰所之開辦之日施行

瓯海道道尹公署有关整治地方风俗的训令
（一九一八年五月二日） 0261-005-0901-041

訓令

甌海道道尹公署訓令第二八五號

令景寧縣知事陳景元

七年五月十一

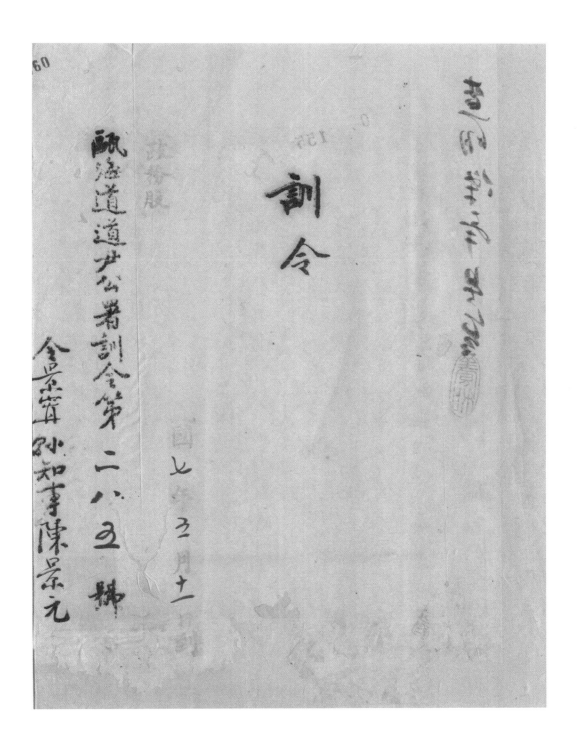

150

照得風俗習慣於世道人心有密切關係凡吾儕
具有地方治安之責當於風俗之良者獎誘而
維持之其不良者懲警而革除之職非周知民
情狀何由興利而除弊甌海各屬水陸各殊風
俗習慣亦復互異如花會賭博溺嬰典妻械鬬
販賣人口盜掘墳墓等類或為普通之惡俗或
為特別之頑風其夫人民之奢儉勤惰信仰宗

知照將該鄉風俗情形詳細調查併舉具復以
憑察核毋延切切此令

中華民國七年五月二日

道尹黃慶瀾

監印
校對員朱豪

浙江瓯海道道尹公署为以知事滥用职权迫叩停职案的训令

（一九一九年四月二十四日） 0261-005-0273-013

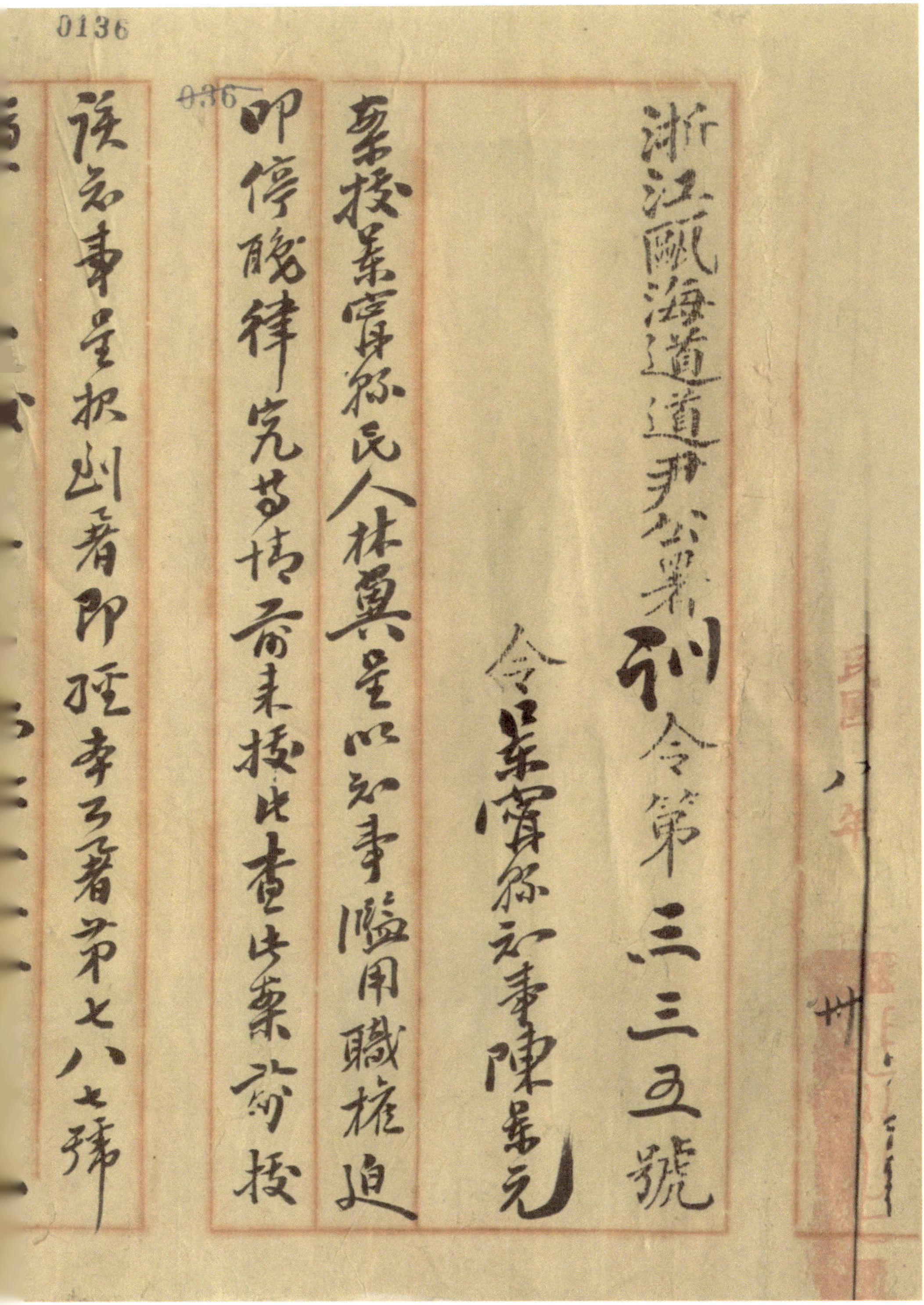
浙江甌海道道尹公署訓令第三三五號

令景寧縣知事陳景元

案據景寧縣民人林翼呈以知事濫用職權迫

叩停職律究等情前來據此查此案前據

該知事呈報到署即經本署第七八七號

日讯结具报候核如稍有延切切此令

计发副呈书一件

中華民國八年四月廿日

道尹黄庆澜

監印
校對 翁思廉代

景宁县农民状况调查表
（一九一九年十月） 0261-008-0022-016

浙江省景甯縣農民狀況調查表 民國八年十月 日填報

本縣人口總數二萬六千四百三十二戶十萬零三千八百零八口

農民總數一萬六千（七百三十五）戶七萬六千八百三十三口

承辦員

22-21

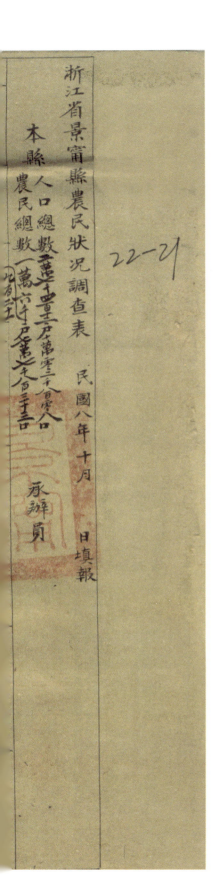

	城區	順濟區	渤海區	大常區	大均區	沙溪區
名地	一千五百三十五户	一千九百廿二户	一千三百四十六户	八百零二户	六百五十八户	一千零七十八户
口數	男 四三〇四	男 四六三二	男 四七九八	男 二三六七	男 一九八〇	男 二一九九
	女 二八八六	女 三二三九	女 三二八三	女 一六四五	女 一四〇四	女 一五六六
	計 七一九〇	計 八七一	計 八〇八[redacted]	計 四〇一二	計 三三八四	計 三七六五
類積額	田 [illegible]	田 [illegible]	田 [illegible]	田 [illegible]	田 [illegible]	田 [illegible]
	地 [illegible]	地 [illegible]	地 三 [illegible]	地 五二 [illegible]	地 四四 [illegible]	地 八四 [illegible]
	山 [illegible]	山 [illegible]	山 [illegible]	山 [illegible]	山 [illegible]	山 [illegible]
類量額	穀 [illegible]	穀 [illegible]	穀 [illegible]	穀 [illegible]	穀 [illegible]	穀 [illegible]
	麥 [illegible]	麥 [illegible]	麥 [illegible]	麥 [illegible]	麥 [illegible]	麥 [illegible]
	荳 [illegible]	荳 [illegible]	荳 [illegible]	荳 [illegible]	荳 [illegible]	荳 [illegible]
種方法	佃耕人遇中向業主出具[illegible]據,[illegible]租數完納,遣判改佃進納	仝前	仝前	仝前	仝	仝
類	况	况	况	况	况	况
量	每畝二石	每畝二石	……	……	……	……
别數	男 一六四	男 一五〇	男 一一五	男 九二	男 五三	男 六二
	女 二〇	女 八	女 三	女 九	女 三	女 二
	計 一八四	計 一五八	計 一一八	計 一〇一	計 五六	計 六四
方法	每日六分儀食	每日六分儀食	仝前	仝	仝	仝
方法時其	口歉約計無定	仝前 仝前	仝 仝	仝 仝	仝 仝	仝 仝
所	地主或殷户	仝前	仝	仝	仝	仝
害	無定	仝前	仝	仝	仝	仝
息	二分	仝前	仝	仝	仝	仝
方法	以上後或作抵償均	仝前	仝	仝	仝	仝
農地畝積及收獲	表列户數口數依全區各村所登記					

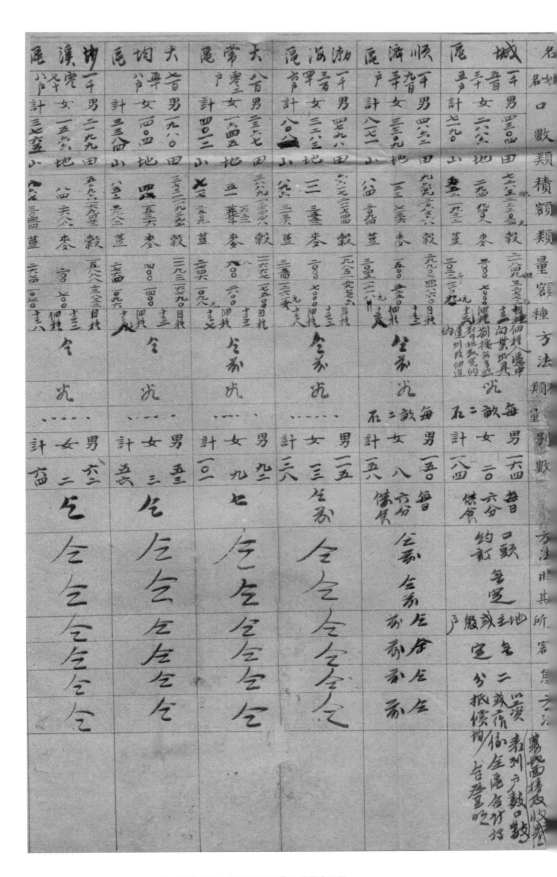

區	戶數	男	女	計	田	地	山	穀	麥	荳	自耕/佃耕				男	女	計							
葉川區	[illegible]	九二九九	六五三三	一五八三二	[illegible]	一三〇四〇〇	一六〇四五一	[illegible]		三五 一三	自耕 十三三 佃耕 十三七	仝	無	---	一五九	八	一六七	仝	仝	仝	仝	仝	仝	仝
統治區	[illegible]	[illegible]	[illegible]	[illegible]	[illegible]	[illegible]	[illegible]	[illegible]		[illegible]	自耕 十三 佃耕 十三七	仝	無	---	八三	二	八五	仝	仝	仝	仝	仝	仝	仝
宣德區	[illegible]	[illegible]	二一八二	[illegible]	[illegible]	[illegible]	[illegible]	[illegible]		[illegible]	自耕 十三 佃耕 十三七	仝	無	---	三七	九	四六	仝	仝	仝	仝	仝	仝	仝
南安區	[illegible]	[illegible]	[illegible]	五八五八	[illegible]	[illegible]	[illegible]	[illegible]		[illegible]	自耕 佃耕	仝	無	---	五二	四	五六	仝	仝	仝	仝	仝	仝	仝
南康區	[illegible]	[illegible]	二四八	五二八	[illegible]	五一 一六三	[illegible]	[illegible]		[illegible]	自耕 佃耕	仝	無	---	九七	二	九九	仝	仝	仝	仝	仝	仝	仝
崇和區	[illegible]	一三四八	[illegible]	[illegible]	[illegible]	[illegible]	[illegible]	[illegible]		[illegible]	自耕 佃耕	仝	無	---	一九二	四	[illegible]	仝	仝	仝	仝	仝	仝	仝
嘉順	[illegible]	[illegible]	[illegible]		[illegible]	五一 一六三		[illegible]			自耕 佃耕	仝	無	該區	[illegible]	[illegible]		仝	仝	仝	仝	仝	仝	仝

意　陳

251

（注意）此項農地係指已墾熟地而言但種桑種茶及牧草殖林等地亦含在內

某省某縣農地狀況調查表

民國八年 月 日填報

本縣全境面積二十五万三千一百頃 畝

本縣農地面積九百六十六頃零八 畝

承辦員 銜 名

種類	田	地
土質	黏土居十之七砂居十之三	黏土砂土參半
面積	八百五十頃十五畝	十二頃零四畝
農產物 種類	穀 麥	茶叶 [illegible] 豆 蔬菜
農產物 數量	穀每畝約得三百斤 麥八十斤	
地價 上等	每畝三十六元	每畝三十四元
地價 中等	每畝三十二元	每畝三十二元
地價 下等	每畝三十元	每畝三十元
地租 稅目	地丁	地丁
地租 定率	每畝七分七厘	每畝一分四厘
地租 徵額	六千五百四十六兩零	[illegible]及零
水利	承山溪水洪漲	無
災歉情形	旱災居多風災小災較少	仝右
備考		

山

新升一百零四 垟十頃三十九 之四 砂原畝 十三六

林木 竹

每畝約四元

每畝約二元

每畝八角

地丁

每畝五 [illegible]

[illegible]錢式 分零

[illegible]

向有災 災多係 [illegible]遭災 依[illegible]適 [illegible]值天 氣乾燥致 遭缺如

附陳意見

一何種農地宜如何利用

一農地賣買習慣若何有無侵占情弊

一何地宜種某種農產最為有利

一地價之漲落係因何故

一水利宜如何講求災歉如何豫防

一其他改良農地之法若何

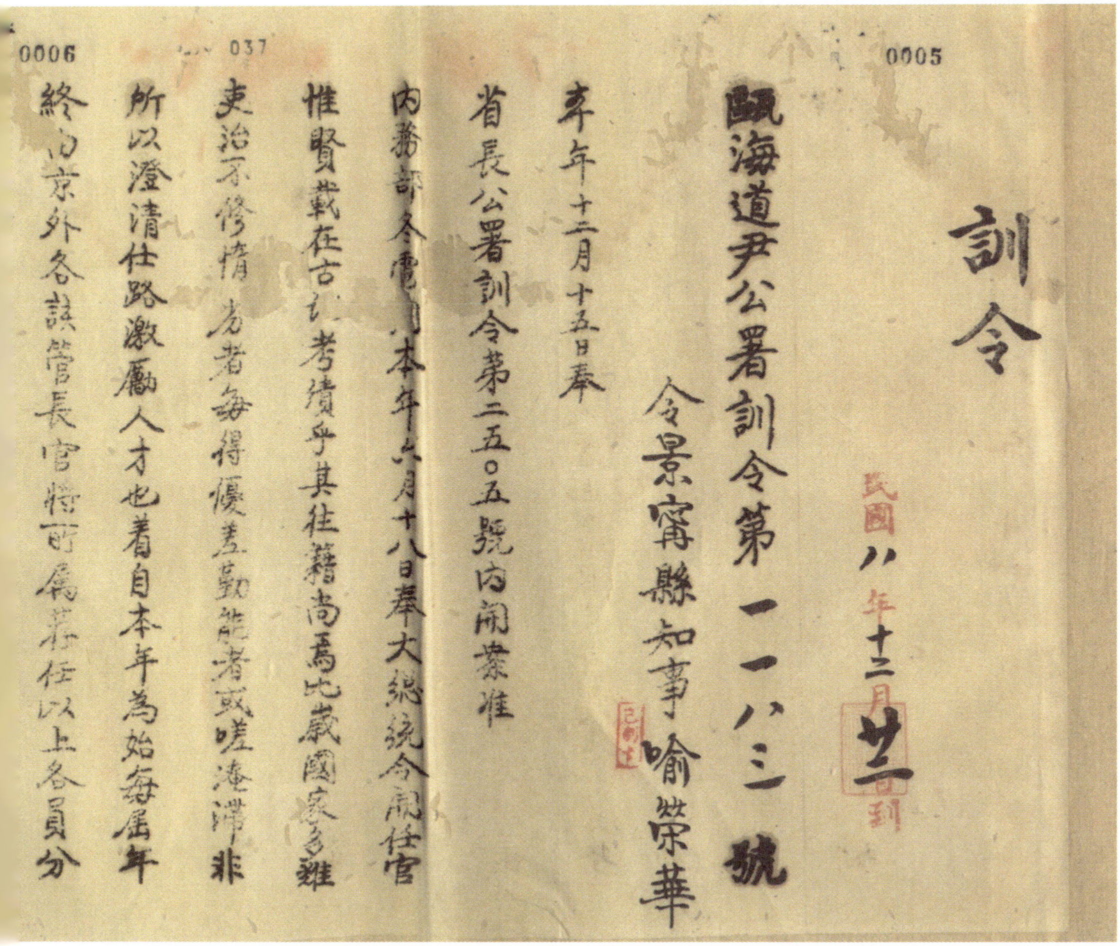
0006　037　0005

訓令

民國八年十二月廿二日到

甌海道尹公署訓令第一一八三號

令景寧縣知事喻榮華

本年十二月十五日奉

省長公署訓令第二五〇五號內開案准

內務部冬電開本年六月十八日奉大總統令開任官

惟賢載在古訓考績升其往籍尚為比歲國家多難

吏治不修情弊者每得優差勤能者或嗟淹滯非

所以澄清仕路激勵人才也着自本年為始每届年

終由京外各該管長官將所屬薦任以上各員分

瓯海道尹公署为长官荐任委任等胪举事实出具考语的训令

（一九一九年十二月十七日）　0261-005-0820-022

0007

委任各職員由各該管長官[illegible]

甄別呈報察核等因奉此現屆年終考核屬吏之

舉各省區自應一体遵行仰副

大總統整頓吏治之至意應請從嚴考核臚舉

事實出具考語呈明办理並分咨主管部備核等

因到署除通令外合亟令仰各該机關遵照办理

各按所屬分別薦任以上各員及委任各職從嚴考

核於文到五日內臚舉事實出具考語呈候彙案

核办此令等因奉此除分行外合行令仰該知事

遵照此令

中華民國八年十二月十五日

道尹黃慶瀾

監印員張能

校對員莊崇蔚

王言納

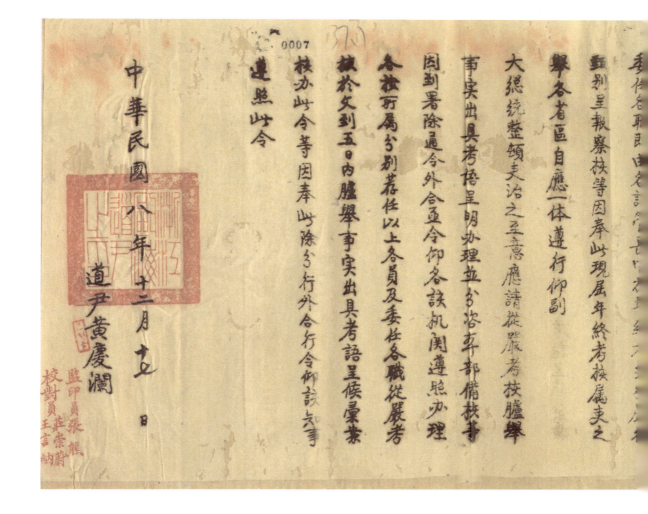

瓯海道尹公署为公布县自治法所有施行细则选举规则等的训令

（一九二一年十六月二十六日）　0261-005-0254-008

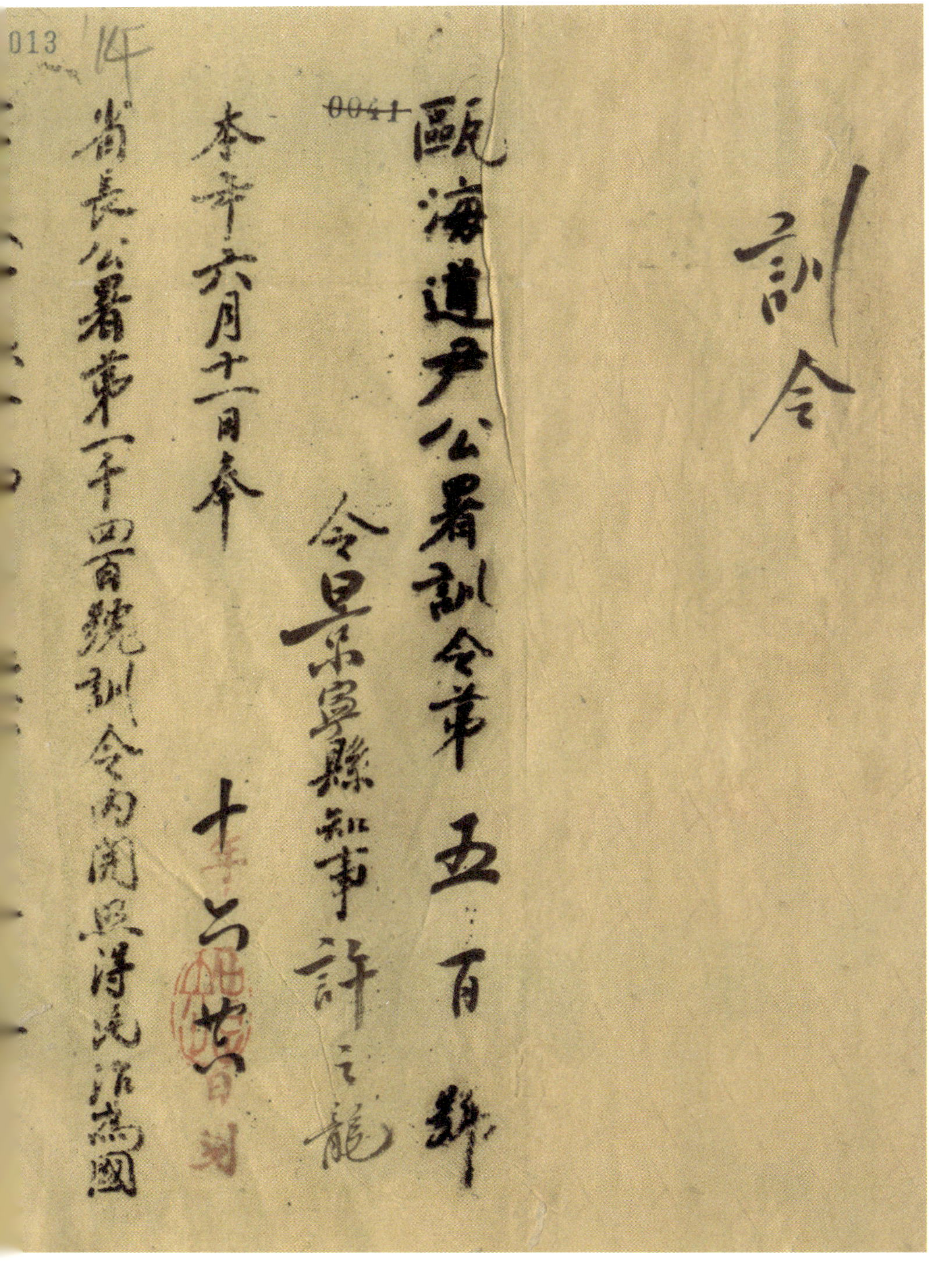

訓令

~~0041~~ 瓯海道尹公署訓令第五百號

令景寧縣知事許龍

本年六月十一日奉

十年六月廿六日

省長公署第一千四百號訓令內開照得縣治為國

盧督軍電請
内務部將八年公布之縣自治法所有施行細則選
舉規則施行日期施行區域等項迅速呈請
頒布一面通令各縣先從縣級自治團辦與籌備候頒
發表式依照縣自治法規定先行着手調查查案辦理
内務部電開縣自治法施行細則縣議會議員選舉
規則前由本部會同
國務院法制局分別擬訂並提交地方行政會議公同討
論並案現查該會議業經開會不日議決當即呈候

景甯縣公署訓令第一〇三號

令葉紳銘身

案照本年五月三十一日奉

省長公署訓令第一三八八號內開照得民治爲國家之根本縣會爲自治之樞機本省長前奉

大總統令飭籌備地方自治即經會商

盧督軍電請

自治團併具办法條例暨表式依照舊自治法規定先行着手調

查在案因前項辦法細章程尚未奉

令頒布數月以來迭據各屬士紳請願悉以入盟治亂關係情難延

緩復經本省長電請

內務部由本府訂定各項規則先期成立縣會一面督飭籌備處

各員擬訂暫行縣自治法施行細則選舉規則調查細則與各項格

式業經公布施行預計本年十月以前將各縣議會選舉一律辦理

既駁再候定期召集各處業經准
內務部電開現會及前咨並代意均然查縣自治法施行細則暨
縣議會議員選舉規則前由本部會同
國務院法制局分別擬訂並提交地方行政會議公同討論在案現
在該會議業經閉會不日議決當即呈候施行查來各節似可暫緩
等因准此施行細則選舉規則二項既經行政會議討論不日公布
自不必更由本省另行擬訂惟調查選民資格亦須需時擬俟中

規則頒布，即便依法選舉，冀得仍在責成調閱，内將縣會究竟成立，以副人民望治之殷。除分行外，合將調查細則、調查員證書、選舉人名冊各式令發，仰於文到之日，即行設區，劃分區域，遴派委員，認真辦理，限至六月底止，一律造冊報縣。歷屆辦理選舉，民間嘖有煩言，此次籌辦縣會，原期確立自治基礎，必先掃除舊時積習，調查為選政之始基，尤宜切實從事。應責成該知事俟各區調查員報告後，再令各他區人員互行辯駁覆查，更由該知事遴派掾屬、警察官吏並由本省長或該

管道尹派員實地檢查期將向來浮濫遺漏各情弊一革律除淨
盡以重要政而期實效如有因仍敷衍並或有意串混紊亂選政
歸本省長一經查覺無論事前事後必當依法嚴懲決無寬貸
各該縣毋違計發調查細則調查員證書式選舉人名冊式等附奉
此除填給調查員證書外合亟令委該員為該區調查員限文到即
便遵照令內指飭事理依據調查細則認真辦理務於六月以內一
律調查完竣造冊報縣毋稍稽延如有因仍敷衍串混紊亂情事
一經查覺

調查細册一份
調查員證書一紙
選舉人名册式一紙

中華民國十年七月十二日

知事許之龍

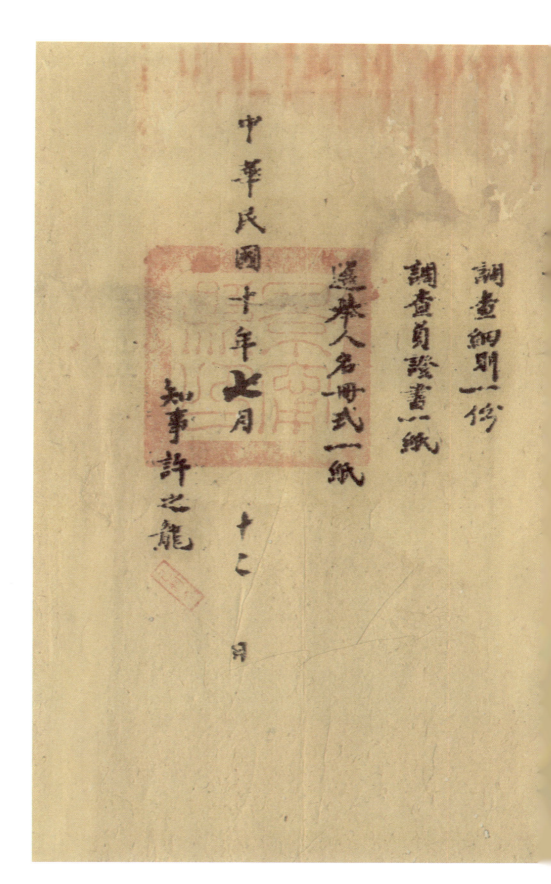

景甯縣ミ議会議員名冊

姓名	年歲	住址	資格	當選日期
葉蔭元	五十七	城內	清歲貢生曾充上庭參事会參事	三月一日
潘劍	五十三	金坵村	清拔貢生曾充上庭城區董事会董事	仝前
葉蓁	四十	烏坑村	浙江法政暨全浙監獄專門学校畢業曾充國民学校校長二年	仝前
李瑞陽	五十五	大均村	清歲貢生日本宏文師範畢業	仝前
柳之風	四十二	沙灣村	清附生曾充私立高等校学董兼教員三年	仝前

韋樹	廿四	道化村	清附貢曾充國民學校校長三年英川區稽查員[illegible]年	仝	前
葉文榮	廿八	半坪村	中學畢業曾充縣立第二高小教員二年	仝	前
湯涵	五十八	何村	清附生曾充國民學校校長五年	仝	前
吳喬松	四十八	桃源村	清附生曾充縣立高小校長二年	仝	前
林儒	五十二	饒下村	清縣貢生曾充濛川私立國民學校校長二年	仝	前

已制卡

.61〈2〉

中華民國十一年三月廿二日

葉桐

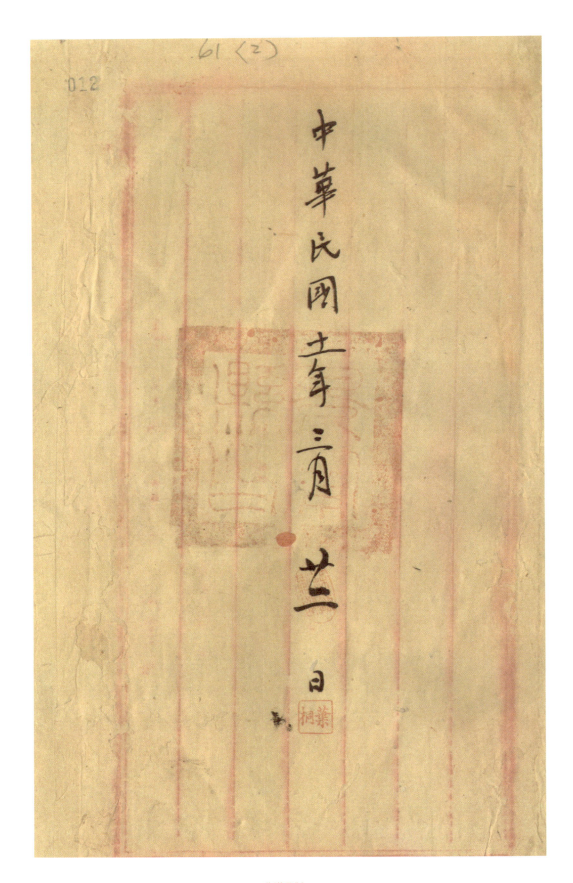

学制转型
与基层教育变迁

清末新政时期，新式教育团体以开启民智与提倡合群为宗旨，如雨后春笋，纷纷成立。浙江官方和民间对于发展新式教育的重要性达成共识，掀起开办新式学堂的热潮。浙江形成以学务处及其下属的学务公所作为省级教育行政机关和以劝学所作为厅、州、县级教育行政机关的局面，以此拉拢学务公所“议绅”参与省政。1909年，清政府颁布《城镇乡地方自治章程》，将学务划为自治范围。于是，一些开始推行自治的镇、乡废除了垂直隶属于县劝学所的劝学员，设立了隶属于同级自治公所的教育行政人员，称学务专员、学务委员。

1915年，景宁县将小学教员讲习所改为二县联合设立。1916年，景宁县裁撤各属学务委员。民初各县设立县教育会，辅助该地方的教育事务。1917年，景宁县设立教育会，颁发《景宁县教育会章程》，规定该会遵照部颁规定以研究教育事项，力图教育发达为目的，所涉及的业务包括：研究学校教育事项、研究家庭教育事项、处理官厅委任事务、关于教育建议案及谘议案事件设立各项研究会及讲演讲习会、该会经费预算决算事项。该会会员无定额，凡现任教育职及富有教育上经验者由会员二人以上介绍均可成为该会会员。县教育会设立会长一人，“总理本会一切事宜”；副会长一人，“协理本会一切事宜，会长有事故时，得由副会长代理行其职务”。同时，还设有评议员十五人，“议决本会意见之发表方法及一切会务”。

景宁畲族自治县档案馆藏北洋档案既保留了北洋政府各阶段的乡村教育政策，又记录了北洋政府时期景宁地区基层教育改革的实情。其一，北洋政府时期县级基层教育的进展。新兴的教育方式开始出现，有半日学校、师范讲习所、农业实习、女子学校、社会教育、实业教育、通俗教育、民众学校、妇女初级班等。在乡村，因地制宜设立学董，以便开展教育宣传，实施教育教学。景宁县重视畲民儿童入学就读的教育宣传工作，发布畲民子弟入学读书布告。1920年，景宁县各校采用注音字母授课。1921年，景宁县劝学所呈送学务年报。1923年，景宁县实施新学制，编练童子军队伍。1925年，景宁县推行国语，并禁止学校宣传宗教，由学校校长兼充县议会职务事宜。其二，北洋政府时期基层教育经费问题。清末民初，新旧学制转型，景宁县学款的来源为学田租、县费补助、捐资兴学、庙租、儒学山租、宾兴款等。对于幼儿教育，实施筹收婴捐，设立保婴所和育婴堂。教育机关在视察学校、修理校舍、呈送办学报告、呈送学校收支清册和报销册、推广白话文、建立图书馆等方面做了细致的工作。景宁县学校的报销清册、经费支出计算书，具体有旧管、新收、开除、实在四项内容。其三，北洋政府时期视学制度与基层教育。北洋政府教育部要求视学协助教育行政机构，督察各地基层教育实情。景宁县定时委派视学员视察各区学校，编订学校视察录，考察学校设备、编制数量、教授成效、管理质量、训练水平，同时注重儿童成绩、学校卫生、学生风气、“可为他校模范事项”、“指示及批评事项”等。1927 年，视学员叶葆祺呈送视学报告书，全县计有小学 35 所。除此之外，视学制度还有助于推动地方教化事务。景宁县视学员叶葆祺根据各地方忠烈祠均祭祀本地民国阵亡将士等英烈的情况，提议本县忠烈祠内理应为叶仰高等辛亥英烈立碑以告慰英魂。景宁县知事随即呈报浙江督军吕公望。

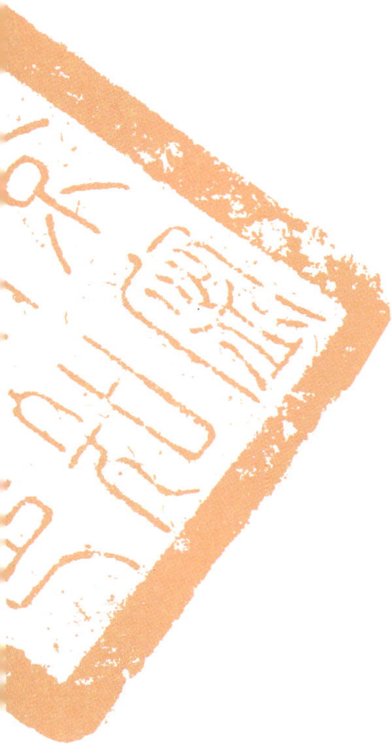

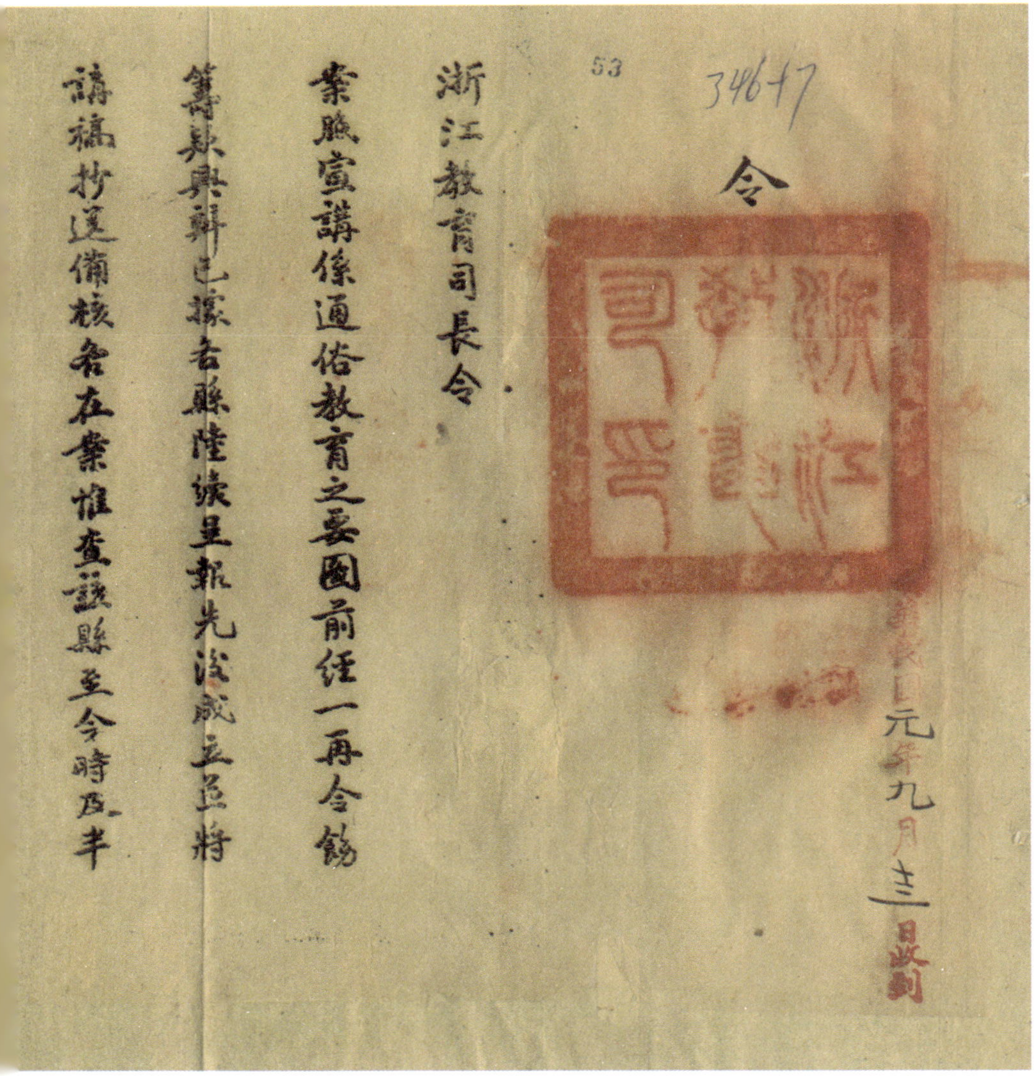

53

34647

令

浙江教育司長令

案照宣講係通俗教育之要圖前經一再令飭籌款興辦已據各縣陸續呈報先後成立並將講稿抄送備核各在案惟查該縣至今時及半年

民國元年九月廿三日收到

浙江教育司长为景宁县成立宣讲所发展通俗教育令

（一九一二年八月二十三日） 0261-007-0346-006

及際此邦基初奠民志未定尤賴宣講藉啓顓

蒙仰即按照前令迅即籌辦剋日成立具報

毋再因循致干未便切切此令

景甯縣知事

沈鈞儒

中華民國元年八月廿三日

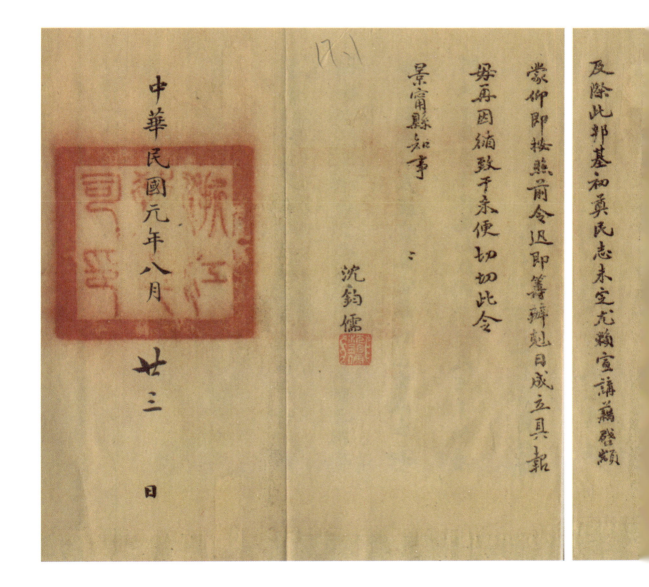

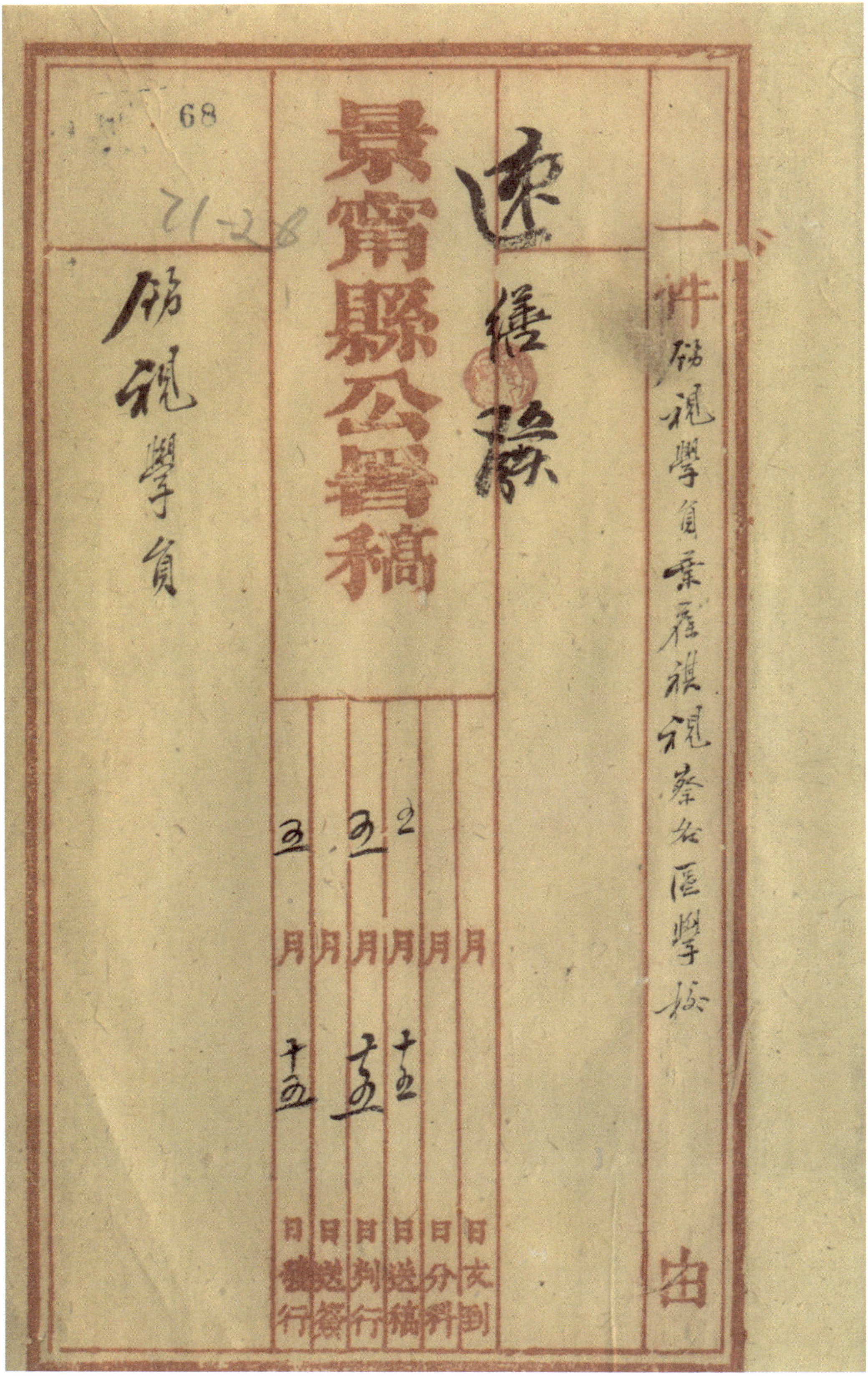

景宁县公署为视学员叶葆祺视察各区学校的函（附视学时应行注意事项）

（一九一四年五月十五日） 0261-007-0071-015

景寧縣公署飭第　　號

為飭知事。案查縣屬各校（照得學校為培植）人材之地，和壽小學尤為普及教育之基，
關係最為重要。苟辦理稍不合法，貽誤必多。縣屬各校自經倡辦以來，節
經本知事督同視學務員隨時考察，詳加指導，惟恐地方寥闊，視
察難周。為此飭仰該員即前往縣屬一二三四五六都各處學校，照下開（注意事項）詳
細調查，分別記載，據實報告，以憑察核辦理。再，師範生吳國光稟控英（合行抄發原稟）
川鄉第二和小學校之長吳拱辰侵款積弊（等情），業經批示在案，仰該員於

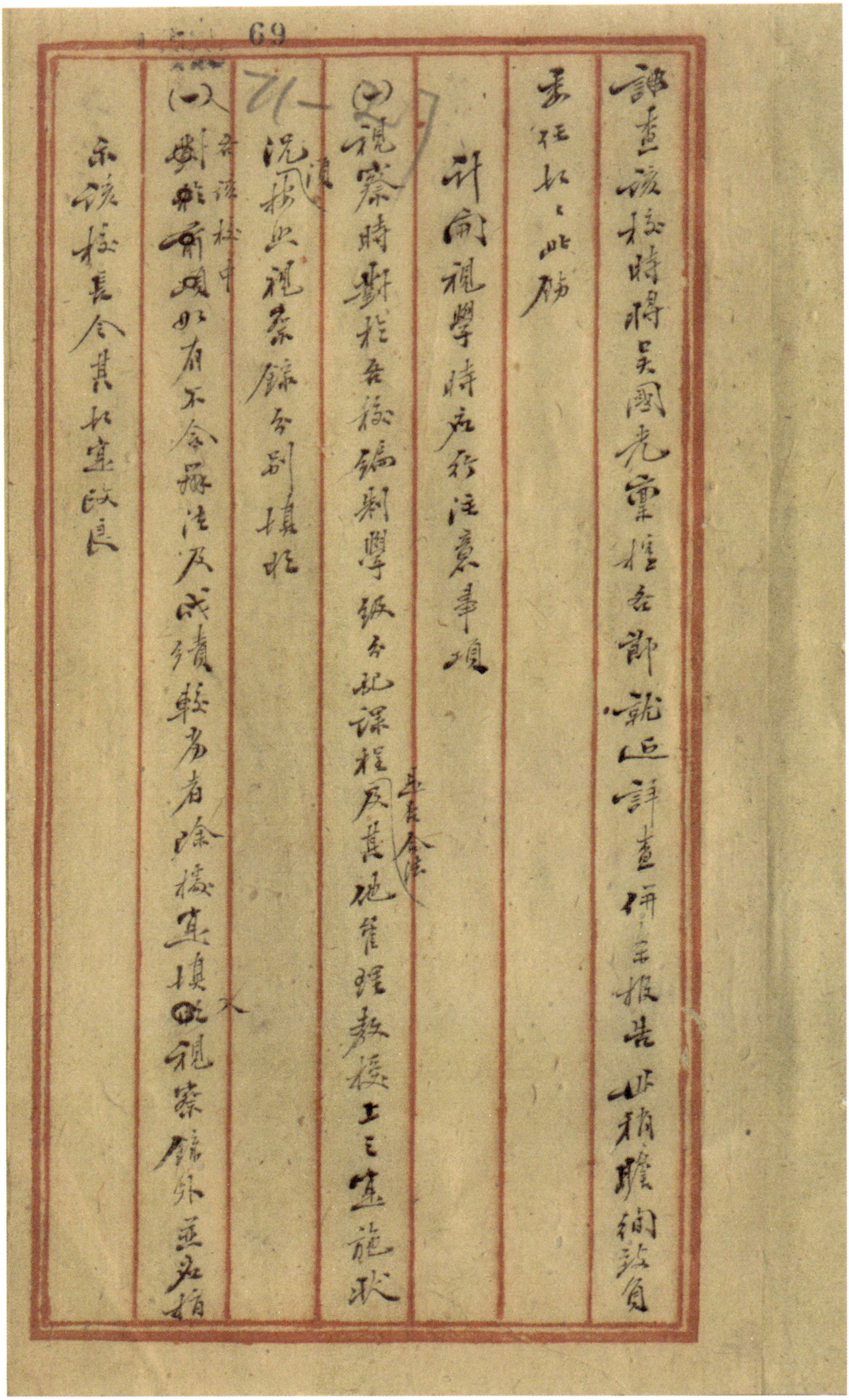
69

謹查該校時得吳國光黨棍各節，就近詳查，併案報告。此稍瞻徇致負

委任，切切，此飭。

計開視學時應行注意事項

(二)視察時對於各校編制學級分配課程及其他管理教授上之實施狀（是否合法）

況，須按照視察錄分別填於

(一)對於各該校中辦理如有不合辦法及成績較劣者，除據實填入視察錄外，並應指

示該校長令其切實改良

(一)各校中如有成績特優異者應詳細開列事案報告以憑覆核詳

請給獎

(一)鄉村私塾阻礙教育之進行視察時須特別注意遇有私塾須商

同各區助理員勸令剋日停歇

(一)各私塾如有不服前項之取締時應由該員開列私塾地址及塾師

姓名報候核辦

(一)視察員應會同該區助理員及各該校校長勸諭本地士紳廣籌捐

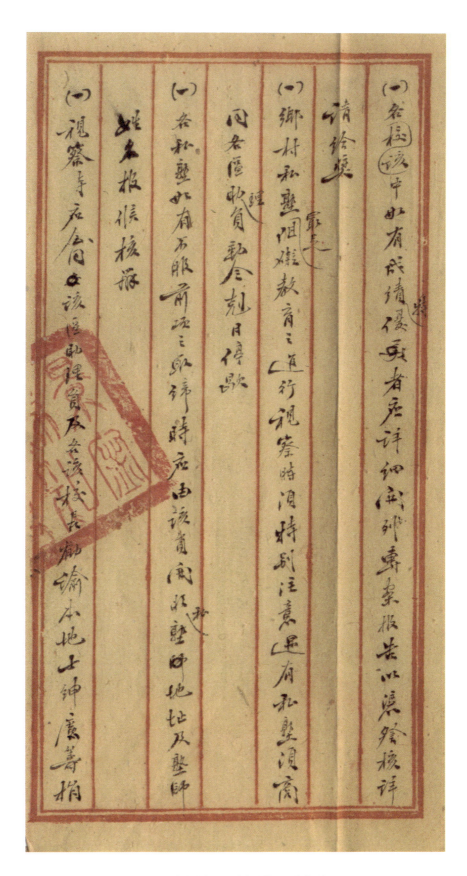

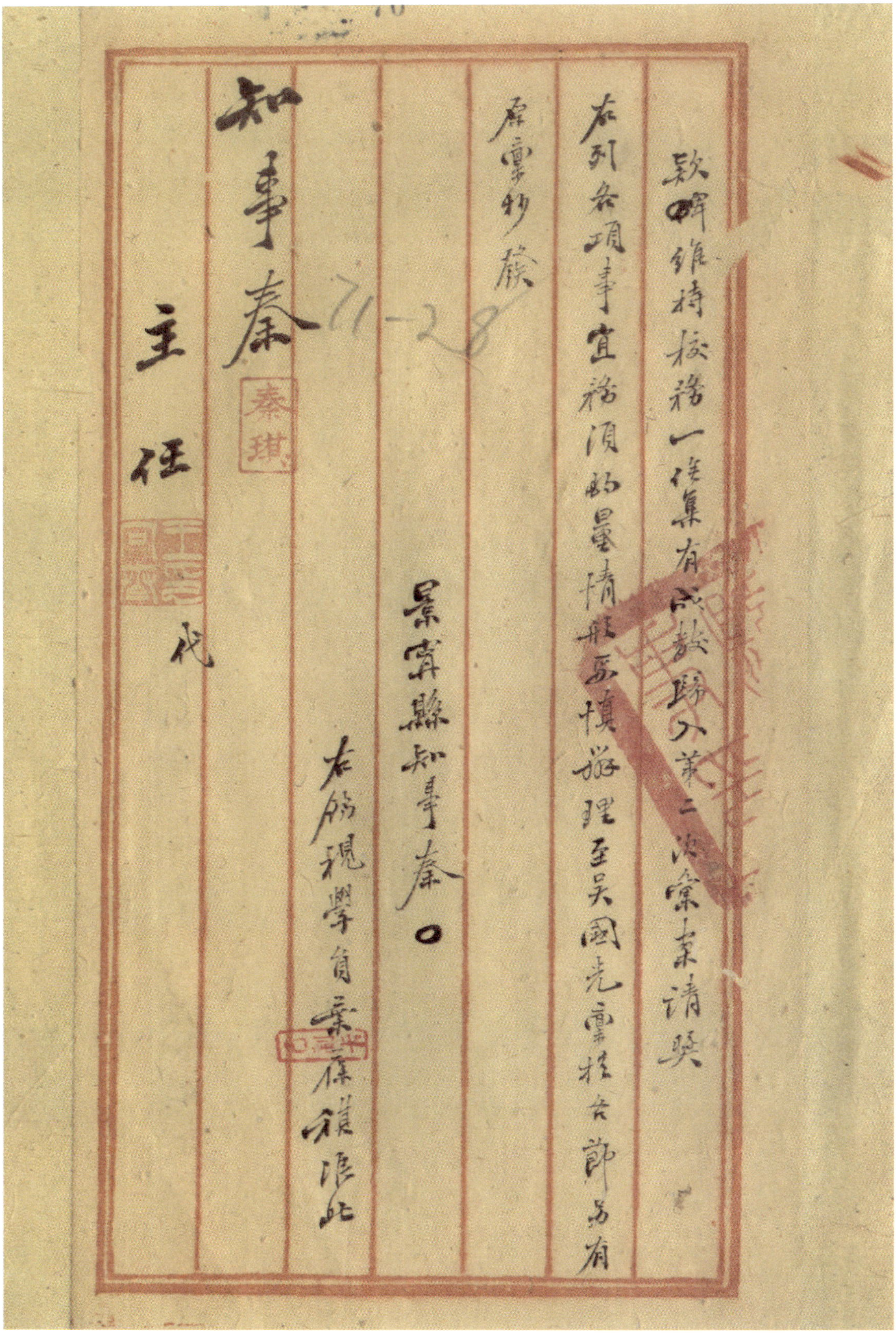

欽遵維持校務一律集有成效歸入第二次彙案請獎
右列各項事宜務須酌量情形妥慎辦理至吳國光稟陳各節另有
原稟抄發
景寧縣知事秦〇
右飭視學員葉森楨準此
知事秦
秦琪
主任
代
71-28

景宁县政府一、二、三各区学校视察录
（一九一四年九月二十四日） 0261-007-0177-001

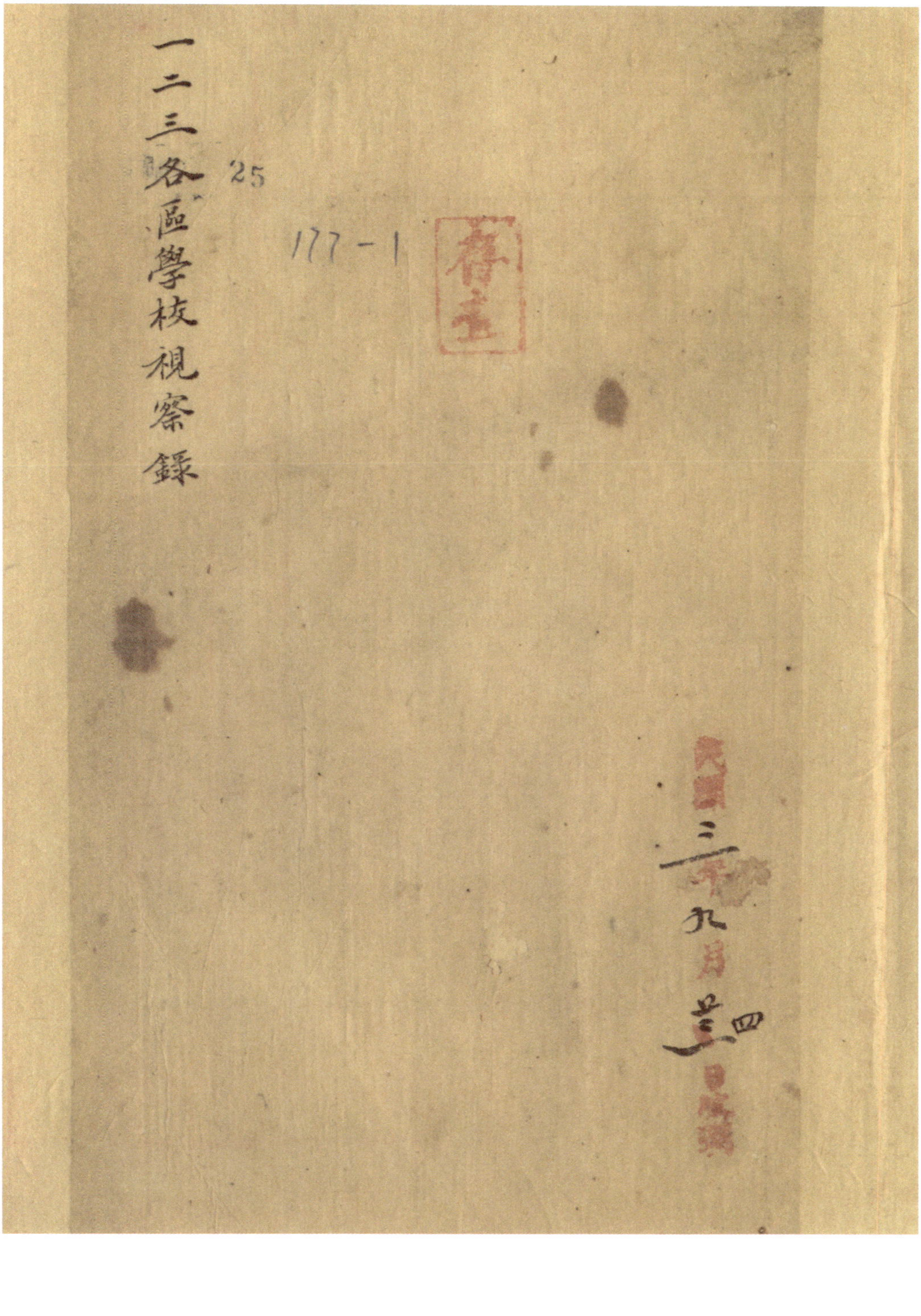
一二三各區學校視察錄

25

177-1

存查

民國三年九月廿四日

26

177-2

順濟鄉立第一初等小學校 民國三年九月七日視察員葉楳祺

設備	校址在田坑莊借葉祠修造充用講堂一自修室三教職員室一會客堂一厨房一體操場一在校外
編制	學生三十人分第二第一兩年級合一班教授
教授	國文科講解詳盡體操科步伐整齊尚有精神
管理	尚見整肅
訓練	亦見勤劬

成績	學校衛生	學生風紀	可為他校模範之事項	指示及批評之事項	其他事項
	校舍尚見清潔	尚見肅靜			

27

177-3

渤海鄉立第一初等小學校民國三年九月八日視察員葉葆祺

設備	編制	教授	管理	訓練
校址在大澥莊借沈姓房屋修造充用講堂一教職室一自習室三廚房一操場一校外	學生三十九名分第二第一兩年級	講解明瞭		

成績	學校衛生	學生風紀	可為他校模範之事項	指示及批評之事項	其他事項

177-4

渤海鄉普覺初等小學校民國三年九月十日視察員葉葆祺

設備	編制	教授	管理	訓練
該校原設蓑草莊普覺寺嗣以該寺被元年洪水冲壞故移借詹姓房屋為校舍計講堂一	學生十八人	均未合法已囑令大加整頓矣		

成績	學校衛生	學生風紀	可為他校模範之事項	指示及札詳之事項	其他事項

大常鄉立第一初等小學校 民國三年九月十三日視察員葉蓀祺

設備	編制	教授	管理	訓練
校址在包山莊借葉姓房屋修造充用講堂一自修室一教員室一容堂操場各一 操場係在校外	學生三十四名分第二第一兩年級合一班教授	講解詳晰		

成績	學校衛生	學生風紀	可為他校模範之事項	指示及批評之事項	其他事項

177-6

大均鄉立第一初等小學校 民國三年九月十四日視察員葉葆祺

設備	校址在大均莊借李祠修造充用講堂二自習室一教職員室一 操場一在校内天井
編制	學生四十四人分第三第二第一三年級 并第二第一兩年生為一級教授 第三年生為一級教授
教授	國文等科講誦清晰體操科授普通徒手遊戲亦活潑可觀
管理	尚見整肅
訓練	勤敏不懈

成績	
學校衛生	講堂光線適宜餘均見清潔
學生風紀	尚肅靜
可為他校模範之事項	
指示及糾評之事項	
其他事項	

31

177-7

沙溪鄉立第一初等小學校民國三年九月十七日視察員葉崇祺

設備	編制	教授	管理	訓練
校址在季莊莊借劉姓房屋修造充用講堂一教職員室一校外體操場一	學生三十五人分第二第一兩年級單級教授			

成績	學校衛生	學生風紀	可爲他校模範之事項	指示及批評之事項	其他事項

177-8

沙溪鄉立第二初等小學校民國三年九月十八日視察員葉葆祺

設備	編制	教授	管理	訓練
校址在仙姑莊係借廻龍廠修造充用講堂二自修室三教職員室一會客堂一廚房一操場一	學生三十八人分第二第兩年級教授	講解詳晰	布置亦見井然	

成績	學校衛生	學生風紀	可爲他校模範之事項	指示及訓許之事項	其他事項

177-9

英川鄉立第二初等小學校民國三年九月十九日視察員葉[illegible]祺

設備	校舍在盧山村借普化寺修造充用講堂一教職員室二自修室一會客堂一操場一廚房一
編制	學生二十九人分第二第一兩年級合一班教授
教授	講解詳細
管理	
訓練	

成績	學校衛生	學生風紀	可爲他校模範之事項	指示及訓許之事項	其他事項

34

177-10

英川鄉立第一初等小學校 民國三年九月十九日視察員葉蓀棋

設備	校舍設英川莊係借吳祠及普明閣修造充用講堂三自習室二十四會客堂二教職員室三操場二均在校外
編制	學生八十二人分第四第三第二第一四年級合第二第一兩年生爲一級教授第四第三兩年生各編一級教授
教授	國文等科教授甚有心得體操科步伐整齊精神活潑
管理	條理井井
訓練	勤劬不倦

成績	學校衛生	學生風紀	可為他校模範之事項	指示及批評之事項	其他事項
	校内光線充足并均潔淨	肅静尚有禮節			

景宁县政府五、六两区各小学校视察录

（一九一四年四月二日） 0261-007-0094-009

第 号 件

127

五六兩區各小學校視察錄

民國二年四月二日收到

20

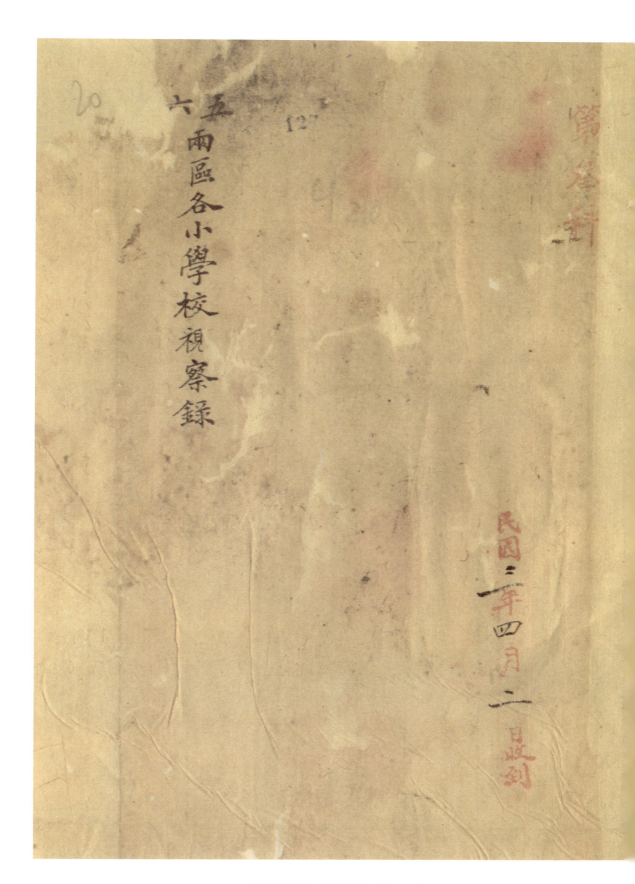

景和鄉鄉立第一初等小學校 民國三年三月二十日視察員葉葆祺

設備	編制	教授	管理	訓練
該校係借用湯坑莊馬仙宮修造充用地方狹小現就大門内另建一堂尚未落成現有講堂一自修室并寢室六會客室一廚房一操場一	分第二第一兩年級合一講堂教授	該校係一校長兼教員於教授上頗獲教材聯絡之效	頗為合法	亦見用心

學校衛生	學生風紀	有何他校模範之事項	有何可批評之事項	其他事項
尚見清潔惟自修室寡少人多未免空氣混濁已令其多開窗牖調換新鮮空氣	尚肅靜頗知禮節	該校掃地等項均由各生更番承值頗可養成勤動之習慣	該校生徒課本均是抄寫於教授殊屬不便已令商全各生家族購置教科讀本	

南康鄉鄉立第二初等小學校 民國三年三月二十一日視察員葉蓀祺

設備	該校係借湯姓住屋修用房舍尚寬敞講堂二會賓室一自修室并寢室十操場一廚房一
編制	第三第二兩年級合一講堂教授第一年級另一講堂教授
教授	尚有心得
管理	該校學生略少於管理尚屬周到
訓練	該校職教員共有三人於訓練亦見周詳

學校衛生	尚見清潔各房舍窗牖均可隨意開闔頗為合法
學生風紀	上課時亦見肅靜
可為他校模範之事項	
[illegible]予批評之事項	該校會教諸務雖未臻盡善而一片熱忱尚堪嘉許
其他事項	

南康鄉鄉立第一初等小學校 民國三年三月二十二日 視察員葉蓀祺

設備	編制	教授	管理	訓練
該校係借東坑莊馬仙祠修用房舍尚見整飭講堂二自修室并寢室七會客室一廚房一操場一	第一第二兩年級合一講堂教授第三年級另一講堂教授	該校教員均係舊時塾師並經研究師範故講解甚為明瞭	條理尚見井然	雖無甚心得處而勤敏可嘉

學校衛生	學生風紀	[illegible]之事項	[illegible]	其他事項
尚清潔	尚肅靜		該校兩所講堂均太空闊教授時聲浪散漫不甚總束已令造置門窗隔蔽以期聲浪完聚	

南安鄉鄉立第二初等小學校 民國三年三月廿日 視察員葉葆祺

設備	該校係借大淤時思寺修用講堂二所光線均屬適宜教員室三自修室并寢室十二廚房二體操場一
編制	分第二第一兩年級，查該校係本春開辦其第二年級各生係取曾入蒙塾讀過者
教授	頗具熱心
管理	頗有條理
訓練	勤勉不懈

學校衛生	學生風紀	可為他校模範之事項	[illegible]	其他事項
該鄉地處高山氣候極冷於衛生頗不容易該校房舍不完密已令設法改良矣	秩序整齊可望造就		該校全無經費本春開辦費止有公共之杉木二株值洋壹百伍十元撥充辦事苦心尚堪嘉許	該鄉附近村居原有七處年屆學齡之兒童不下百餘開辦小學至為亟亟祇以經費困難故籌維至今甫能開學

南安鄉鄉立第一初等小學校

民國三年三月二十七日視察員葉蓀祺

設備	編制	教授	管理	訓練
該校係借高濱任祠修用屋宇尚見修整講堂二教員室二自修室并寢室九操場一厨房一	分第二第一兩年級	講解詳明	實事求是不尚鋪張	妥帖周詳

學生衛生	學生風紀	可為他校模範之事項	[illegible]之事項	其他事項
	尚見肅靜		該校第一講堂多置門扇光線不充已令將門扇移去	該校經費由任族捐充祖石以作常費故辦理較易為力

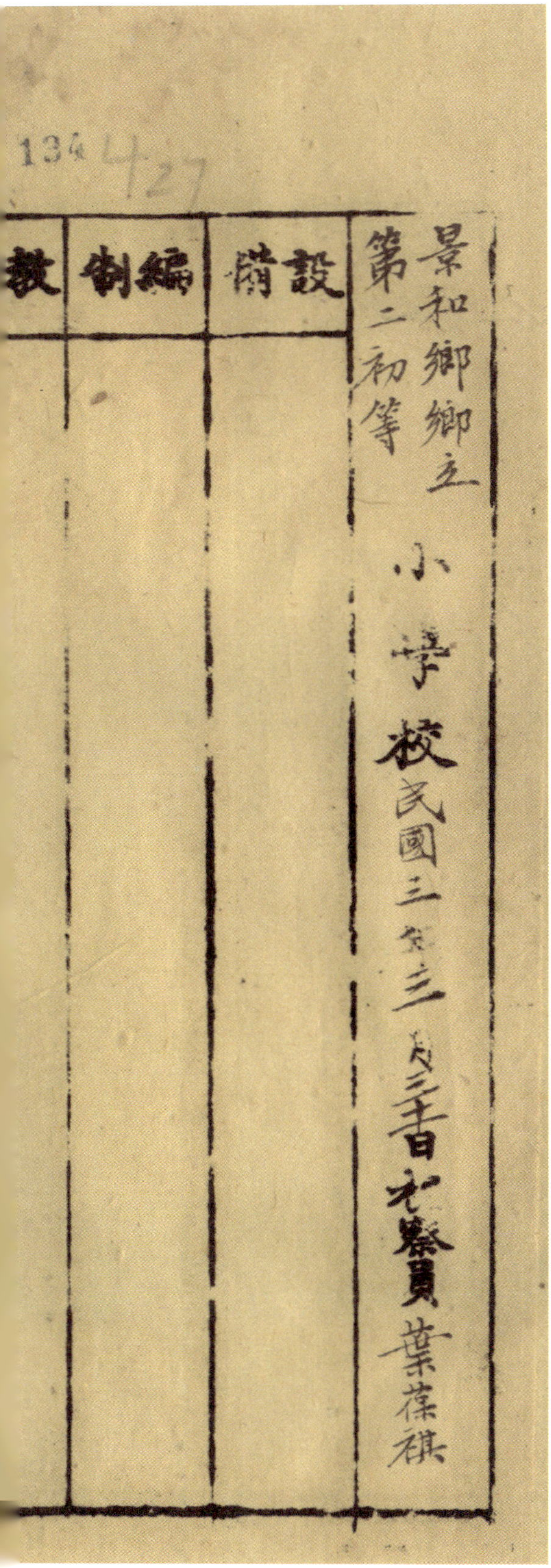
134 427

景和鄉鄉立第二初等小學校

設備	編制	教

民國三年三月三日視察員葉葆祺

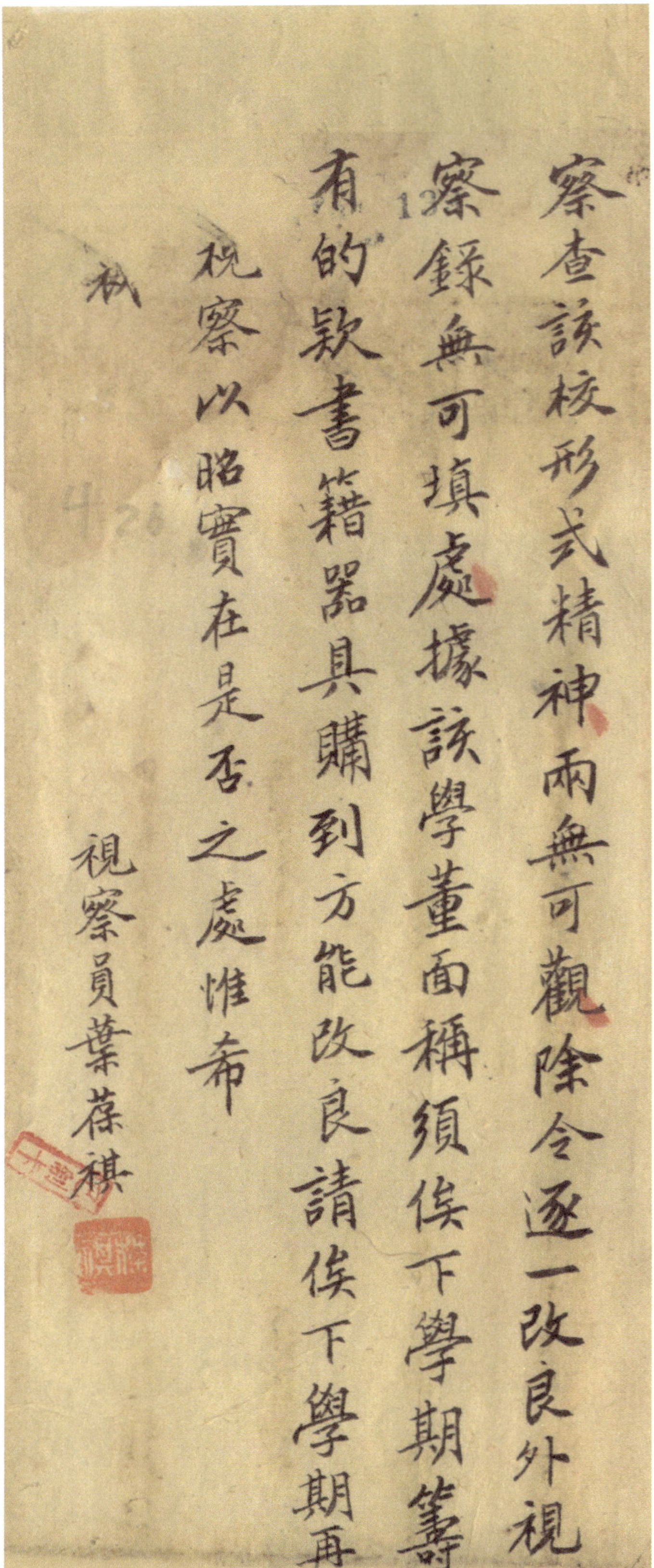
察查該校形式精神兩無可觀除令逐一改良外視察錄無可填處據該學董面稱須俟下學期籌有的款書籍器具購到方能改良請俟下學期再視察以昭實在是否之處惟希

核

視察員葉葆祺

27

理	訓練	視察	兒童之歲數	學校衛生	學生風紀	可為他校模範之事項	指示及批評之事項	其他事項

135

428

統治鄉育才小學校

三年五月八日視察員鄧謙

設備	編制	教授	管理	訓練
暫借毛垟村毛氏宗祠	甲班十人 乙班男十六人 女一人 丙班三十三人 内有女生三人	修身 国文 算術 圖畫 音樂 體操	毛鳳鑣 毛承詩 毛鳳鏘 毛凤樓 毛大鵬	

續	學校衛生	學生風紀	可稱他校模範之事項	須請求及飭辦之事項	其他事項
	頗知潔淨	寄宿校内有十餘人			

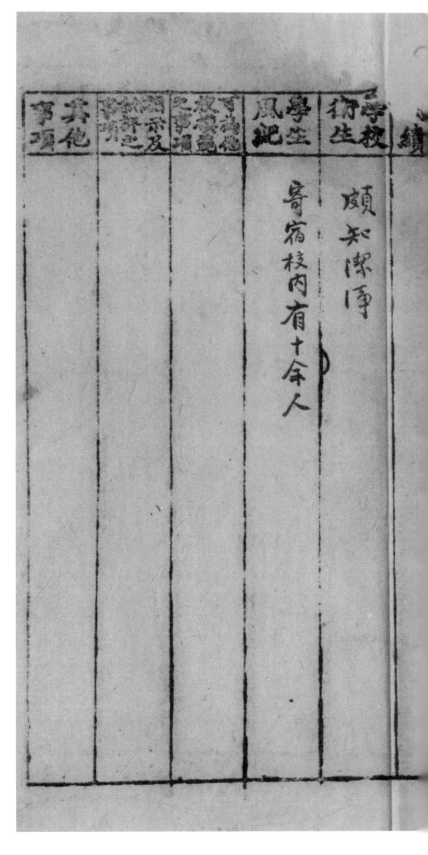

136

統治鄉崇文小學校　三年五月九日視學員鄧謙

設備	暫借本鄉吳坑庄福泉寺
編制	甲班 十四人 乙班 廿六人 女七人
教授	修身 國文 算術 體操 圖畫 唱歌
管理	吳讓三 吳饒恩 吳江 吳鈞
訓	

其他事項	指示及訓評之事項	可為他校模範之事項	學生風紀	衛生
			寄宿校內有十余人	知潔淨

此處離城窵遠風氣閉塞幸教員與校董熱心辦事雖稍具規模頗

久遠之計以地連閩省交通不便經費一節與毛坪鄉法相伯仲悉心籌

頗有可觀學生資格亦有可採之處

137

450

以上二校擬列丁等

視學員葉葆祺

瓯海道公署为催查各属师范讲习所一律由道改为联合县立案的函

（一九一五年一月二十六日） 0261-007-0028-003

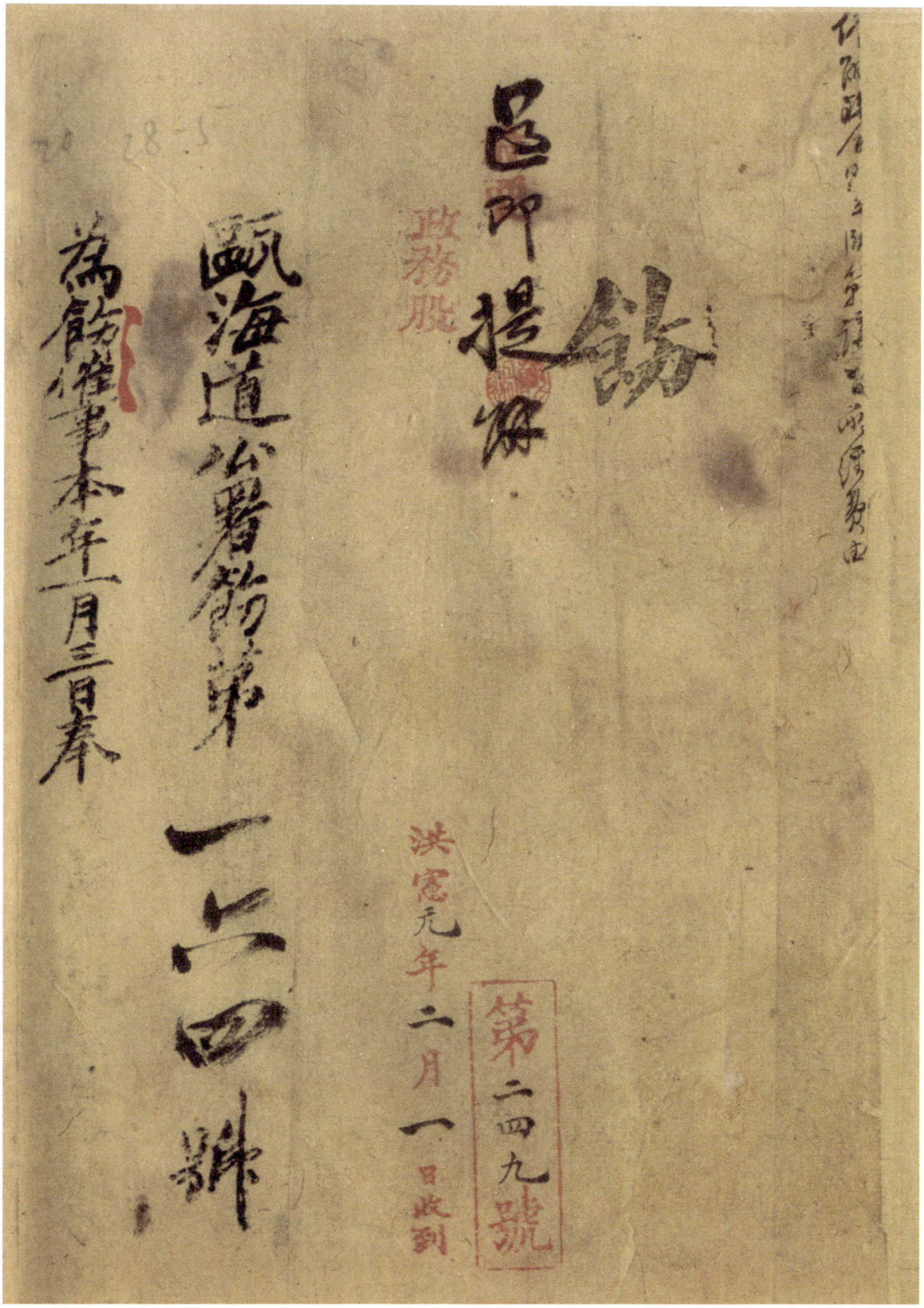

巡按使五七二一號飭開：案查各屬師範講習所律由
道改為聯合縣立，業前令飭擬具該道尹規定設
所數地點及經費預算各表，先後詳復，又經省教育會
議決道改組師範講習所並法律各議案，請飭各縣聯合設立並於省
立師範並附設講習科各情前來。查師範講習所原為
造就速成師範，普設國民學校起見，本省國民學校

拟令各属调查详报应若设一萬七千餘以現設國民學校教
員数均按所定年比例计算除現有合格者约一萬人外尚
需教員三萬二千餘人不特現設師範學校無此宏大數
額另附設以養成並須多設專所以資造就惟國民學校既為
國家根本在教育則此項師資養成尤為根本中之根本

苟經費未足，設多窒礙，勢必因陋就簡，勉強舉行，

其影響所及，將使國民於學校無良好之結果，自應籌

該鎮總董尹君等所以議減少所數，俾集經費，期擴

張模範，籌議完善，並請令後足按使最良校規定應議

數地點，暨已設各校級別教授學生數，以十之一至各校經營

度先明晰，詳全年經費數目及列表送局，皆自行條

充由县该道尹查明，予支发育，详复核拨，为此请饬遵

所原有宿舍具，除仍适用原修宿舍所需外，均另筹备另

由景县公署呈，该律新生名额添设校舍暨设国民学

校长限及格之教员，施行新法，并行规定饬知本学

年度并无所招甲种讲习，另设二班，能联合名额选

送女子现已设附属讲习所，暗教员展已经常年开始时

再行招选，此外原有师范讲习所附设现有班级毕业

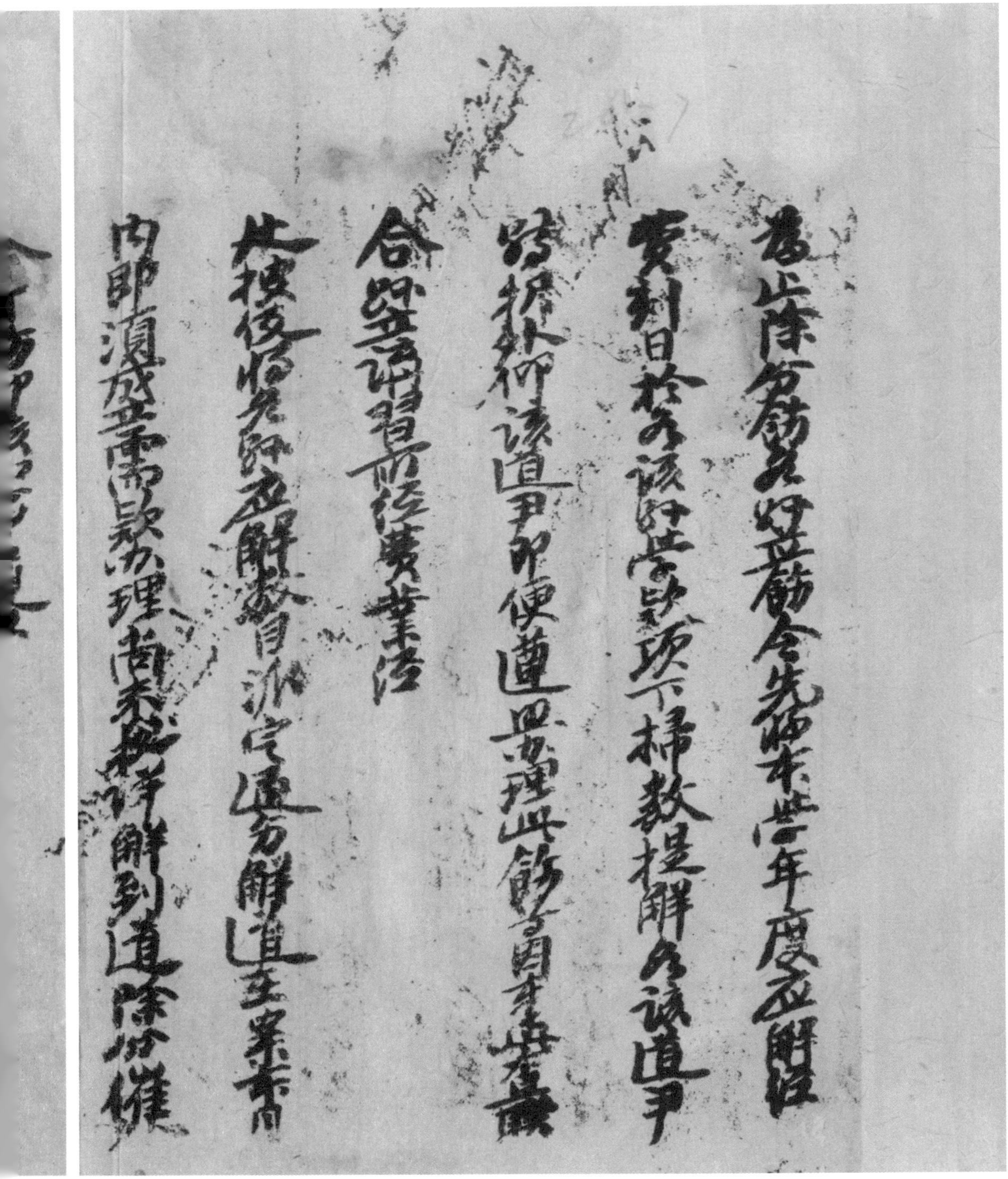

[illegible]

數提解來道，以憑核轉，毋延切切。

甌海道道尹陳光熏

右飭景寧縣知事秦琨准此

洪憲九年一月廿六日

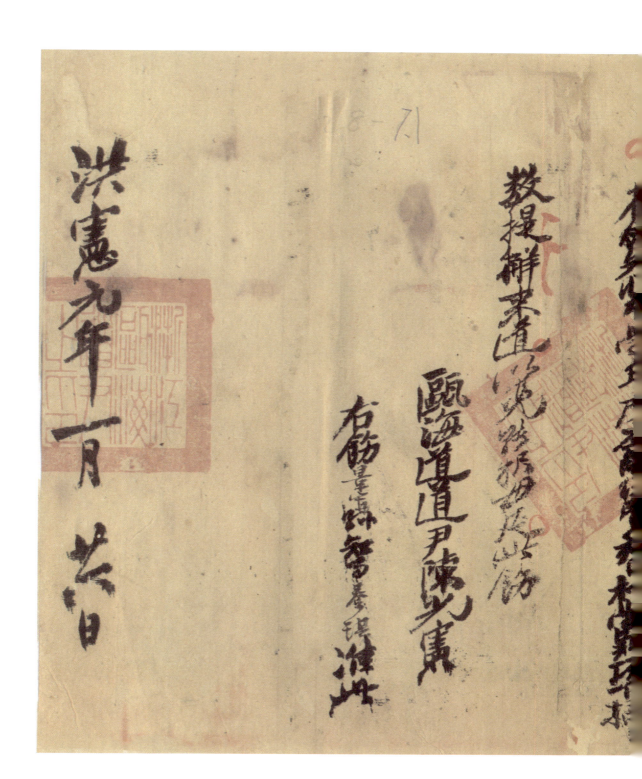

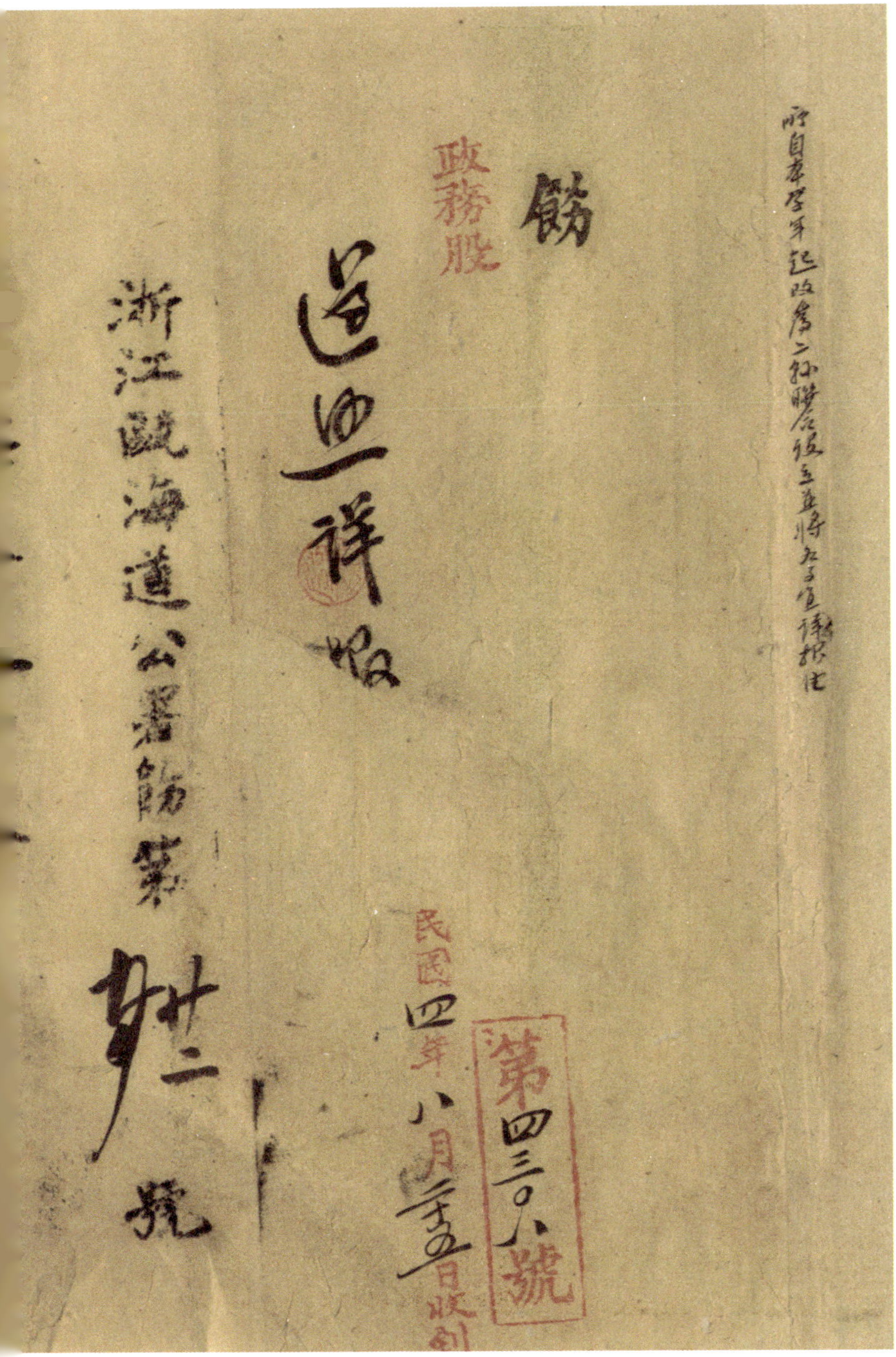

浙江瓯海道公署为小学教员讲习所改为二县联合设立的饬令
（一九一五年八月十七日） 0261-005-0697-002

125(21)

資講演業經呈奉
大總統批令按照切實施行並責成講演所附設於其
經費一項應按照本省應設縣小校數酌撥費
學教員經檢定合格者外將全省應需小學
員若干並每年續設小學數目分年勻攤於各縣
就校及小學教員講習所次第造就並將小學

004

教員講習所除女講習所暫仍舊外自本學年起一律改為二縣以上聯合設立由道直接監督辦理現在暑假將滿亟應由該道按照所屬縣份通盤規畫酌定全道設所地點擇優核定本年招生名額及經費預算以便照行為此飭仰該道速即遵照辦理並查明該管應設各講習所現有學生年級人數合併以後須合

41

酌定地點籌議辦法如縣屬已設講習所者應
將現行章程規則及教科教員數學生年
級人數經費出納細項總收支出數暨房屋若
干間能容若干班次合併後是否尚適用

適用一併詳報候核毋延此飭等因奉此查核
設縣校必先擇種肄蠶業農講習所之設實爲
急務其道由現飭查明如屬情形適當擬畫

何縣設合房便，均即逐細開列詳送。其未設之縣，此次議縣設立前，有無合用房屋，與何縣聯合房便，亦應查明詳報。除分飭外，合行飭仰該縣知事於文到十日內，遵照所指各節，逐細詳復。□□勿稍遲延，切切，此令。

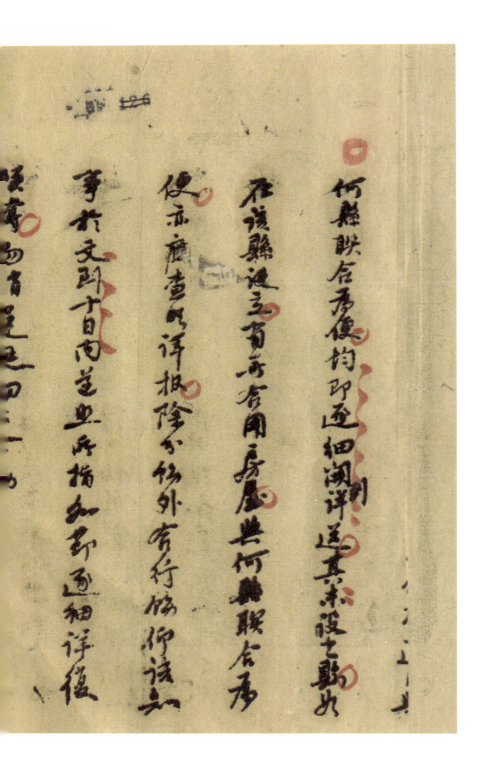

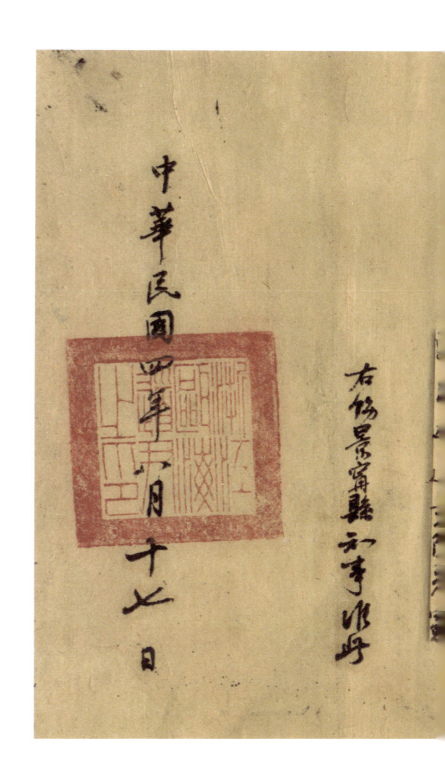

右飭景寧縣知事准此

中華民國四年六月十七日

景宁县立第二初高小学校周年概况（一九一五年十月）　0261-007-0178-010

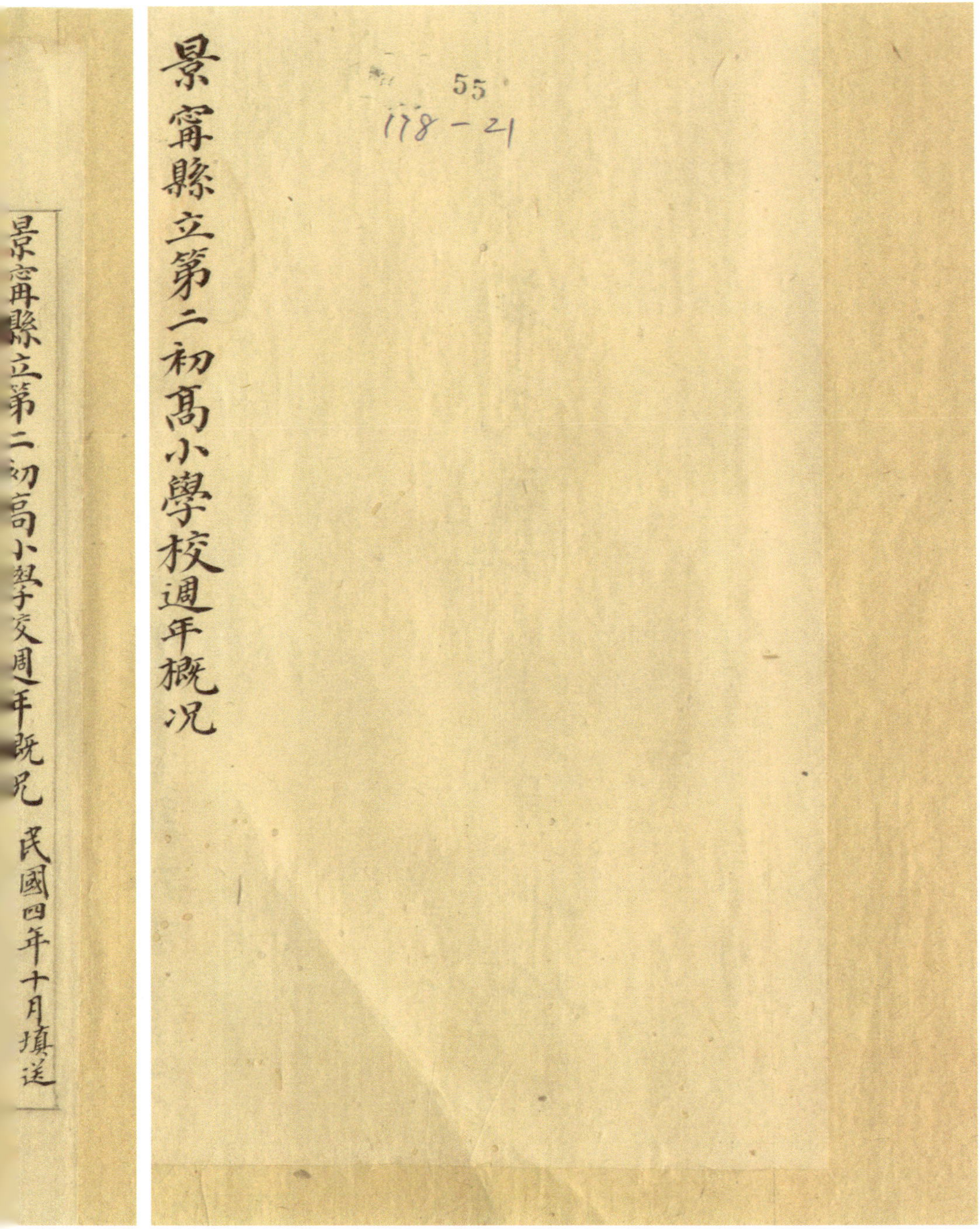

景甯縣立第二初高小學校週年概況

55

178-21

景甯縣立第二初高小學校周年概況　民國四年十月填送

二月離校現已另由嚴品端接任本學期以科學教務
煩多一人難任增設科學教員一人於九月十四聘到

一關於設備事項

本校現增修左手樓上自習室三間又購置單級算學并教授書共二部中國形勢一覽圖一本外國地理一本外國形勢一覽圖一本博物圖畫九套銅鈴一只

一關於學生事項

本學期招新生十四名

一關於經費事項

歲入約計洋五百元左右本春以竹捐銳減僅可收洋四百五十元之數歲出除修繕外須洋五百餘元本春季收縣公署捐簾洋六十元

一關於學業事項

本秋季初等增授孟子四小時高等增授論語二小時

一關於課外游蓺事項
本校以校舍狹小每於落課時間任各學生在操場運動學習
體育事宜
一關於學生事項
本校自開校以來各學生並無疾病變故滋擾情事
一關於未來計畫事項
本校校舍狹小每遇授課時間異常嘈雜此後急須擴張校舍庶
教室完備教授者得以隨時盡展教材聽講者不至喧噪淆混
惟級數既多校長又兼教課勢難兼顧似宜添設學監於管
理一方面能周到

縣立第一高等小學校報銷清冊

民國五年度第二第三學期

及六年度全年三學期

景宁县立第一高等小学校报销清册

（一九一七年八月）

0261-007-0585-003

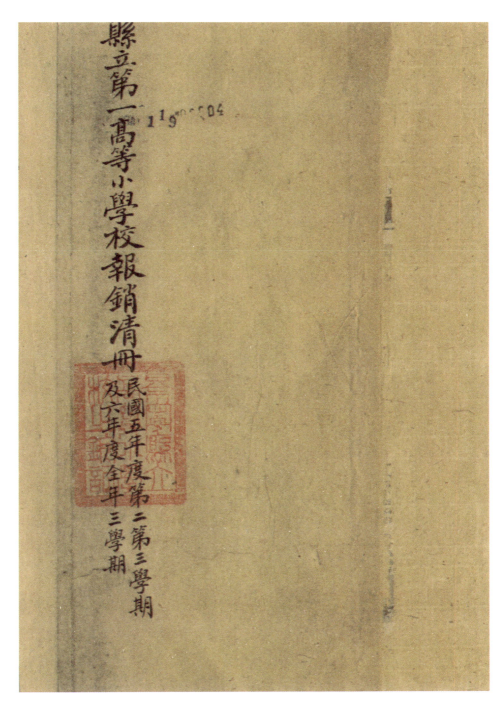

謹將縣立第一高等小學校民國五年度第二第三學期及六年度全年三學期所有收支若干留存若干造具四柱清冊呈請

察核

計開

舊管

(甲)舊書院租計叁伯捌拾玖石弍斗七升五合自元年水災呈報災減後陸續墾復尚欠三十一石一斗現在三百五十八石一斗五升五合

(乙)各項賓興共計水租二百十六石四斗五升自元年水災呈報災減後陸續墾復尚欠三十四石四斗三升現在一百八十二石二升

前項賓興向收水租眼干入倉祗得八成於民國五年改收干租以九折算現在計干租一百六十石八斗二升

以上甲乙二項共計干租五百二十一石九斗七升五合

(丙)原有札錢計十九千九百六十五文除災減三千一百八十文現在計十六千七百八十五文

(丁)原有山地租錢計七千二百文現在七千四百文

以上丙丁兩項共計銅錢二十四千一百八十五文照市價每元千零五十算計

銀圓二十三元三分三厘

總計租穀伍伯弍拾乚石九斗七升五合銀圓弍拾叁元三分三厘

(戊)前學期報存各項

一存倉穀計一百五十石三斗三升除涉倉十石五斗三升實在一百三十九石八斗

一存現洋五十三元四角一分三厘

一存柳同源洋二十五元

一存吴冠林洋二十元

一存柳聚之洋九元三角

一存張子書洋五十元

一存佃欠札錢及山地租錢十千一百四十九文

一存三年冬佃欠谷十三石乚斗內李米秀應退出八升吴任懷應減

去一石一斗五升實存十一石八斗七升

一存四年冬佃欠谷二十六石一斗二升除吴任懷減去一石一斗五升

寔存二十四石九斗七升

一存五年冬佃欠谷六十石乚斗三升除吴任懷減去一石一斗五升

實存五十九石五斗八升

一舊欠吴猷漢吴任懷吴丕佑等自宣統二年起至民國五年止前報欠谷五十五石二斗八升現除出民國三年及四年五年共十一石九斗四升分年詳報外再除出宣統二年至民國二年卌每年減去一石一斗五升共四石六斗實在共該谷三十八石七斗四升

總計報存穀弍百七十四石九斗六升銀圓一百五十七元七角一分三厘銅錢拾千一百四十九文

新收

(甲)民國五年度第二第三學期之收入

一收實存倉谷一百三十九石八斗每元六斗算計入洋弍伯三十三元

一收實存現洋五十三元四角一分三厘

一收柳同源繳洋十六元

一收四年冬佃欠谷二十石九斗二升價六斗算計入洋三十四元八角六分六厘

一收五年冬佃欠谷三十七石三斗八升價六斗五升算計入洋五十七元五角零七厘

一收佃欠札錢并山地租錢一千五百四十九文照市價每元一千零

123

008

五十算计入洋一元四角七分五厘

一收洪維藩贖價洋八十元

一收縣税補助洋三十元

前甲項计共收洋伍伯零陸元弍角六分五厘

(乙)民國六年度全年三學期之收入

一收谷租四伯八十一石四斗除涉倉二十三石五斗五升實在四百五十七石八斗五升

前項每元六斗五升算计入洋弍百九十五元六角合支谷乙百九十二石一斗四升又每元六斗算计入洋叁伯三十一元六角合支谷一百九十八石九斗六升又每元五斗算计入洋乙伯三十三元五角合支谷六十六石七斗五升共支谷四百五十七石八斗五升共入洋柒百六十元七角

一收礼錢并山地租錢共十九千四百二十三文照市價每元千零五十算计入洋拾八元四角九分七厘

一收畲馬生佃種洋六元

前乙項共收洋柒伯捌拾五元一角九分七厘

總計甲乙兩項共收銀圓壹千弍伯玖拾壹元四角陸分弍厘

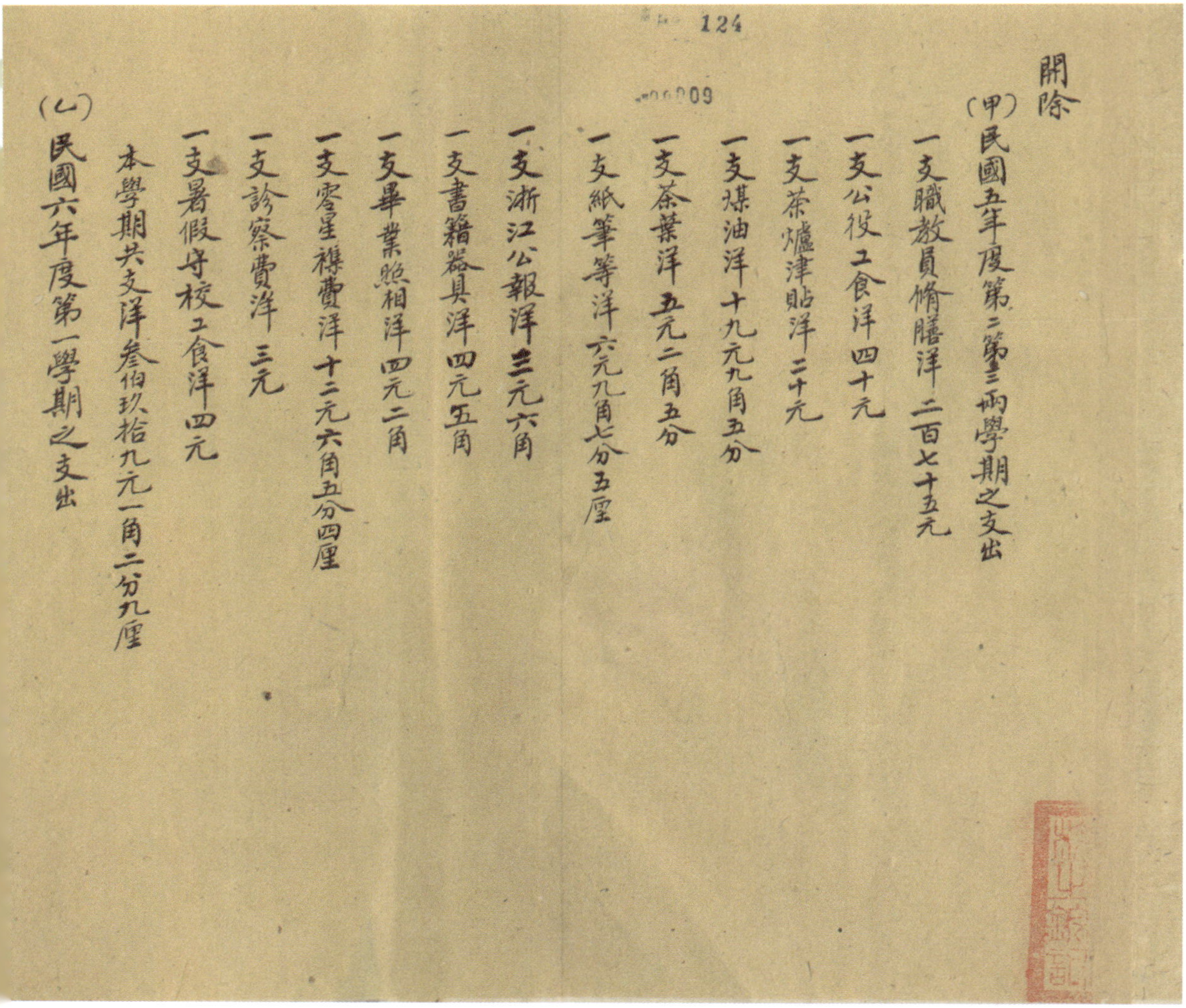

開除

(甲)民國五年度第二第三兩學期之支出

一支職教員脩膳洋二百七十五元

一支公役工食洋四十元

一支茶爐津貼洋二十元

一支煤油洋十九元九角五分

一支茶葉洋五元二角五分

一支紙筆等洋六元九角七分五厘

一支浙江公報洋三元六角

一支書籍器具洋四元五角

一支畢業照相洋四元二角

一支零星雜費洋十二元六角五分四厘

一支診察費洋三元

一支暑假守校工食洋四元

本學期共支洋叁佰玖拾九元一角二分九厘

(乙)民國六年度第一學期之支出

125

一支職教員脩膳洋二百六十五元

一支公役工食洋四十元

一支茶爐津貼洋二十元

一支煤油洋十八元六角

一支浙江公報洋三元六角

一支紙筆等洋六元七角五分

一支茶葉洋二元四角八分八厘

一支修墾田畝洋五元六角

一支書籍器具洋二元九角七分六厘

一支診察費洋三元

一支零星雜費洋十二元七角五分八厘

一支年假守校工食洋四元

本學期共支洋叁佰捌拾四元七角七分二厘

(丙)民國六年度第二第三學期之支出

一支職教員脩膳洋二百六十五元

一支公役工食洋二十元

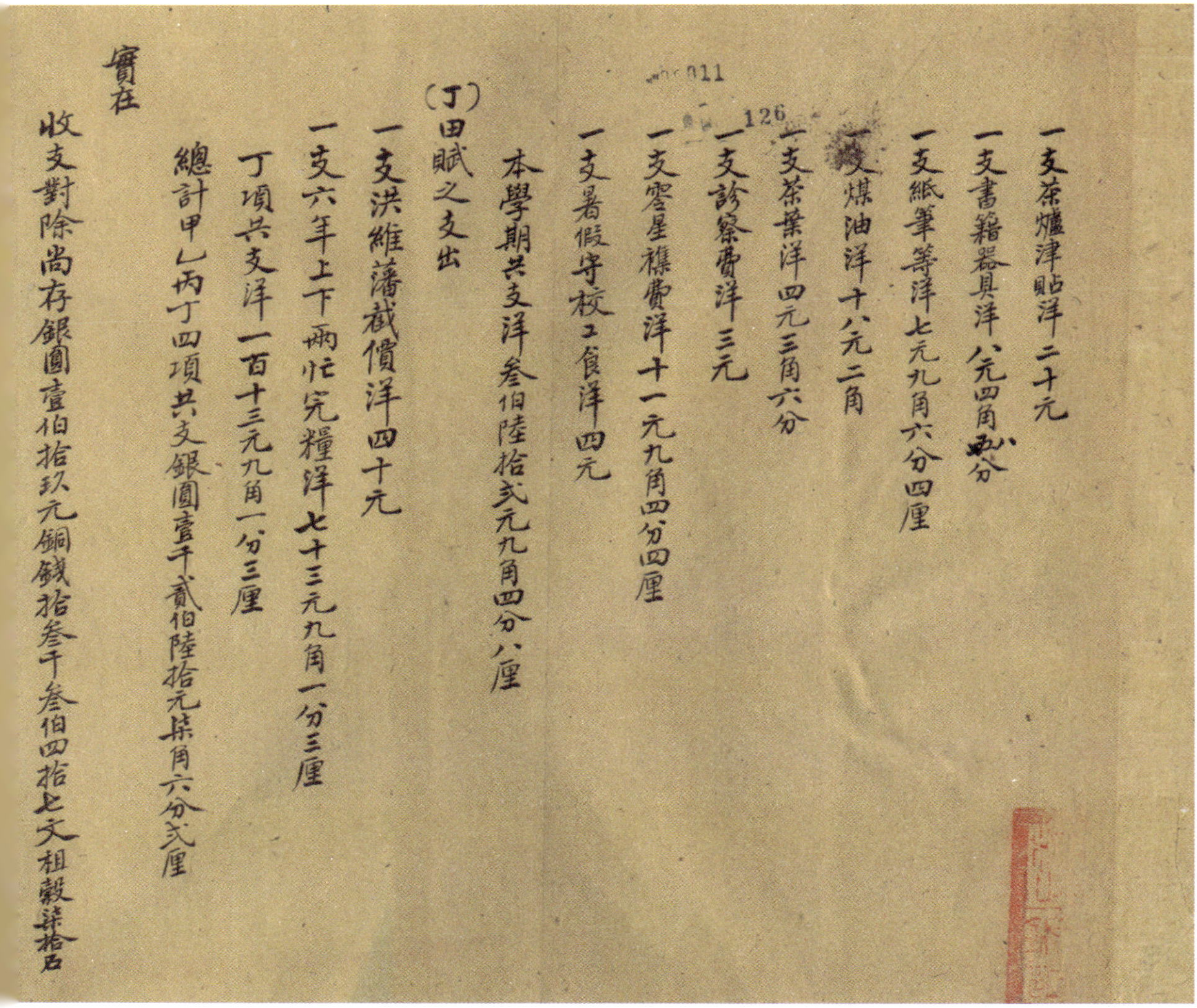

一支茶爐津貼洋二十元
一支書籍器具洋八元四角八分
一支紙筆等洋七元九角六分四厘
一支煤油洋十八元二角
一支茶葉洋四元三角六分
一支診察費洋三元
一支零星雜費洋十一元九角四分四厘
一支暑假守校工食洋四元
本學期共支洋叁伯陸拾弍元九角四分八厘

(丁)田賦之支出
一支洪維藩截價洋四十元
一支六年上下兩忙完糧洋七十三元九角一分三厘
丁項共支洋一百十三元九角一分三厘
總計甲乙丙丁四項共支銀圓壹千貳伯陸拾元柒角六分弍厘

實在
收支對除尚存銀圓壹伯拾玖元銅錢拾叁千叁伯四拾七文祖穀柒拾石

叁斗二升又叁拾捌石七斗四升

細目詳後

一存本校洋三十元七角

一存柳同源洋九元

一存吴冠林洋二十元

一存柳聚之洋九元三角

一存張子書洋五十元

以上共計銀圓壹佰拾玖元

一雷丙元欠一千六百文

一陳竹林欠一百十二文

一陳可和欠五十文

一潘聚榮欠六百文

一藍新堂欠四十文

一吴丙才欠四十五文

一李如意欠二千四百文

一潘續熙欠二千四百文

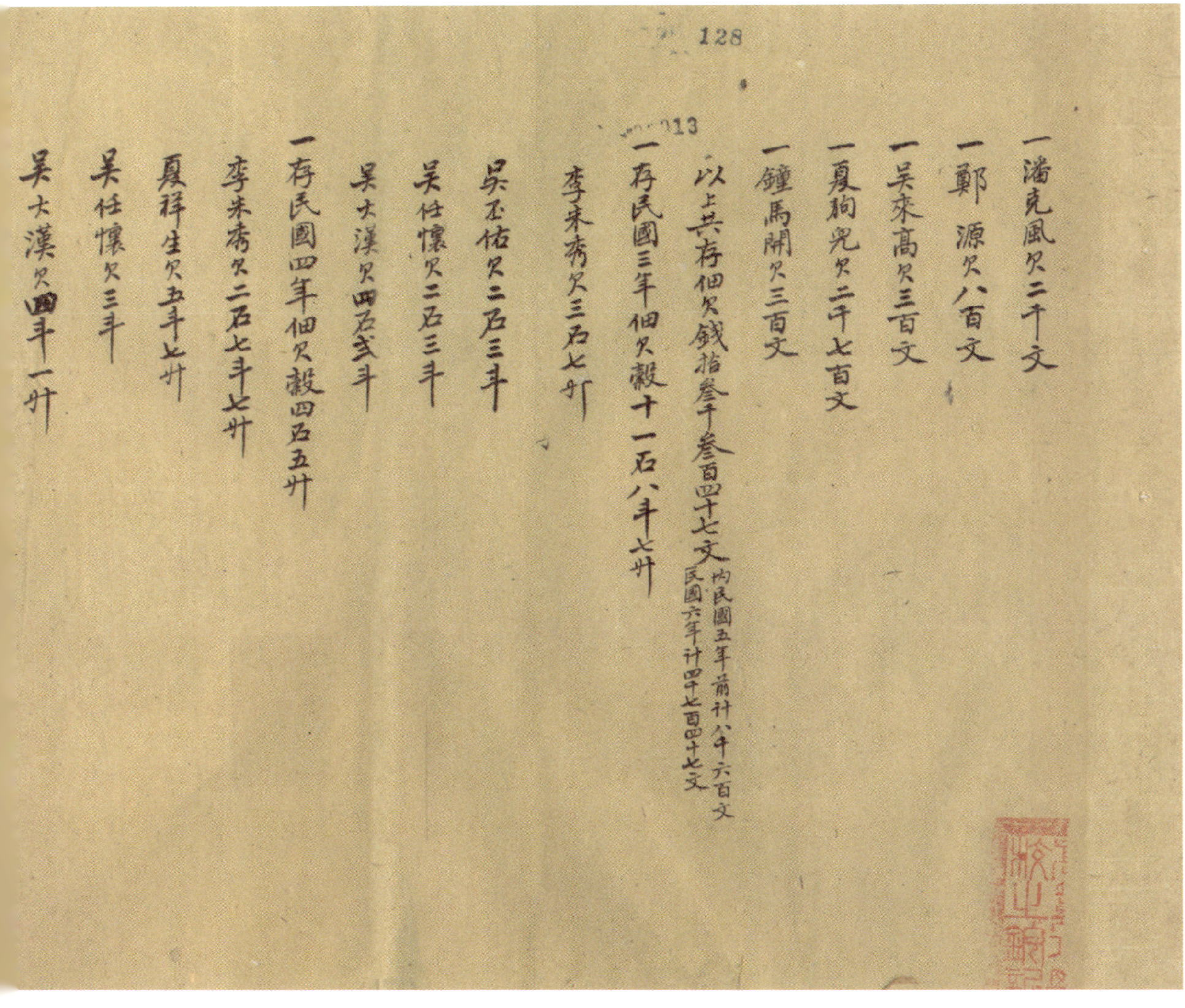

128

013

一潘克風欠二千文
一鄭　源欠八百文
一吴來高欠三百文
一夏狗兒欠二千七百文
一鍾馬開欠三百文
以上共存佃欠錢拾叁千叁百四十七文 内民國五年前計八千六百文 民國六年計四千七百四十七文
一存民國三年佃欠穀十一石八斗七升
李耒秀欠三石七斗
吴丕佑欠二石三斗
吴任懷欠二石三斗
吴大漢欠四石弍斗
一存民國四年佃欠穀四石五升
李耒秀欠二石七斗七升
夏祥生欠五斗七升
吴任懷欠三斗
吴大漢欠四斗一升

一存五年佃欠穀二十二石二斗

李朱秀欠四石五升

沈永茂欠四石六斗

雷丙元欠三斗

潘元瑞欠九斗七升

夏宗盛欠一石二斗

夏金銓欠一石二斗三升

梁德馨欠二斗五升

夏祥生欠一石一斗四升

夏紹和欠六斗三升

吴大漢欠一石六斗

吴任懷欠八斗三升

雷仁生欠四石五斗

一存六年冬佃欠穀三十二石二斗

沈永茂欠四石六斗

吴邦奎欠三石

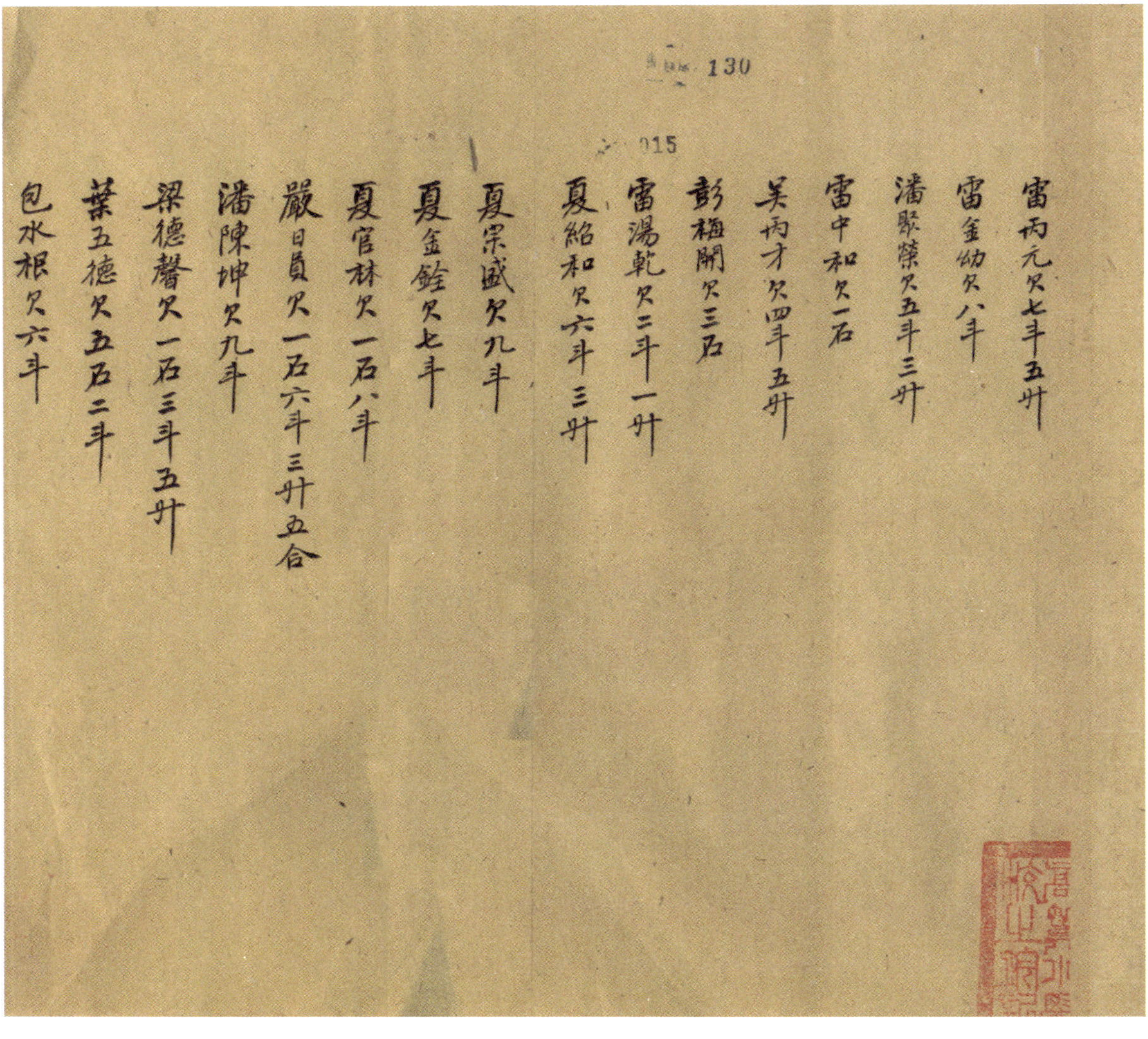

雷丙元欠七斗五升
雷金幼欠八斗
潘聚榮欠五斗三升
雷中和欠一石
吴丙才欠四斗五升
彭梅開欠三石
雷湯乾欠二斗一升
夏紹和欠六斗三升
夏宗盛欠九斗
夏金銓欠七斗
夏官林欠一石八斗
嚴日員欠一石六斗三升五合
潘陳坤欠九斗
梁德馨欠一石三斗五升
葉五德欠五石二斗
包水根欠六斗

雷丙榮欠三斗三升五合

吴大漢欠一石一斗五升

吴任懷欠七斗一升

李來秀欠一石九斗五升

以上四冬共存佃欠穀柒拾石叁斗弍升

一舊欠吴大漢吴任懷吴丕佑等自宣統二年起至民國二年止尚對

該三十八石七斗四升

六年冬減讓開後

17

雷延勝 三石五斗 減貼修壆工資

雷中和 一石八斗八升 因水冲不可開後減

雷馬亮 二斗 貼修水道

朱敦勤 一石一斗八升 讓

吴肇岐 三斗八升 讓

雷高滿 一斗五升 讓

朱作聚 六斗 因座未住讓

藍李德
雷水才 一斗八升 讓

以上共计減讓穀八石三斗七升

133

018

中華民國七年八月　日

校長李瑞陽

景寧縣民國六年度縣教育經費支出計算書

科目	全年支付預算數	全年支出計算數	比較增減	備考
經常門				
第一款 縣立第一高小學校經費	七二二	七四七·七三	二五·七三	
第一項 俸給				
第一目 薪俸				
第一節 職教員薪俸	五三〇	五三〇		校長兼教員一人年支一百三十元，員四人年各支一百元，合如上數
第二目 役食				

第廿一目文具					
第一節紙張簿冊	一六		一三四六	一三〇四	三〇四
第二節筆墨	四		二六	廿	一〇八四
第二目購置					
第一節圖書	一二		六二		五〇八
第二節器具	一三		五三六		七二〇四
第二節報紙	一五		卅三六		六〇四
第三目消耗					
第一節茶叶	五		六八五	一〇八五	
第二節薪炭	二		六		五

第三節油燭	二六	三六八	[illegible]		
第四節藥品	三	二		一	
第三項雜費					
第一目雜費					
第一節修繕雜支	二〇	三六三	一六三		
第二款縣立第二高小兼國民學校經費	六九六	六三一六三		六四三七	該校經費支绌逾常其支付各項均异常樽節理合註明
第一項俸給					
第一目薪修					
第一節職教員薪修	五六〇	四 五〇		五〇	校長兼教員一人年支一百三十九元教員四人年支一百元者三人支八十元者一人[illegible]

第一節 夫役工食	三六	七二		
第二項 公費				
第一目 文具				
第一節 紙張 簿冊	一六	三八		三二
第二節 筆墨	四	二		一
第二目 購置				
第一節 圖書	六	三五		二五
第二節 器具	一四	一五三七	一三七	
第三目 消耗				
第二節 報紙	一〇	一〇二	二	

校役一名年支工食如上數

第一節茶叶	五	四九六	串	品
第二節薪炭	五	三		二
第三節油燭	一八	一七三		七
第四節藥品	二	一		一
第三項雜費				
第一目雜費				
第一節修繕雜支	二〇	一四五		五五
第二款勸學所經費	一七八	一六六二		一八
第一項俸給				

第一節 員薪水	七二		七二		[illegible]一人月支薪水三元合如上數
第二目 役食					
第一節 夫役工食	三六		三六		公役一名支工資如上數
第二項 公費					
第一目 文具					
第一節 紙張簿册	八		八四	四	
第二節 筆墨	二		二		
第二目 郵電					
第一節 郵費	卌二		一五	五	
第三目 購置					

第一節圖書	一	一二	二	
第二節器具	二	二五	五	
第三節報紙	卅九	卅一百三七	一·三七	
第四日調查川資				
第一節調查川資	一五	一三八五		一·三五
第五日消耗				
第一節茶叶	二	一五		五
第二節薪炭	四	三三		七
第三節油燭	五	五四五	·四五	

第一目 雜費			
第一節 修繕雜支	二〇	一八三	一六七
第三款 補助費	一五	一五	
第一項 區立學校補助費			
第一目 城區區立第一國民補助費			
第一節 城立第一國民補助費	一五	一五	
第四款 完糧	九五	九四三五九	六四
第一項 書院等田畝錢粮	九五		
第一目 書院等田畝錢糧			
第一節 書院等田畝錢糧	九五	九四三五九	六四

歲出經常門合計	一六九一	一六四九九一九	四〇八

說明

查第二款縣立第二高等兼國民學校經費該校常年經費僅有撥竹稻

并基本金及縣校特定補助費約計五百餘元之收支相抵不敷甚鉅

該校支出各項異常樽節所以歲出決算數僅至六百三十餘元理合

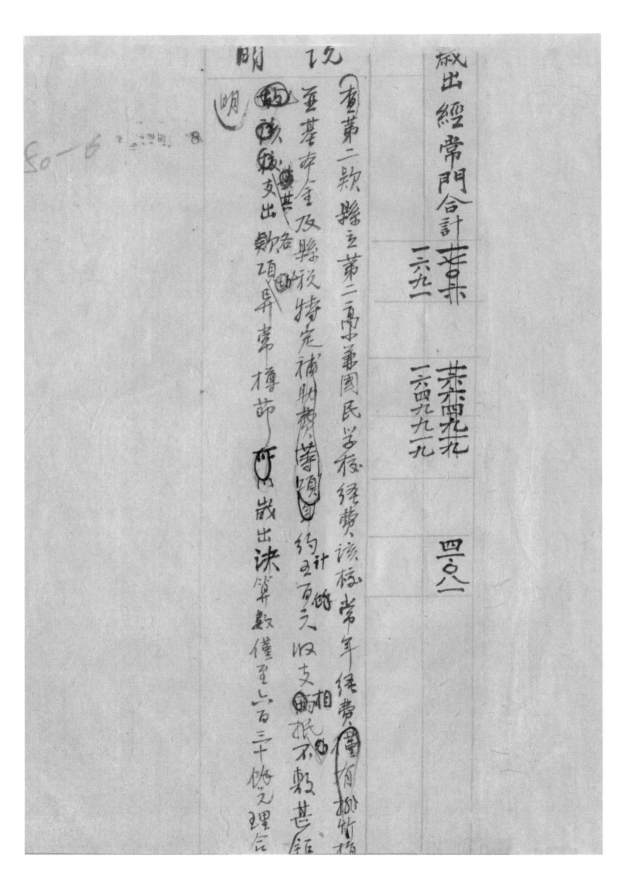

劝令畲民子弟入校读书布告

（一九一七年六月九日） 0261-007-0351-003

1 05

51

景寧縣公署稿

一件 勸令畲民子弟入校讀書 由

布告 闔邑人民

知事余

主任郎

六年六月九日

月日收到	月日分判	月日送稿	月日判行	月日送簽	月日繕行

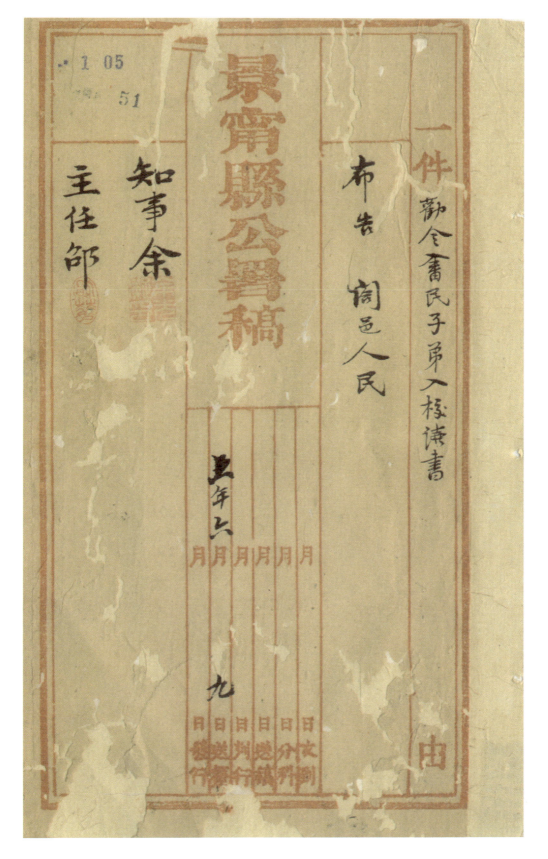

景寧縣公署布告第二十九號

為出示佈諭事。照得國家培養賢才，以教育為要政，人民請求知識，以文字為始基。同屬含生負氣之倫，具有以善復初之性。繼今支分派別，胥宜一視同仁。況今文軌大同，權利平等，列邦觀感，而科學灌輸，五族共和，而人羣進化。不知種類區別，無關切要，何顯世界文明？不持封鎖主義。本邑地方遼濶，村落零星，查全邑人口十萬有餘，畬民得十分之三，向與漢族錯居，又若自為風氣，悔愆無識，渾沌未開，

踵八蠻之成規、龍袞衆狙之遺謂、之無不辯為何物、帝降莫究所沿
譌、漢族洒其梗頑、相將恥與為伍、畬民受茲排觝、因而自外生成、
在昔科舉時期、禁弗與試、際此學堂并立、任令向隅、以為彼有二
心、稱非吾耦、長此秘不相入、幾令窮無所歸、須知异派同源、初何此
疆爾界之判、可教無類、誰非天覆地載之傳、惟同氣不以相求、而不
善未必去、去惡互御、請見、亦從、夫見善則遷、知過則改之心、夫子設科、
弗外乎往者不追、來者不拒之例、嗣後本縣各校招考學生、如有

畬民人等志願投學者、務當一體收留、毋得仍前歧視、摒凡舊習限制之條、悉在一律剗除之列、業經本知事呈報道長核准在案、爾畬民等亦宜知所愧奮、滌祓自新、父詔其子、兄勉其弟、期為有用之人才、勿再自甘於暴棄、漢族人等尤當滌祛私心、消融意見、務令一般畬民皆知求學為急、國家多一識字人民、即地方少一野蠻分子、庶幾大公無我、各盡提撕勸導之方、久道化成、徐收薰德善良之效、就我陶鎔、同沾教澤、循茲軌物、咸與維新、此示

25

21-9

景寧縣教育會章程

謹將景寧縣教育會章程繕呈

鑒核

第一章　總則

第一條　本會以協議全縣教育事宜促進教育術

遵照部頒規程以研究　項力圖　發達　目的　故為宗旨

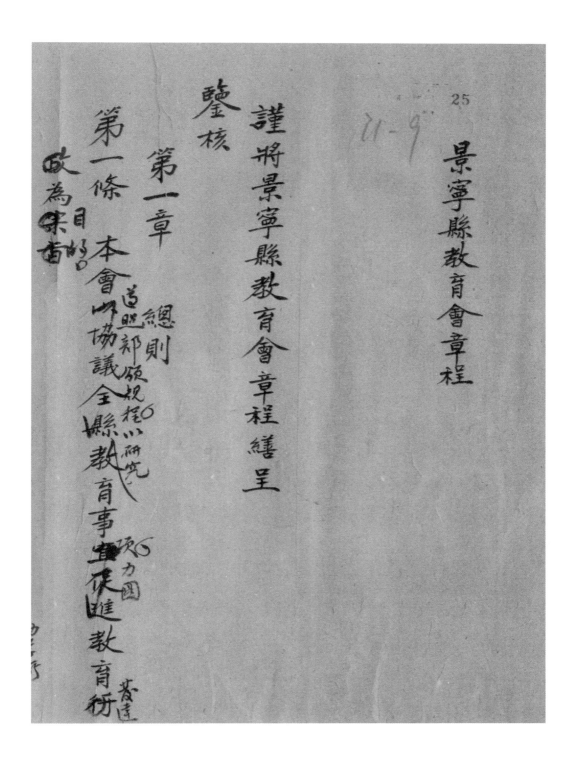

第二條 本會定名曰景寧縣教育會。暫借勸学所縣立第一高小校為會址

第三條 本會設議事機關其所應決議之事項

(1)關於本縣教育學校事件。

(2)關於本縣教育經費之使用事件

(3)關於研究教育演習及講習建議案及諮議案事件。

(4)關於本縣社會教育事件。

(5)關於本縣家庭教育事件。

(6)關於本會經費預算決算事件。

(7)其他關於本縣教育上重大事件。教育建议案及諮议案

9.1

第二章 會員

第四條 本會會員若定額。凡現任教育職務及有教育上經驗者，由會員二人以上之介紹，得為本會會員。

第五條 凡會員須納入會費壹元，於入會時繳足，常年費壹元，分兩期預繳。

第三章 職員

特別捐無定數，其有捐助十元以上者，認為名譽會友。

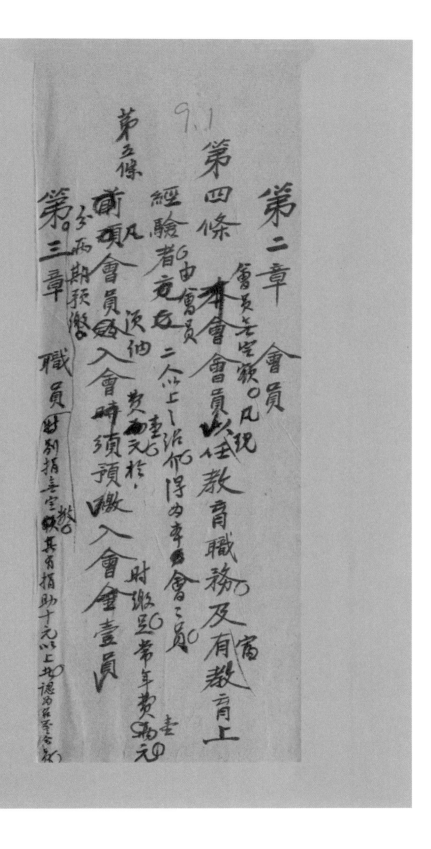

第五條 本會設置之職員及其職務如左

會長一人 總理會務一切事宜

副會長一人 協助會長 會長不在時代理其職務

議員十五人 協議事務 議決本會意見之發表方法及一切會務

書記員二人 經理會中函牘事件 一切文牘宜

會計員一人 掌管會費 本會預算決算及其他收入及支出

庶務員二人 經理會中各項事件宜

第六條 前項各職員由會員投票選舉 任期一年 評議長由評議員互選 均以二年為限 但得連舉連任

第四章 會期

第七條 常會每年暑假時開一次 定期五日

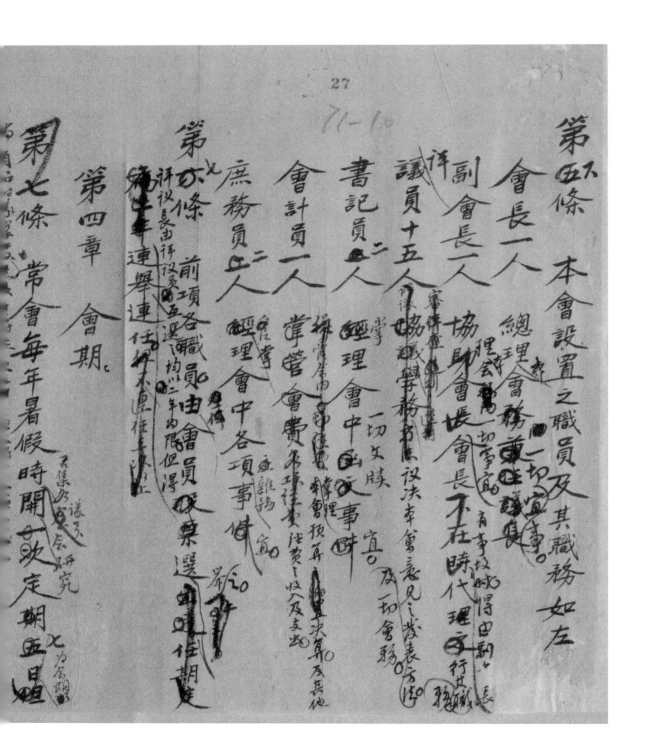

21-11

28

第十條　本規自

第條　會期分二種。

(一)大會每年一次，於暑假時行之。會期為五日，但視會務之繁簡得臨時伸縮。

(二)臨時會有特別事故得由會員十人以上之請求經評議部之議決定期召集，但會期不得逾三日以上。

第九條　本會會員如有不正當行為及損壞名譽者，經評議會公決得令退會。

第十條　本章程得由會員十人之提議於大會時公決修改。

員三人以上之同意或由議員半數以上之提議

得開臨時會議，但會期不得逾三日。

第九條　本規則如有未盡事宜，得于開常年會時提出修正。

浙江教育厅为公布禁止与敌通商的训令

（一九一八年六月四日） 0261-005-0581-008

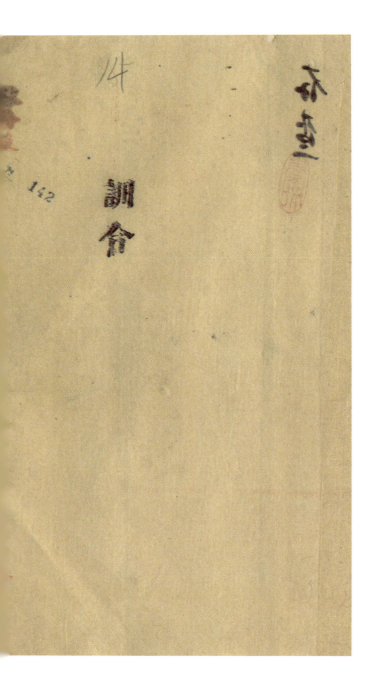

81 14

令景寧縣知事

案奉

督軍

省長公署第四五二/二〇九號訓令內開：案准

內務部號電開：五月十七日奉

大總統教令第三十一號公布禁止與敵通商條例第一條：凡中華民國人民及在中國領域內之其他人民，除主管部另有規定外，對於左列之國或外人概行禁止通商：(一)敵國；(二)敵國人及敵國法人；(三)敵國之同盟國；(四)在敵國或其同盟國之占領地居住之人或法人；(五)商店公司之全部或一部由敵人管理或其他事務隸屬于敵人勢力之下曾經主管官廳揭示者第二項前項規定其假手於中間人之通商亦適用之第二條前條第一項第二款第五款得依主管部處之指定特別豁除之第三條違反本條例之規定或有預備違反之行爲者處五等有期徒刑拘役或千元以下罰金由法院審判第四條通商之原因發生於本條例施行前者應自本條例公布一月內呈報主管部處經主管部處許可者不適用本條例之規定第五條關于本條例之施行細則由各該主管部處定之第六條本條例自公布日施行等因遵由部于十八日制定禁止與敵通商條例施行細則公布第一條依禁止與敵通商條例第一條規定除外例之範圍屬於内務部

16

81 15

列一關於衣食住有直接關係各物品之購會二關于冠婚喪祭常用物品之購入三關於家事上之僱人或被僱四關於住房之租賃或出租五醫療營業及關於醫藥酬報之收受或購與六關于教育及技術人員之雇用七關於交通設備之施用但火車輪船電報電話之使用依交通部之所定八以極小之價格賣出既經使用之物品九出入於旅館飲食店娛樂場等事十此外經部特予許可者第三條第二條列舉各款得就必要情形加以相當之限制其經部特予許可者無論何時得取銷其許可第四條第二條列舉各款之事實有關係各部處者由內務部分別咨商辦理第五條關於第二條列舉各款之適用有行為發生疑義或因設定限制者由該管地方官廳呈請

14

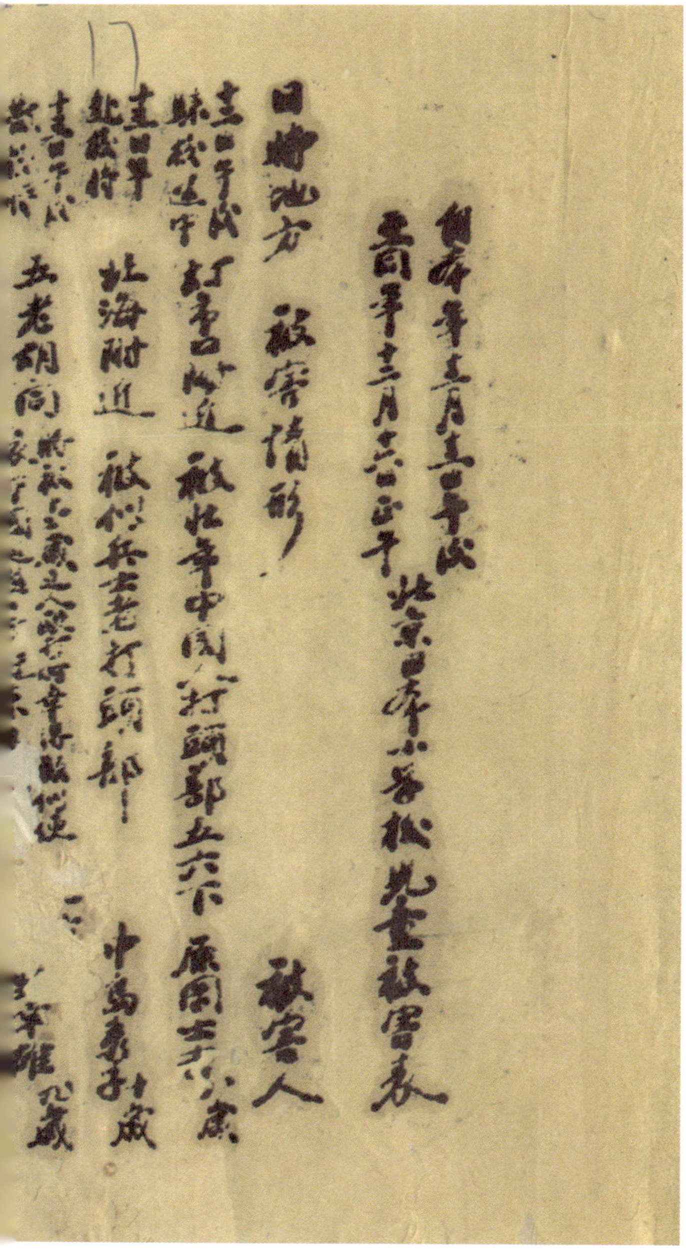

十四日午 東單大街 竊車夫所藏
消
十五日午前 東單大街 竊人食堂菜點 於午前十分
數名時 以警察所數名人
十五日午 三條胡同 竊十六七八分 於講三號鄰一
數名時 三六正 來發等共計於廠
十五日午 王府井大街 竊二十六人 新聞鄰
數名時
十六日午 中華門與 竊於某家五六人于
數名時 天安門之洞 於鄰館
十六日午 中華門與 竊於某家五六人于
數名時 天安門之洞 於新館國

大塚文祐八歲
大塚文祐八歲
下元豐典十歲
杏久夫七歲
田中勝人十歲
田中孝子八歲

咨由內務部核辦第六條該管地方官廳對於第三條之通商行為有稽查之責第七條依禁止與敵通商條例第四條規定應經許可事件屬於內務部主管者應由該管地方官廳據報查覈轉呈該管地方最高級長官核咨內務部核復第三項之呈請許可者須依限列具種類場所及必要之理由第八條違反本細則之規定者依禁止與敵通商條例第十三條規定處罰第九條本細則自公布日施行第十條禁止與敵通商條例及本細則施行後凡與有牴觸之規

令仰該縣轉飭所屬各學校一體遵照此令

146

中華民國七年六月四日

浙江教育廳廳長伍崇學

監印饒樹德
校對汪桐生

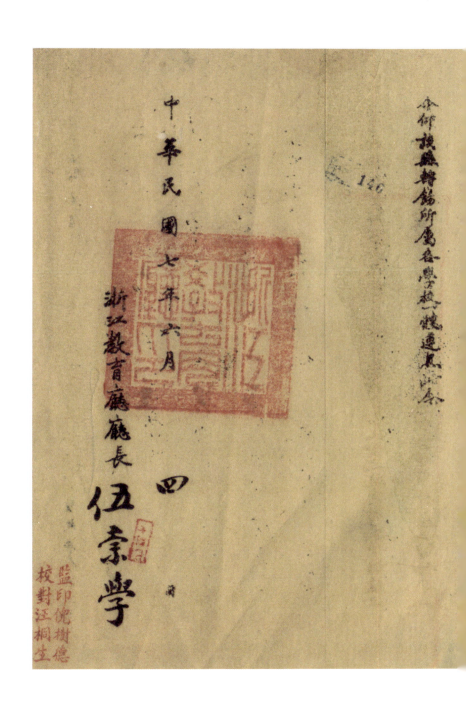

景宁县全境半日学校简明表（民国九年第一学期）（一九二〇年） 0261-007-0176-001

30　176—1

景寧縣全境半日學校簡明表

民國九年第一學期

名稱	立別	等別	成立年月	學生數 一年級	學生數 二年級	學生數 三年級	學生數 四年級	學生數 總數	教員數 教員	教員數 職員	本學期經費數 收入	本學期經費數 支出
城立第一半日學校	區立	半日	民國三年十二月	四	八			一二	一		一〇	一〇
城立第二半日學校	區立	半日	民國三年六月	二二				二二	一		二〇	二〇
城立第三半日學校	區立	半日	民國四年十二月	七	八	五		二〇	一		二〇	二〇
渤海第二半日學校	區立	半日	民國三年九月	八	五			一三	一	一	一七	二〇
渤海第三半日學校	區立	半日	民國四年四月	一二	四			一六	一		二〇	二〇
大均第一[illegible]	區[illegible]	半[illegible]										

半日學校	英川第一半日學校	宣德第一半日學校	南安第一半日學校	南康第二半日學校	景和第一半日學校	合計 一三
立	區立	區立	區立	區立	區立	區立 一三
日	半日	半日	半日	半日	半日	半日 一三
	民國三年八月	民國四年六月	民國六年八月	民國三年六月	民國三年六月	民國三年八 民國四年三 民國六年一
	四	一〇		六		八二
			八		二九	六二
	二		八	三		四四
	一五	一〇				一五
	二〇	二〇	三六	一八	二九	二〇三
	一			一		三一
	一	一	一	一	一	一三
	二八	二九	二〇	一六	二〇	二六
	二八	二〇	二〇	二〇	二〇	三九

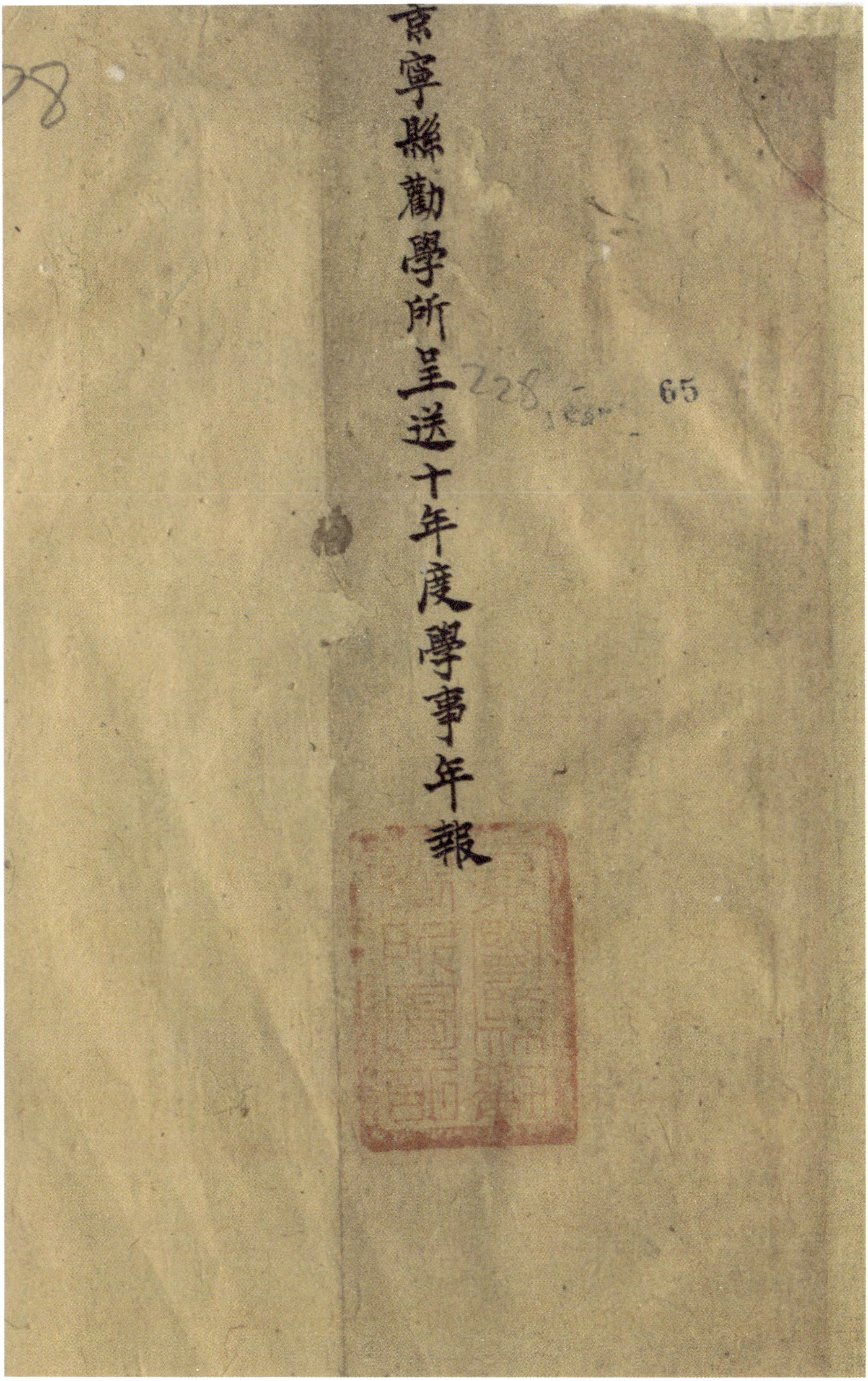

景寧縣勸學所呈送十年度學事年報

景宁县劝学所呈送十年度学事年报
（一九二一年） 0261-007-0162-007

景寧縣勸學所十年度學事年報

一縣教育當年之經過情形

增設國民學校

查景邑原有縣立國民學校一所區立國民學校五十所私立國民學校三所區立半日學校十二所而稍僻鄉村未能徧設兒童失學者尚屬不少所長員周歷各區勸學時凡遇人煙稠密及有款可籌之村即邀集紳耆勸以興辦學校為急務計本年度增設順濟區第三國民學校一

29

所業已呈報備案他如南安區梅塢莊籌設南安區第四
國民學校尚在籌捐經費來年度當可成立

品評小學成績

小學成績陳列所於九年一月呈報成立各小學校業
將成績品先後送所陳列本年度開第一次成績審
查會敦請富有教育經驗人員來所分別審查評
定甲乙其最優異者業已列表呈請 知事核
獎在案

辦理小學教員檢定事項
試驗檢定前准委員會函定於本年三月一日起為報名
日期當經通告現任或曾充小學教員知照迄截止期
均無一人來所報名無試驗檢定來所報名者計有楊
登雲一名業經職所核轉並囑赴縣請受檢查品格
在案

一翌年之教育計劃
整理學校基金

景邑區立學校基金除少數由地方公產撥充外餘均
由各區人民捐助每年收取租息為學校常年經費各區
學校捐戶往往以滄桑豐嗇為藉口欠繳租息屢見
迭 或因基金問題羣起阻撓 所長 擬於來年度依
照本邑第一次教育行政會議議決之勸捐戶劃繳
銀元田畝一案切實舉行以便收用而期永久
開縣教育會議
本邑自九年七月間開縣教育會議後迄今已越二載尚

未舉行於全邑教育應興應革事宜無從研究擬於

來年度召集開會討論以期改進

籌設女子高小校

我邑女校前因經費不裕辦理不善遂於五年停辦所長

竊思女校之設為當今之急務擬將固有女校款項並

增籌的款創辦女子高小校一所

擬籌給學務委員公費

本邑學務委員雖已照章設置惟因教育經費不足

31

公費毫無故不能責令襄辦教育事務擬自來年度開縣教育會議時提議籌給並請 縣署咨交縣議會議決施行

一本細則第一條所列各事項之處理概要

義務教育之調查及勸導督促事項

義務教育悉遵照勸學所施行細則辦理所長員分別按期周歷各區勸導督促如遇應設學校地點即令設法籌辦失學兒童諄勸送校肄業暨辦理不善

69
232

之學校未經改良之私塾均就缺點分別指導俾臻
完善而資改進
查核各學區之位置及其聯合事項
景邑學區暫照向有之自治區域劃分十三區本年度
未有變更亦無聯合事項
各區學務委員之設置事項
學務委員各區設一人因無公費亦未辦理教育
事務

32

查核各區學齡兒童之登記及其就學免緩事項
景邑區域遼濶山嶺重疊調查學齡兒童難以實
行所長員周歷各區時會同各該區學務委員就地勸
導失學兒童之家屬令其送入學校肄業
經管縣屬教育經費編製預算決算並稽核各
區教育經費處理其紛爭事項
本年度職所經管縣教育經費編製預算收入項下計
縣稅四成小學費一千零七十八元裨竹捐五百元書院賓

興儒學等租息一千一百七十九元學費八十三元總計二千八百四十元支出項下計本所經費二百二十九元縣視學薪水二百十六元縣立第一第二高小經費一千五百九十五元講演所經費一百元教育補助費六百零八元完糧費九十二元總計二千八百四十元於年度終了時將全年出入款項編造決算呈報縣署至各區教育經費向由各學校直接經管如遇有紛爭事項均奉知事訓令處理

查核各學校〻舍〻及其他設備事項

各學校建築事項曾於九年度年報呈報在案本年度新築校舍祇有順濟區第三國民學校一所其餘各校設備或有未完善者均令酌量增備改良務期完美

核定區立各校之學級編製及教授科目之增減事項

查各小學校之學級編製因限於經費多取單級制或複式制至各校教授科目均遵照

71

部章辦理或因各種困難暫缺手工圖畫唱歌之
一科或二科者
縣立各校及其他教育事業之設置事項
本年度均無設置事項
核定區立各校及其他教育事項
本邑區立國民學校本年度增設一所與前核定者
共計五十一所其他如區教育會閱報社等因經費
困難並無設置事項

私立學校之認許、考核事項

私立學校曾於九年度年報呈報在案本年度是

項學校並無增設

代用學校之核定事項

景邑現尚無是項代用學校

改良私塾事項

私塾為學校之障礙亟宜設法取締以求完善所長員

周歷各區實行調查除與學校相近之處不准設立、

餘因地方僻小雖無創辦學校之能力兒童就學他校
又有未便者暫准設立私塾並囑切實改良俾得
有補助學校之效果
社會教育之設施事項
景邑社會教育僅有縣教育會一所通俗教育講演
所一所至小學成績陳列所及閱報社等均附設職所内
縣教育會尚見積極進行講演所講演員照舊巡行
宣講成績陳列所各校送到成績日漸增多本年

度曾經品評一次閱報社因無經費祇將縣署及勸
學所購來各報送社披閱亦能切實籌備至公立
通俗圖書館現正在建築設備中來年夜當可
成立
學校衛生事項
所長員周歷各區勸學時遇有光線不足空氣欠通
暨桌椅高低失度之學校靡不指導改良並於飲食
起居遊戲各項與兒童有重大之關係並囑令各校

教職員特別注意以重衛生
縣教育之統計報告事項
本年度各校學期一覽表、縣教育統計表、教員
學生一覽表、縣教育歲出入預決算書均經職所先
後編送或彙轉縣署轉呈備案
縣知事特別委任事項
本年度無縣署委任查復各件均屬勸學所
施行細則所規定並無特別委任事項

一縣教育之統計

景邑縣立高小校二所國民學校一所區立高小校二所國民學校五十一所半日學校十二所私立國民學校三所共計七十一所教職員一百三十九人學生一千六百二十八人

一其他報告事項

本年度教育情形已詳上列各條並無其他報告事項

中華民國拾壹年拾月　日

勸學所所長潘鍾俊

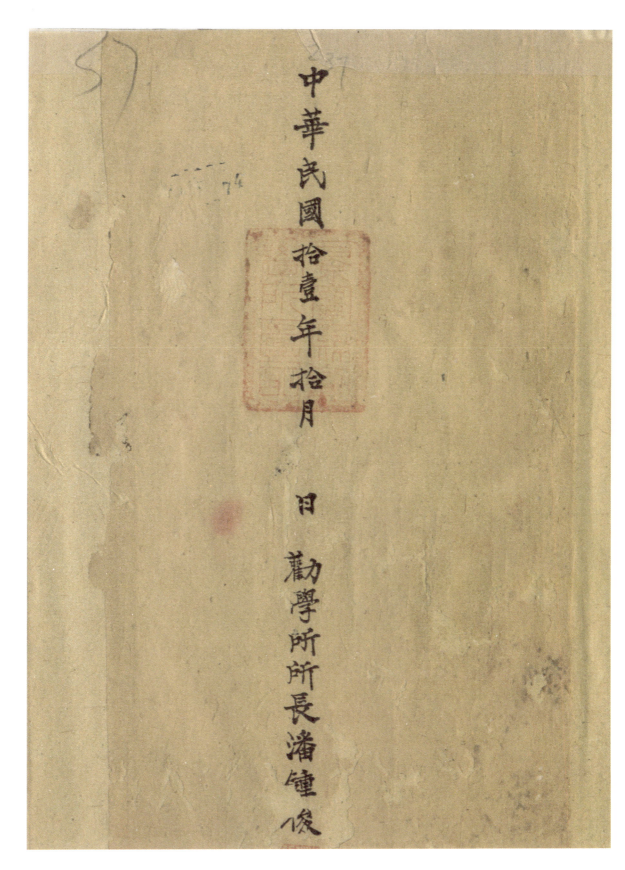

景宁县教育会第二届常年会议决案

（一九二二年十月一日） 0261-007-0023-009

景寧縣教育會第二屆常年會議決案

69

2-15

擬定職教員自治規程案

(理由)學校為陶冶國民之爐灶職教員其工匠也是職教員要有程度尤要有資格職教員之資格而善也其陶冶之國民之資格亦善職教員之資格而不善也其陶冶之國民之資格亦不善而職教員資格之善與否則以富有自治之能力與否為斷邑中國民學校統計五十餘所其職教員資格之善者固多而不善者容或有之欲使不善者同歸於善則不可不訂定自治之規程此本案提出之理由也茲擬定規程六条如左是否有當請 各會裁奪

(辦法)第一条 學校授課時期每年至少須滿足九個月不得自由縮短如有不足九個月者須由學童父兄半數以上聯名函達學務委員呈請 行政長官按月酌減薪水

（按）部定國民學校令第十八条學校之休業日除日曜日外每年至多不得過九十日故擬定教課時間如上數

又前項酌減薪水存作本校購置圖書器具不得移作他用

第二条 職教員既置身學校即宜謹守職務不得時常請假致碍功課即有不得已事故萬不能不請假者亦須請程度相當者代授

第三条 各學校開學第一學期定以陰曆七月十八日第二三學期定以陰曆正月十八日其放假第一學期定以陰曆十二月初十日第二三學期定以陰曆六月初十日不得後時開學亦不得先時放假以致漫無限制

按鄉間學校有不放暑假而放秋假者亦須按照第一条辦理

第四条 學校中所用書籍須按照部定規則一律用教科書不得自由雜入他項書籍

第五条　職教員如有勤勞職務地方學務委員及學董得呈請
知事查明獎勵之
第六条　職教員如有放棄職務地方學務委員及學董得呈請
知事查、、别懲戒或更換之

提出者　鄭治周
連署者　李啟源　葉之冑
洪　傑　洪受彝

71

學校宜注重體育案

（理由）學校之教育德育智育尚已而體育一科亦不可不注重自夫人專重德育智育視體育為如意科或竟付之闕如殊與教育法令大相背謬蓋兒童天性每多活潑一旦入校使之正襟危坐伏案讀書無運動以調劑之非惟身體日即孱弱即讀書亦倦而生厭是欲收教育

之效果胡可得耶夫日本島國也其所以維新者大都因伊藤山縣諸人游學歸國惘其國之不武注重體育一科養成軍國民資格自是大和魂武士道之威望遂焜燿於東海間則體育之宜注重者之一證也我漢族以文弱不振之故屈伏前清積威之下二百餘年乃自學校開設不數年而民軍起義光復舊物論者歸功於學校實歸功於學校之體育則體育之宜注重者之又一證也現時教育大家研究體育於體操復以拳術一科垂為法令誠有見夫強國強種非體育不為功傳曰有文事者必有武備班超投筆終軍棄繻丈夫固當如是而五尺童子亦宜立其基而作其氣經文緯武造成完全國民於教育前途大有進步即於國家前途大有希望謹叙理由敬請

公决

72

（辦法）第一条　國民學校體操科第一二年級宜教授適宜遊戲體操至第三四年級教授普通體操

第二条　國民學校體操時間依照部令每星期以三時為限不得過多亦不得減少

第三条　國民學校兒童有貧富不等體操操衣如有同色固佳若無同色操衣即隨便短衣亦可總以運動血脈為目的不必裝飾外觀

第四条　國民學校兒童體操場有稍大公衆地點即可舉行不得以無操場推諉

（註明）國民學校兒童諒亦無多即村中殿宇祠堂之中堂亦可借用

提出者李啟源　連署者洪傑　洪受彝

各小學校於每學期終須一律檢送成績于陳列所条

(理由)成績者教授之結果也，教授者成績之先因也。觀先因可知其結果，觀結果亦可知其先因，故觀各校成績之優劣，可知職教員教授之良否也。查我邑小學成績陳列所成立已經有年，各校檢送成績雖然不乏，而未經檢送者莫云無之，甚至有檢送一次並不繼續檢送者，其前後學年有優異又難見其出色。若各校能於每屆學期終即檢送學期之成績彙成陳列，多方比較，則為教員者滿冀特別優異，無

循循施教，即為學生者恐致墮落人後，何患學之不精？如是，我邑之教育前途日有進步。次畧陳數言，是否有當，尚希

公決

(辦法)第一条 各小學校除音樂體操外二科外，其餘各科成績須於每學期終照部定章至少須有二種以上之成績品送陳列所

第二条　無論學校及學生何項成績均以本人平時原本製作為限

第三条　陳列所於每學期收全各小學成績後應敦請富於教育經驗人員會同審查判定甲乙其成績優異者呈請縣知事核獎並通令各小學校以資鼓勵

第四条　如有二學期以上均無成績送到者即以無成績論須由陳列所函咨勸學所呈請縣知事察核辦理

提出者　楊登雲

連署者　葉銘身

葉耀濤

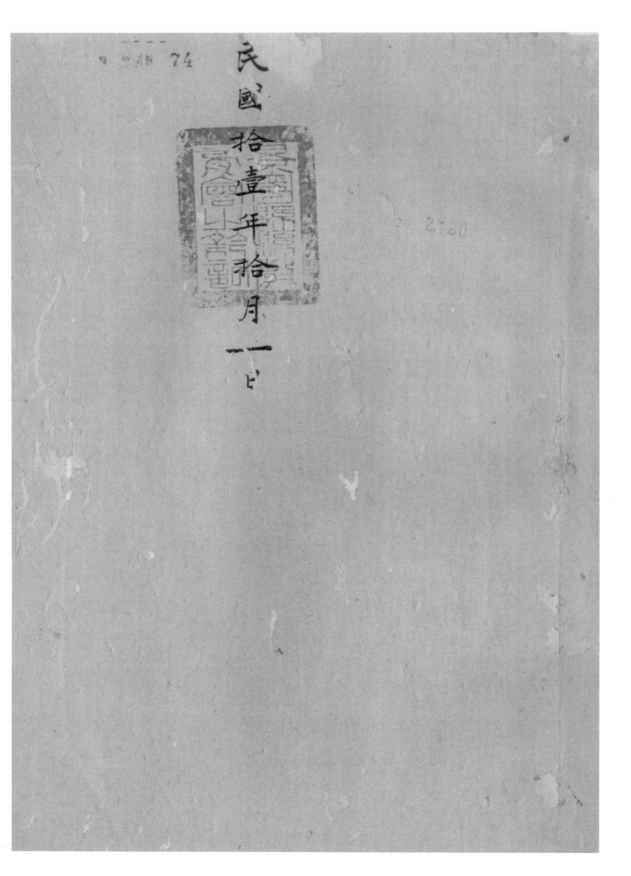

74

民國拾壹年拾月一日

2740

12　7012

景寧縣全境學校简明表

民國十二年第一學期

名稱	立別	等別	開辦年月	學生數 一年級	學生數 二年級	學生數 三年級	學生數 四年級	學生數 總數	教員數 教員	教員數 職員	本學期經費 收入	本學期經費 支出
縣立第一小學校	縣立	完全	清光緒三年 二年五月	二七	二二	一九	九	七六	七	一	五三五	五七五
縣立女子小學校	立	全	民國十二年八月	三六	八			四四	一	一	三〇七	二二五
博立第一初小学校	區立	初級	民國二年八月		九	七	九	三五		一	三二	三二
博立第二初小学校	區立	初級	仝前	一八	六	五		二九	二	一	二三	四七
博立第三初小学校	區立	初級	民國三年八月	四	四	四	五	一七		一	三四	三四
博立第四初小学校	仝	仝	清宣統二年三月	[illegible]	[illegible]	六	八	二七	二	一	三〇	四〇

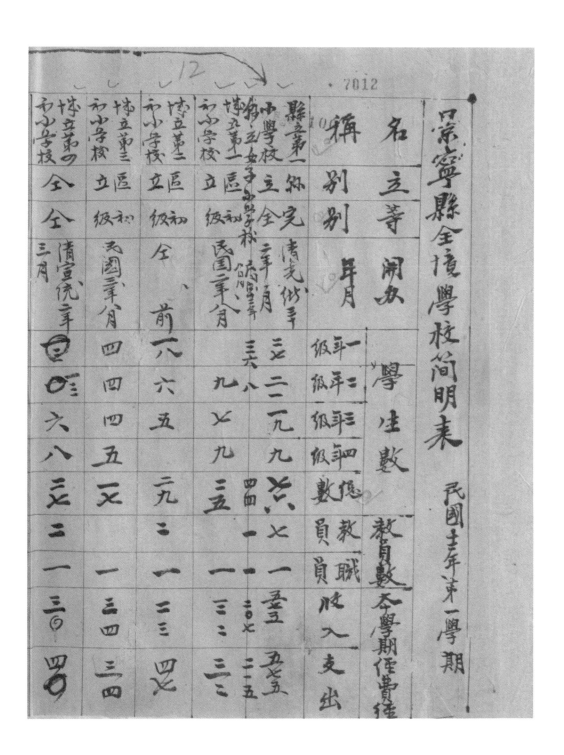

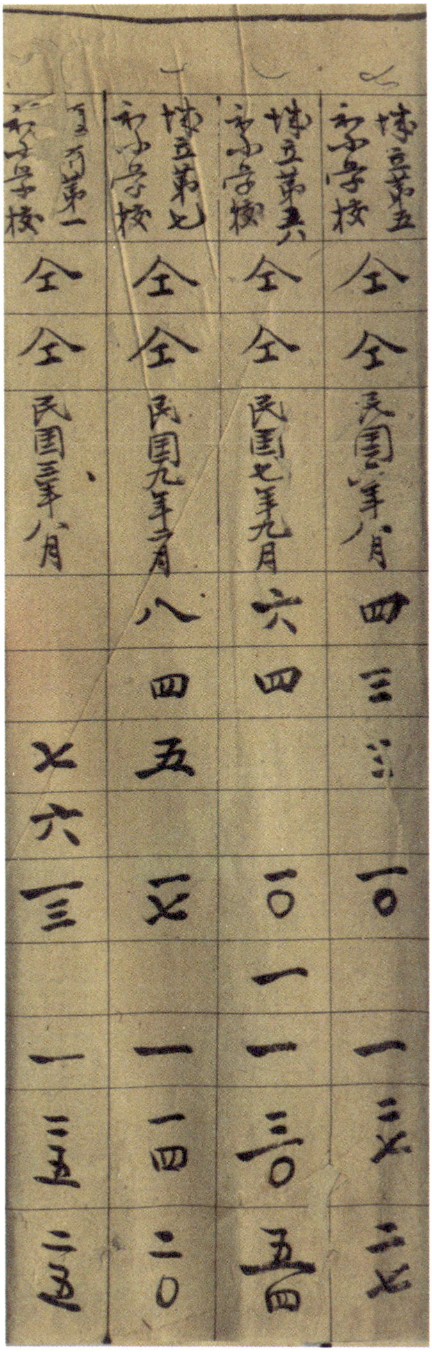

博立第五初小学校	博立第六初小学校	博立第七初小学校	[illegible]第一初小学校
全	全	全	全
全	全	全	全
民国年八月	民国七年九月	民国九年二月	民国三年八月
四	六	八	
三	四	四	
三		五	七
			六
一〇	一〇	一七	一三
	一		
一	一	一	一
二七	三〇	一四	二五
二七	五四	二〇	二五

顺海第二初小学校	全	全	民国三年十月		七		八	一五	一	一	六○	六○
顺海第三初小学校	全	全	民国十一年十一月	六	八			一四		一	三二	三二
渤海第一初小学校	全	全	民国三年十二月	二	二	二		六	一	一	三六	三九
渤海第二初小学校	全	全	民国三年九月	一	七	五	七	三○	一	一	三○	三四
渤海第三初小学校	全	全	全	前	一○	二	六	五	三三	一	一	一○五	一二五
渤海第四初小学校	全	全	民国三年十月	九	七	三	三	三三	一	一	一五五	一五五
渤海第五初小学校	全	全	民国三年九月	五	四	七	六	二三		一	四○	四○
渤海第六初小学校	全	全	民国七年九月	六	四	二	三	一五	二	一	一六	一六
初立兴岸初小学校	私立	全	民国四年十月	一三	四	二		一九		一	三四	三四

大常第一初小学校	区立	仝	民国三年一月		一三		六	一八		一	二四	二四
大常第二初小学校	仝	仝	民国四年二月		七	七	一五	二九		一	三〇	三〇
大常第三初小学校	仝	仝	民国五年一月	八	四			一三		一	一八	一八
大常第四初小学校	仝	仝	仝前	一三	三	[illegible]	四	一九	一	一		
古竹第一初小学校	仝	仝	民国三年一月	一五	一〇	六	五	三六	二	一	三七	三七
大竹第二初小学校	仝	仝	仝前	五	四	九	八	二六	一	一	三〇	三〇
竹立第二小学校	郭立	完全	民国三年九月	二七	六	三五	一〇	八二	四	一	三[illegible]	[illegible]
沙溪第一初小学校	区立	初级	民国三年一月	四	五	七	六	二三		一	五三	五三
沙溪第二初小学校	仝	仝	民国三年九月	七	八	五		二〇		一	四八	四八
英山高等小学校	仝	完全	民国四年一月	二三	一一	九	七	四九	四	一	三〇	三八

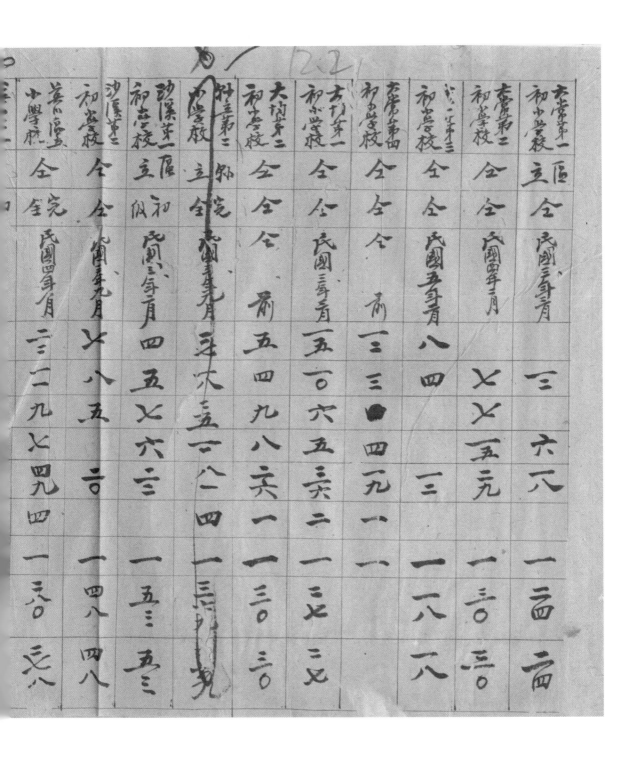

英川第三初小學校	仝	仝	民國三年九月	七	四	四	一	一六	一	一		
英川第四初小學校	仝	仝	仝	前		九	九		一八		一	七〇	七〇
英川第五初小學校	仝	仝	民國四年八月	八	四三	四		一五		一	四〇	四〇
私立隆川初小學校	私立	仝	仝	前	八	七	六	三	二四	一	一	一〇五	一一二
合德第一初小學校	區立	仝	民國三年九月	七	五			一三	一	一	五〇	五〇
合德第二初小學校	仝	仝	民國四年八月	八		六		一四		一	三〇	三〇
統治區立中學校	仝	完全	民國四年八月	一六		二	二八	四五	二	一	二四三	二五三
統治第一初小學校	仝	初級	民國一年八月	八		六		一四		一	五〇	五〇
統治第二初小學校	仝	仝	仝	前								
統治第三初小學校	仝	仝	民國三年八月	一三			四	一七	一	一	八〇	八四

·7013

13

[illegible]第四初小學校	仝	仝	民國四年二月	四	六	七	三	二〇		一	五四	五五
新土雅周初小學校	私立	仝	民國三年九月	一〇	三		三	一六		一	八〇	八〇
南安第一初小學校	區立	仝	民國二年二月	八	五	六	九	二八	一	一	四〇	四〇
南安第二初小學校	仝	仝	民國三年三月	一二	一三	一五		四〇	一	一	一二〇	一二〇
南安第三初小學校	仝	仝	民國三年九月	五	三	五		一三		一	二五	二五
南康第一初小學校	仝	仝	民國二年二月	七	四	五	六	二二		一	三六	三六
南康第二初小學校	仝	仝	民國二年八月	三	四	六		一三		一	三〇	三〇
南康第三初小學校	仝	仝	民國七年一月	六	七	六	三	二二		一	二〇	二〇
南康第四初小學校	仝	仝	民國[illegible]年七月		五	四	七	一六		一	三〇	三〇
南康第五初小學校	仝	仝	仝 前	八	六	六	七	二七	一	一	四六	四六

景和第三初小学校	景和第四初小学校	景和第五初小学校	景和第[illegible]初小学校	景顺第一初小学校	景顺第二初小学校	合计
仝	仝	仝	仝	仝	仝	五百七
仝	仝	仝	仝	仝	仝	二 [illegible] 五 [illegible] 三 [illegible]
民国 年 月	民国 年 月	民国九年 月	民国 年 月	民国三年 月	前	完全学 五 初级 五
一二		三	三	[illegible]	一○	清光绪卅三年 一 宣统二年 一 民国二年 六 民国三年 二 四年 二 五年 一 六年 二 七年 三 八年 四 九年 二 十年 一
四	八	五		八	五	四三○ 八
五		七	四	五	三	三五二二七七
六	三		五	三		[illegible] 五三
一六	二	一五	一三	一六	一八	二九 九
二						四四 五七
一	一	一	一	一	一	三
一○	二四	四○	二四	二二	二○	七六 ○
一○	二四	四○	二四	二二	二○	三 五 一七

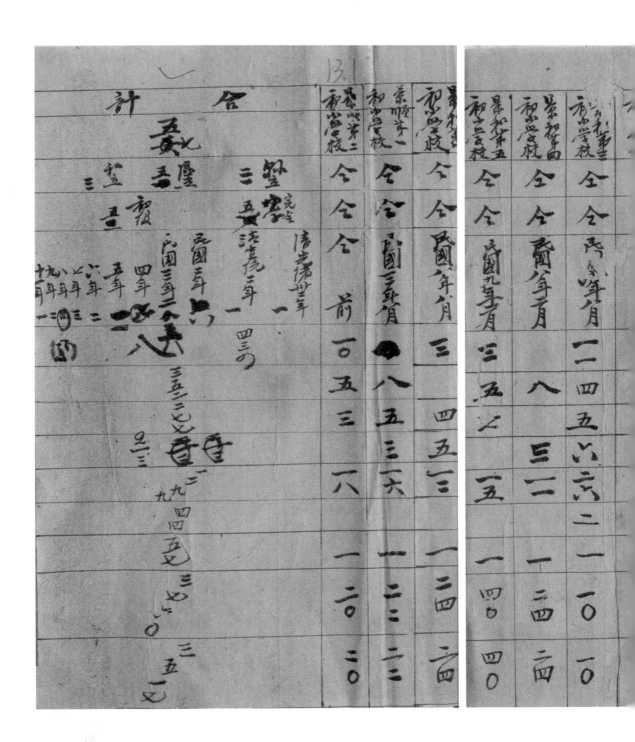

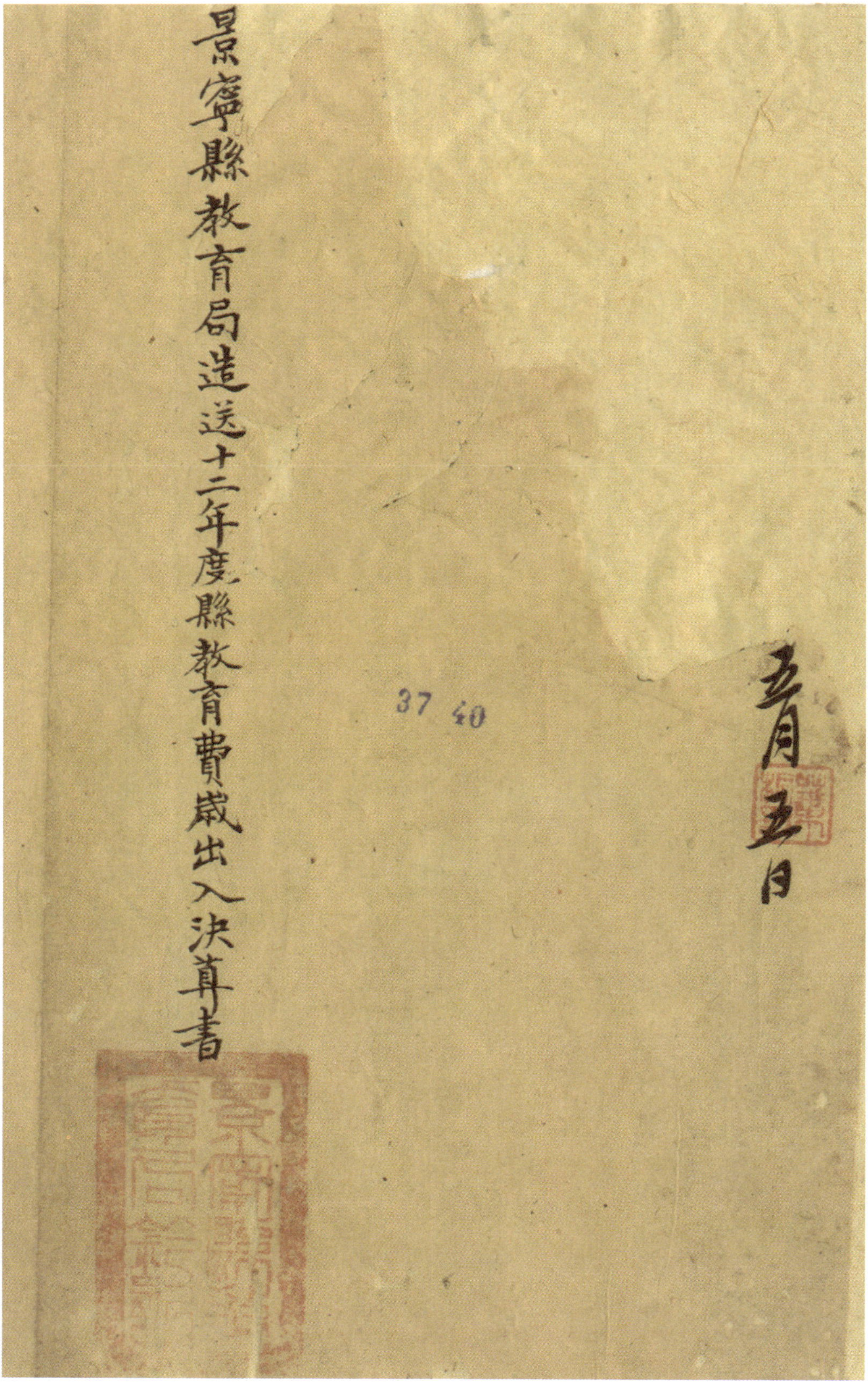
景寧縣教育局造送十二年度縣教育費歲出入決算書

37 40

五月五日

景宁县教育局造送十二年度县教育费岁出入决算书

（一九二三年五月五日） 0261-007-0237-010

二年[illegible]地方歲入決算分書

元為單位

教育

歲入經常門

科目	十二年度預算數	十一年度決算數	比較增減	備考
第一款 教育專款	三〇八一	〦〣二·〤〥〤		
第一項 附加[illegible]	〻〻〈〈	〢〦〤〩〥〩		
第一目 地丁特捐	一〇七八	〣〦〤〩		

37 41

第一節 四成教育費 一一〇八 一三三六九

自十二年七月至十三年六月共收四成教育費一千一百〇八元一角八分八厘又十三年上半年合分卅捐銀一百元再十二年度餘存銀一百三十九元二角五分一厘合如上數

第二項 特捐 五〇〇 五三三二 三三二

一目 物居捐 五〇〇 五三三二 三三二

第一 布匹增 五〇〇 五三三二

八三六 六四二六

祖息 金一三 一三六 一三一六

水谷每元五斗五升申干谷每元四斗申以下各節祖銀合計如上數

119

田	第一項	第二項		計
□田 □□租	八〇	九二·二		計收干谷三百〇七石三斗八升内除耗十五石二斗一升計實谷二百九十二石一斗又收旧欠租銀元五角七分
	三四	[illegible]		計收干谷一百二十四石〇八升内除耗六石二斗計實谷二百十七石八斗八升
□節 田 儒學坿郭租	一〇七	一六·五四		計收干谷三十八石七斗四升内除耗一石九斗計實谷三十六石八斗四升
				計收水谷六十五石一斗八
第五節 田 儒學五都租	二三	三二	37 42	計收銀圓如上數
第六節 田 振丑文租	一	六·四		計收水谷二石
第七節 田 義學崇文租	一六	七·三四		計收租銀如上數

第八節 奎星閣田租	四	四			
第九節 縣一小学新田租	二〇	二·三五			計收干谷九石內除耗四斗五升計實谷捌石五斗五升
第十節 縣二小學田租	一〇	五〇·五			
第十一節 東嶽宮樓田租		六〇·七五			計收干谷十二石五斗
[illegible]寺樓田租		三五			計收干谷十四石
[illegible]光元[illegible]		一			計收干谷一石
[illegible]頭田租	五				

120

	四五	一五			
第[illegible]節 利賓興息款	一二	一三			原本八十元
第三節 興學基金息款	一五	一五	37 43		原本一百元
第四節 教育[illegible]息[illegible]	一〇	五五			原本三百七十元本年所收息銀內有七十元係十年度并十一年度旧欠合如上數
第五節 縣立女校息款		四五			

三百五

第四項 學費及使用費	一三五	一八		〤
第一目 學費	一三五	一八		〤
第一節 縣立小學學費	一三五	一八		
〃〃存		三·三七		
年款		一三·三七		

白善齋

教育局

……年歲出決算分書

元為單位

歲出經常門

目	十二年度預算數	十三年度決算數	比較 增	比較 減	備考
第一款 管理機關經費	二五〇	五三三·三		44	
第一項 勸學所經費	一一〇	一三三·三	、	37	勸學所十二年十二月裁撤本年度第一期寔支如上數
第二項 教育局經費		三八九			教育局十三年一月成立本年度第二期寔支如上數

第一目 薪工		二四〇
第一節 薪給		二〇
第二節 工食		三〇
第二目 辦公費	一五五	七三
第一節 文具		一三
郵電		

局長月支十五元事務員二人月各支十元
半年合支如上數

消耗		
第三目 雜費	三〇	一四
第一節 修繕雜人		一四
第四目 董事會經費	六〇	一五
第一節 董事旅費		一五
第五目 縣視學經費	八六	一七

37 45

第一節 視學川資	第一款 學校教育經費	第一項 縣立一小學經費	第一目 薪工	第一節 薪水	工食	費
	七九六九五	一一三一	九六四			二二
四七	二一三三七	一一三六三	九二四	八三六		
	三四〇七					
		四六八				
				校長年支一百三十元教員七人年各支一百元 校醫年支六元合計如上數		

兵	郵電	第三節 購置	第四節 消耗	第三目 雜費	第一目 修繕雜支	第二項 縣二小學經費
						八六四
		七五·二	四〇	六〇·三	六〇·三	六五·七
				u6		五六·三

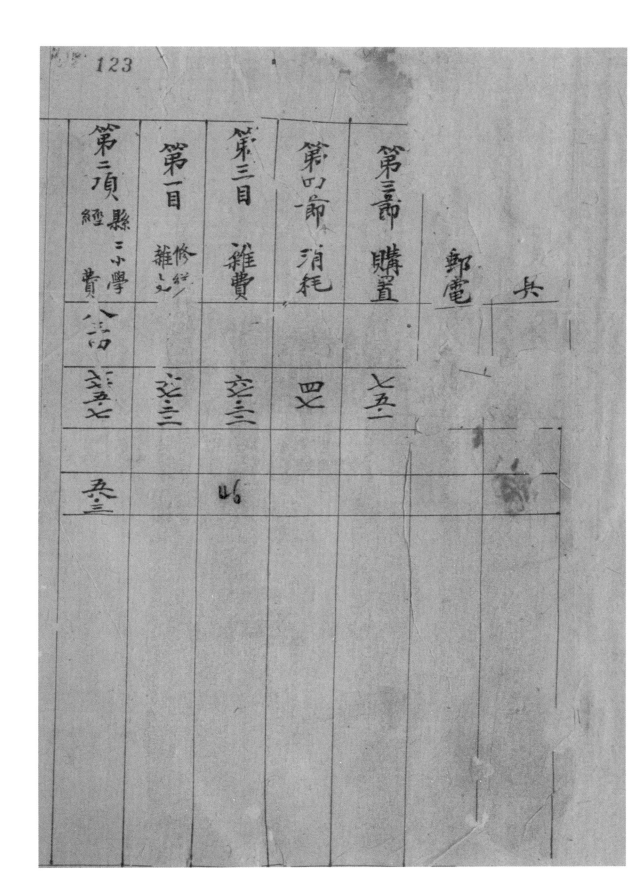

第一目 薪工	七[illegible]〇	八五二		九八	
第一節 薪俸		七八〇			校長月支十四元教員四人月各支十六元十個月計合如上數
第二節 工食		七二			
第二目 辦公費		九二			
第一節 文具		一五			
購置					
消耗					

第二項 縣立女校經費		四二·二五	
第一目 薪工		三四〇	
第一節 薪水		三〇〇	校長月支十元女教員月支二十元十二個月計合如上數
第二節 工食		四〇	
第二目 辦公費		三二五六	

第一節 文具		九·六五		
第二節 購置		三·五六		
第三節 消耗		二·三五		
第三目 雜費		〇·三四		
第一節 修繕雜支		〇·三四		
社會教育費	一〇〇	二四		七六
所	〇	四		七六

125

經

科目	摘要					說明
	工薪、食水		二四		三六	
第四款	補助費	六五四	三三一		三三	
第一項	留學學補助費	四〇	八〇	四〇		
第一目	大學生補助費		四〇	37 48	37— 48	補助大學生林鳴鶴
第二目	參觀補助費	二〇	四〇			補助師校四年級生葉道身、沈鴻翮、梅昂、潘毓繁參觀費各十元，合如上數
第二項	區教育補助費	五三四	六四三		元一	

第一目 城一初小經費	一六	一六			照案將奎星閣田租並賓興款息撥補該校經費合銀圓如上數
第二目 區立學校補助費	二八	三〇七		元一	區立小學校二每校補助四十元區立初小校四十校補助三元十一年度第二期並十二年度共計補助銀圓如上數
第三項 教育會補助費	八〇	八		七三	
第一目 縣教育會補助費	八〇	八		七三	
第[illegible] 雜費	九三	八三		一〇	
完糧	九三	八三		一〇	
	一一	一六	五		

遵令开送全县初级小学校名地址单的函

（一九二四年九月八日） 0261-007-0252-005

一件 送今闻道全县初级小学校名地址单

呈教育厅

景宁县公署稿

知事丁

113

九 月 十 日

九 月 十 日

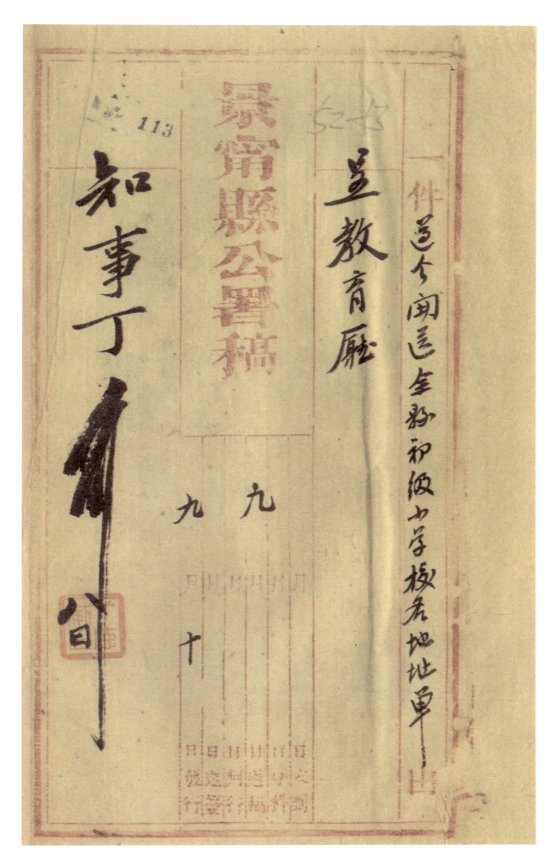

呈為呈送事。本年九月四日。奉
鈞廳有日代電內開：各地初級小學，每因經費及其他関係，不免有增設停止等變動。該校至於文到後一星期內，迅速開單送廳，勿延。等因。奉此。遵即分別查開清單一紙，理合備文呈送，仰祈
鈞長察核。謹呈
浙江教育廳廳長張

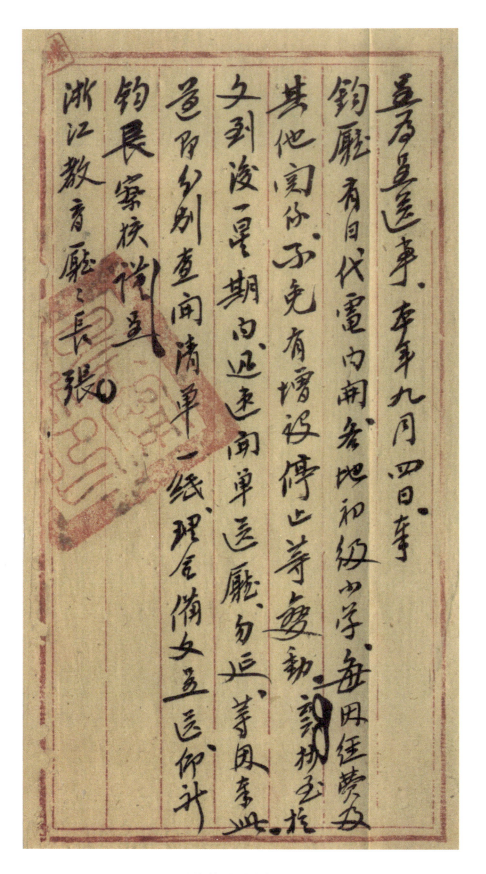

计並送清單壹紙

署理景寧縣知事丁德〇

中華民國十三年九月八日

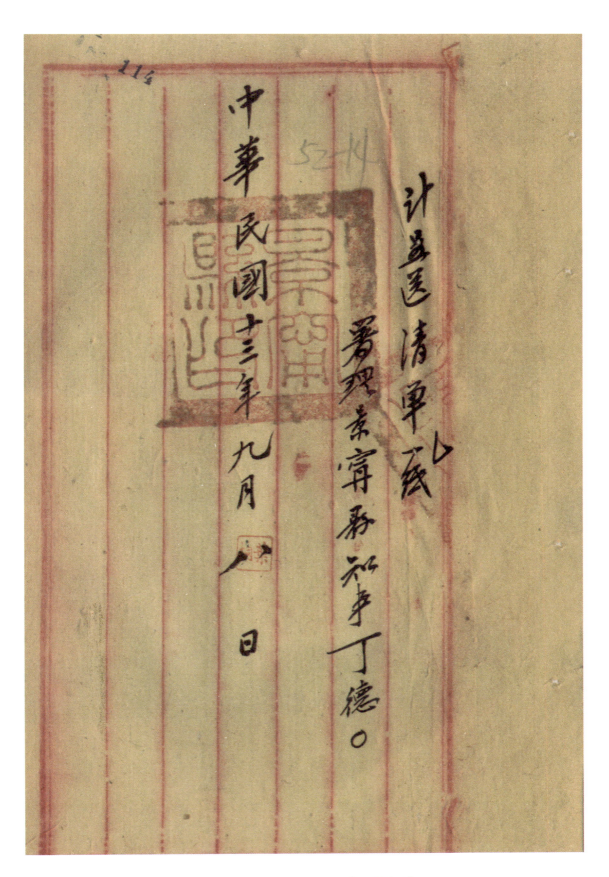

计開

縣立第一小学校初級部　設城内統政坊

城立第一初級小学校　設城内錦衣坊

城立第二〃〃〃　設城内西河坊

城立第三〃〃　設城區油田村

城立第四〃〃　設城區金坛村

城立第五〃〃　設城區葉源村

1115

5245

城立第六、、　設城區外舍村

城立第七、、、　設城區張村

順濟區立第一初級小學校　設順濟區田坑村

順濟區立第二、、、　設順濟區陳村

順濟區立第三、、、　設順濟區大順村

渤海區立第一、、、、　設渤海區大漈村

、、、、第二、、、、　設渤海區柳山村

第三……設澉海區澉海村

第四……設澉海區海尾策草村

第五……設澉海區海尾後龔村

第六……設澉海區楊山村

私立澉岸初級小學校　設澉海區澉岸村

大常區立第一初級小學校　設大常區包山村

第二……設大常區白岸村

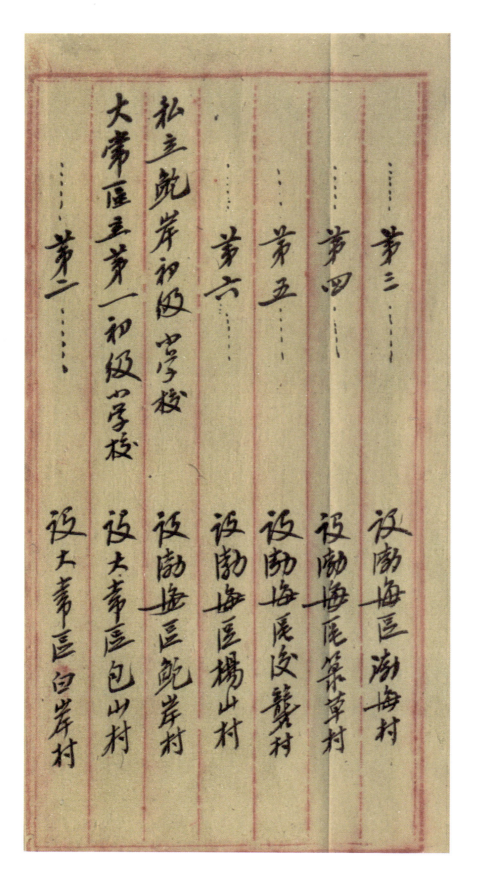

第三……	設大壽區金鐘村
第四……	設大常區大常村
大均區立第一初級小學校	設大均區大均村
第二……	設大均區李水滂村
縣立第二小學校初級部	設沙溪區沙溪村
沙溪區立第一初級學校	設沙溪區李庄
第二……	設沙溪區仙姑村

英川區立第一、、、、、　設英川區英村

、、、第二、、、　設英川區鸕鷀村

、、、第三、、、　設英川區道化村

、、、第四、、、　設英川區葉橋村

、、、第五、、、　設英川區張坑村

私立隆川初級小學校　設英川區隆川村

宣德區立第一初級小學校　設宣德區小地村

117

〃〃〃第二〃〃　　設宣德區大地村

統治區立第一初級小學校　　設統治區吴坑洋村

〃〃〃第二〃〃〃　　設統治區毛洋村

〃〃〃第三〃〃〃　　設統治區庫川村

〃〃第四〃〃〃　　設統治區半山村

私立繼周初級小學校　　設統治區墺頭村

南安區立第一初級小學校　　設南安區高演村

〃〃〃第二〃〃〃　設南安區大際村

〃〃〃第三〃〃〃　設南安區小左村

南康區立第一〃〃〃　設南康區东坑村

〃〃〃第二〃〃〃　設南康區何村

〃〃〃第三〃〃〃　設南康區徐龔村

〃〃〃第四〃〃〃　設南康區東塘村

〃〃〃第五〃〃〃　設南康區志溪村

景和區立第一〃〃〃　設景和區湯坑村
〃〃〃第二〃〃〃　設景和區朱坑村
〃〃〃第三〃〃〃　設景和區甸源村
〃〃〃第四〃〃〃　設景和區潔頭村
〃〃〃第五〃〃〃　設景和區大赤坪村
〃〃〃第六〃〃〃　設景和區毛坑村
景順區立第一〃〃　設景順區梅岐村
〃〃〃第二〃〃　設景順區茗源村

浙江教育厅关于禁止学校宣传宗教的训令（附学校内不得传布宗教案）

（一九二五年四月十三日） 0261-007-0219-009

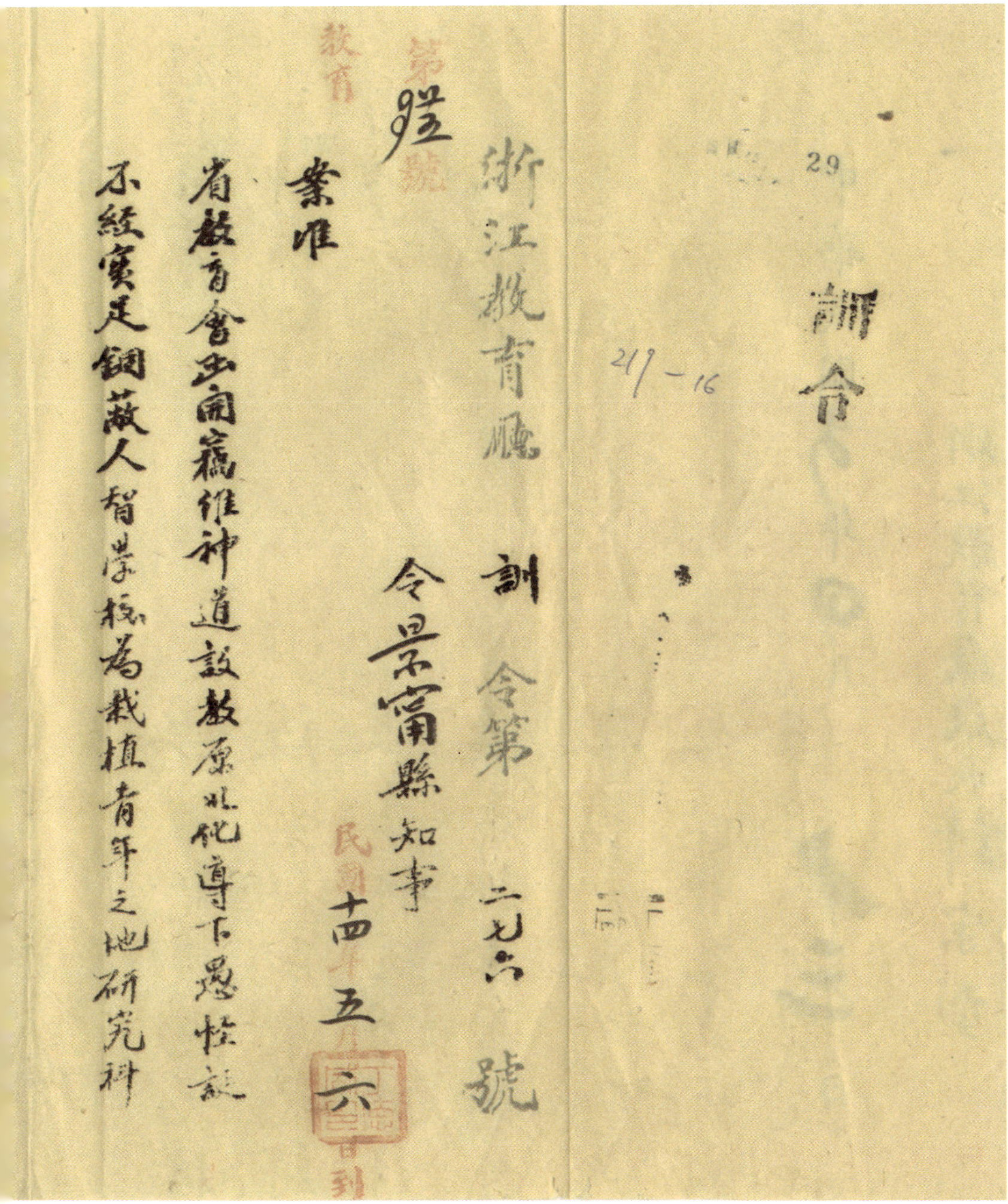
29

訓令

219-16

浙江教育廳訓令第二七六號

令景甯縣知事

案准

省教育會函開竊維神道設教原以佐導下愚怪誕

不經實足錮蔽人智學校為栽植青年之地研究科

30

事並請敝會查禁業經評議會議決關於禁止學校內宣傳宗教一事應請貴廳查照第十屆全國教育會聯合會議決學校內不得傳佈宗教案辦理相應檢同原案並請察核轉令各屬學校遵照並於實查禁開維教育究誤青年等因准此查各級學校教授科目按照規定自不得宣傳宗教以維教育准咨前因合行並錄原案令仰該縣知事轉飭所屬各校遵照此令

計發議決案一份

16.1

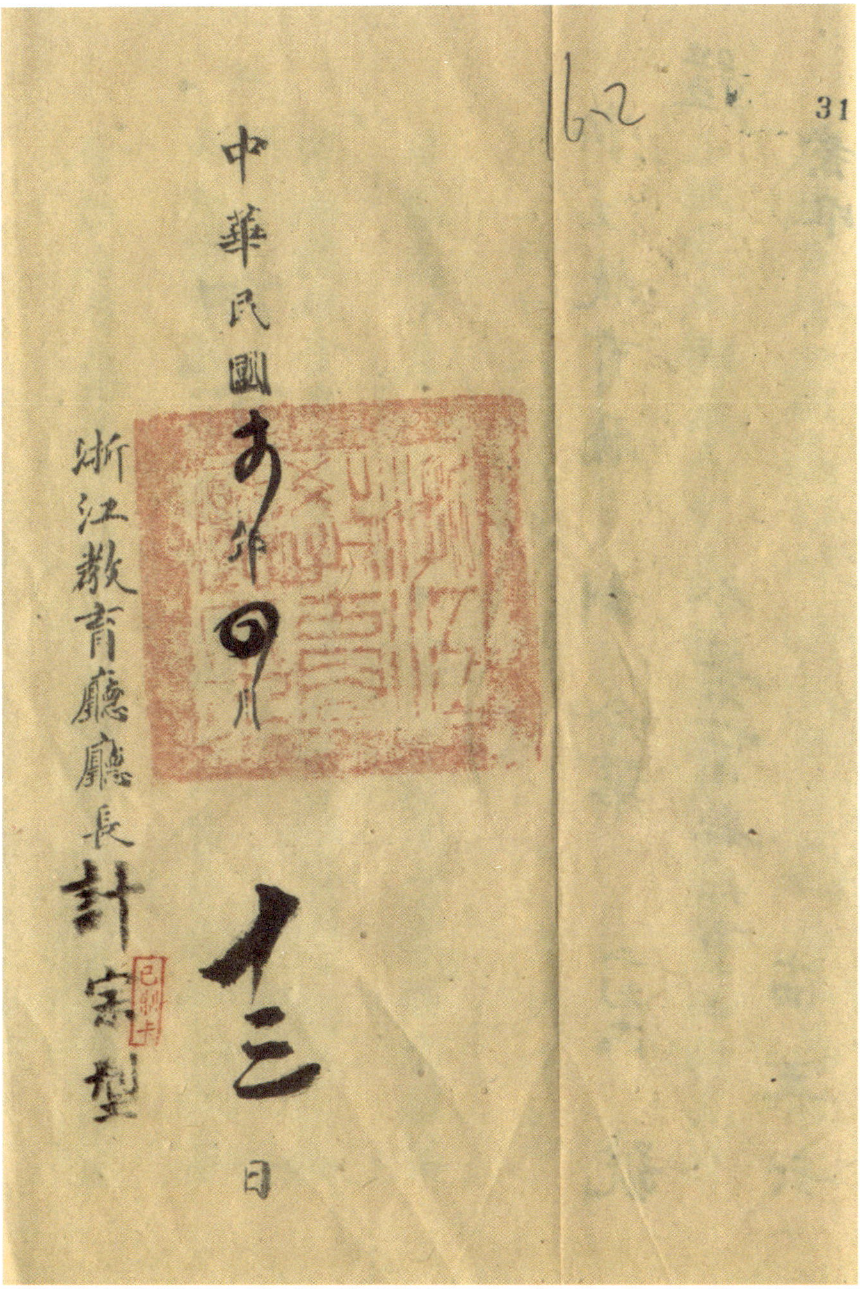
31

16-2

中華民國十年四月十二日

浙江教育廳廳長計宗型

已制卡

学校内不得传佈宗教案

各級學校應設科目本有定章所以養成健全人格發展共和精神乃近來一般人士每假藉學名義於校內傳佈宗教强迫學生誦讀經文舉行宗教儀式顛倒錯亂失學校教育之本意起社會觀聽之紛紜設非嚴予禁止殊不足以固本俗而資改進是本此意略爲討論條陳於後

一、各級學校内概不得傳佈宗教或使學生誦經祈禱禮拜等事

二、各教育官廳應隨時嚴查各種學校如遇有前項情事應撤銷其立案或解散之

三、學校内對教師學生無論是否教徒一律平等待遇

景宁县视学报告書

31

十六年度第二學期

大均區立第二初級小學　三月七日

是校設在李水洪村地極山僻風氣樸陋加以峻嶺崎嶇交通梗阻前途發展並無十分希望本學期於三月間才開學大屬違背定規所遺教科亟應於暑假期內補授完足方免貽誤學生

英川區立第二初級小學　三月九日

視察時課室堆積零星柴木課棹被人携出校外使用平

日疏忽職務已可概見此後對於校舍務須著意整理校具
用品亦宜編定號數列冊檢點方可免遺失

塗川區私立初級小學　三月十二日

是校學生五十三人單級編制各種表簿粗備視察時柳教員
載菁上體育課號令嚴肅學生步伐整齊演八段錦亦頗
純熟比較上年種種俱形進步應予傳諭嘉勉以資鼓勵

英川區立小學　三月十三日

是校學生八十二人高級單式編制初級為二學年複式學級

32

2.8

設備簡單應須預算經費擇要購置以求苟美至高級教室
旁置教員案席殊不合法亟須移去

英川區立第五初級小學　三月十五日

是校校舍清潔教室與自修室位置得宜校長潘煥芹
管教熱心殊為可嘉

英川區立第四初級小學　三月十七日

視察時校長林鳴鳳因病不在校教員陳國明上國語課作
法四年級題法人字典無難字三年級題說賭博之害均嫌

太深不合程度教學時間表列有英文一科亦宜删改以符定章

統治區立第四初級小學　三月十九日

視察時校長潘浤因父病回家課務並未請人替代任意停輟殊屬非是

統治區立小學　三月廿一日

是校學生五十三人高級編制爲兩學年複式學級初級爲四學年複式學級經費止三百餘元校舍偪促視察時適離

校五里之下圩湖後二村被閩匪擄刼綁去村人十餘風聲鶴唳一夕數驚教員學生因紛紛離校回家

統治區立第三初級小學　三月廿三日

是校校舍借用陳祠屋宇寬敞採光通氣均屬適宜常年經費約計三百元在本邑初級小學可謂充裕惟學生僅一年級十四人如此不發達至堪太息尚望校長吳贊烈設法勸導努力整頓

宣德區立第一初級小學　三月廿四日

是校經費支絀校舍狹窄國語書籍尚未購到蒙館陳跡
亦未完全脫離亟宜努力改進以合現時教育意旨

英川區立第三初級小學

三月廿六日

是校設施尚合收拾亦整潔

縣立第二小學

三月廿七日

是校設備大致不差惟校長上課學生數有喧譁訓練一節務
須注意書法教員對於筆順亦宜講解體育課全校學生同時教
演非特操場擁擠教材亦殊難合適應亟改分班教習

34

沙溪區立第二初級小學　三月廿八日

是校經費尚可支持惟坿近村民風氣不開以致學生不大發達國語教科書尚未完全照辦所望校長任師再多方勸導一面對於管教力求振作以圖改進

沙溪區立第一初級小學　三月三十日

校長朱紹熹對於校務尚具熱心校舍係舊時建築採光通氣俱不合度亟須留意改良

大均區立第一初級小學　四月二日

是校學生比較上年減少白話文書籍始籌購辦校舍借設李祠祠內居住人家並堆積薪炭至爲管教障碍按是校地點在大均村離城不遠交通便利烟户稠密風氣亦比較鄉曲開通所望校長李英努力整頓以資改進

大常區立第四初級小學

四月廿四日

是校設在大常村地方貧瘠經費難籌一切設施俱形棘手無十分發展希望但原有現狀務須認真維持

大常區立第三初級小學

四月廿五日

是校因經費支絀辦理極為困難惟自校長潘紹岳接任以來
對於校務尚注意整頓若始終不怠前途可望進步
大常區立第一初級小學　四月廿八日
是校校舍偏促設備簡陋書籍尚未改用令語〻文教學時間
表亦未編制校長夏寅如此不負責任誠屬非是此後若再不照
章辦理應予撤職
渤海區立第二初級小學　五月一日
是校學生本日實到八人抽詢講解尚能回答校舍僅一斗樓間

狭窄不敷支配黑版太小不適於用務須照式製造以便教學

渤海區立第一初級小學　五月三日

是校學生四十人單級編制教員沈鏡清自稱年邁國音字母未曾熟練教授白話文書藉殊非所長將來擬請辭職云云果爾該教員尚不愧自知之明

順濟區立第三初級小學　五月五日

是校經費異常支絀上年曾經縣教育局呈請委派募捐員勸募基金在案不意募捐員擱置迄今未報教員吳忠

36

2.12

程度尚合惟教學時間表目立樣式不符定章急須照改

國語之文書籍亦宜從速採辦

順濟區立第二初級小學　五月七日

校長沈鏘鳴任縣款產會常務委員所有校務統由教員負

責經費尚足支持校舍寬敞可用惟學生書籍亟須改用白

話文以適新時代教育

順濟區立第一初級小學　五月十一日

校長葉康對於經費頗多籌墊教員楊熙臣人尚誠樸管

教亦須認真校舍借設葉祠地板朽壞亟待修理

渤海區立第五初級小學　五月十四日

是校設在后龍村地處高山來往艱難但村人對於學務頗多熱心校舍借用葉祠現正修理

渤海區立第三初級小學　五月十五日

是校學生四十七人本日實到十九人缺席數合五之三查鄉村小學每值農忙各子弟大半在家幫助雜務雖屬環境逼迫但是求學必須及時　視學前曾叙情請縣布告勸導在案該

小學情形如此應隨時舉行懇親會多方開導使父兄咸知兒童學年寶貴嚴加督責勸勉以免子弟輟學之弊再編制爲二學年複式學級而教學僅教員柳運堯一人負責顧此失彼勢難週到亟應添聘教員輔助管教

渤海區立第四初級小學　　五月十六日

是校常年費三百餘金在本邑初級小學中可稱爲最充裕者學生三十一人本日實到十九人上課下課尚見有序書籍用世界書局出版新主義教本黨化標語訓育格言擇要張貼校舍借用普

化寺屋宇被風化作用損壞已極所望校長潘紀祥酌勻經費妥速

修理

渤海區立第六初級小學

五月十六日

是校設備毫無形式如同蒙館經費亦竭蹶異常查校址設在

楊山村地方尚屬殷實校長楊欽應亟會同村民妥予增籌以資發

展若仍因循不負責任應予更換

大常區立第二初級小學

五月十八日

是校經費不足辦理平常

城立第三初級小學　五月十九日

是校開支全恃租穀自佃農減租實行後經費頓形減少且糾紛屢生亟待清理

景順區立第一初級小學　五月廿五日

校長潘景修事務紛煩不暇專顧抽查學生尚能回答

景和區立第六初級小學　五月廿八日

是校校舍僅一牙泥間偪促不適用應速設法遷徙管訓方法亦須研究

景和區立第四初級小學　　六月二日

是校經費無着應設法妥籌其餘校務亦須整頓

景和區立第五初級小學　　六月十九日

是校棹櫈齊全惟收拾欠整潔視察時校長杜成材教學三年級常識第六冊二五課五月裏的紀念二（世界書局出板新主義教科書）講解明白頗能引起學生國恥觀念

城立第四初級小學　　六月二十日

是校端陽節放假三天不合規定校舍借設民房偪促不便布置光

緣又不充足應設法遷徙以求改進

城立第五初級小學　　六月二十日

是校常年經費由夢雲庵撥入租穀拾石本屬入不敷出二五減租實行後更形竭蹶學生十餘人編制不盡清楚

城立第六初級小學

是校經費不多辦理困難校長吳星槎資格程度俱屬相當惟望努力增籌款項以求發展

城立印山初級小學

是校由城立第一第二两初小合併而成經費支絀成績亦無

縣立女子小學

校長吴秀英資格相當教學體育表情達意態度尚稱惟學生工課言語出入俱屬自由管訓方面應稍加嚴肅至於經費一節因縣教育費支絀每年分配覺得不敷支出設備簡單發展為難俱由於此校舍借用湯祠非永久地址亦大可慮

縣立第一小學

是校開辦最早本邑各小學比較成績以此為最經費開支亦

較大教員九人資格程度俱屬相當校長林勝上月病故新校長葉蓀禔尚未到任現由教員葉承恩代理校務所望各教員同舟共濟始終不怠俾校務不致廢弛

警政
与基层社会秩序

从清末浙江建立警察机关开始，到北洋政府统治期间，警察逐渐为社会所接受和认同，虽然很多时候警察机关仍未能完全取代旧有的部分治安机构，比如巡防营、乡镇保甲等，且在各自的职权上也时有冲突，但警察机关已逐渐成为社会不可或缺的组织，并且逐渐职业化，其组织机构、职责等逐渐固化。北洋政府时期，除了承担传统职责之外，警察还被赋予了民主监督、禁烟、户籍管理、“清乡匪”等职能。警察的勤务方式依旧采用守望制和巡逻制：守望制是指在固定地点进行警戒，多用于县城、乡镇的繁华地点或政府、仓库等重要战略地点；巡逻制是在一定的区域内定时巡行、查访。

北洋政府时期，浙江省逐步建立起整齐划一的警政系统。1911 年，景宁县设警务公所，1912 年改称警察署，1914 年调整为警察事务所，后由知事兼所长。1921 年，改由警佐出任所长，1928 年改称公安局。景宁北洋档案为考察基层警政的运作提供了丰富的一手文献。

据景宁畲族自治县档案馆藏北洋档案记录，在县级警政的基础上，景宁还设有乡村警察。除基本的缉拿盗匪、纠察乱党、维持治安、查办结社、抓获逃兵、呈报违警案件、官俸领支报销外，乡村警察还有抽调壮丁、收发军械、查办案件、编练保甲、办理警捐、招募新兵、筹办保卫团、整治地方风俗等职权。近代基层警务往往采用守望制和巡逻制相结合的方式。北洋政府时期，景宁县多次与云和、龙泉等县订定会哨，确定会哨日期、地点，互相交换会哨证，缴署备查，严密侦查，以防有人扰乱治安。1921 年警务处办理冬防，1922 年警务处作出收回治外法权、筹备办理的指示，1924 年厘定警察官任用暂行办法。1922 年，管带赵国庆称浙东各属风雨为灾，收成荒歉，青田、缙云两县受灾严重。为避免饥民铤而走险、外匪内奸乘机勾结，建议景宁警署提早筹备冬防。1924 年 2 月，福建松浦等地需要增兵，景宁县防务吃紧，令每星期酌派什兵到各乡村巡逻。此后，管带吕焕光饬令浙江警备队第五区第五营，订定会哨地点为青田小溪鹤口、丽景交界地带，驻青田九都第一哨与景宁县警察所、驻丽水县第二哨与景宁县警察所组成联防会哨。会哨兼有缉捕逃兵与逃犯的职能。1924 年 7 月 8 日，警备队第一区统帅根据职营第二哨哨长报告，三棚副兵沈某请假 3 小时外出购物，晚上点名未见，四哨当派什兵外出寻觅，查无踪迹，显系借假潜逃，殊属不法。除严令该哨哨长追缉及与各哨一体协缉外，一并发布“应缉哨兵表”予以通缉。

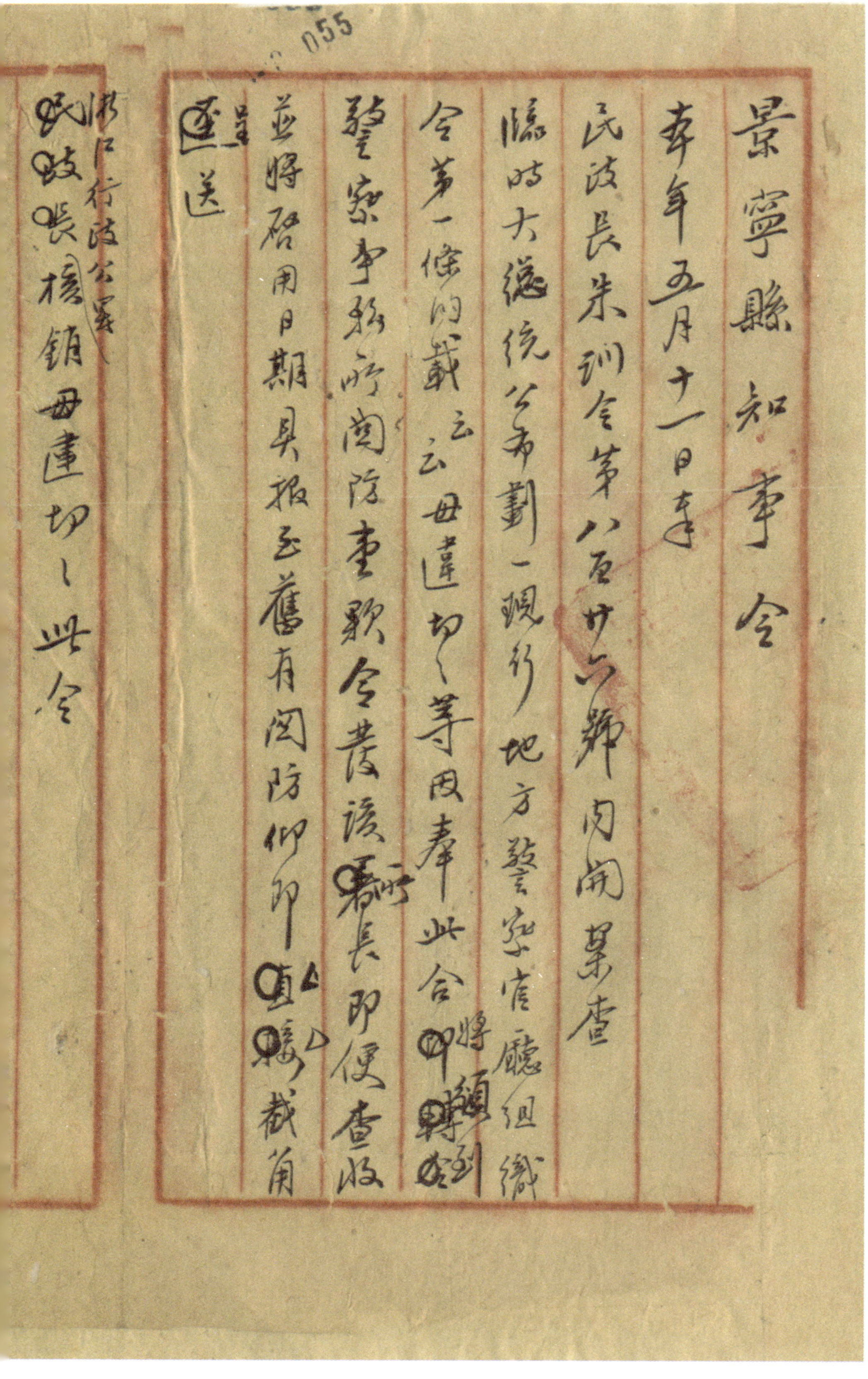

景寧縣知事令
本年五月十一日奉
民政長朱訓令第八百廿六號內開案查
臨時大總統公布劃一現行地方警察官廳組織
令第一條內載云云毋違切切等因奉此合行令仰該
警察事務所關防重要合發該所長即便查收
並將啟用日期具報至舊有關防仰即截角
呈送
浙江行政公署
民政長核銷毋違切切此令

景宁县知事关于临时大总统公布划一现行地方警察官厅组织的令
（一九一三年五月十五日） 0261-005-0910-032

0056

004

知事陳鼎

中華民國二年五月十七日

景甯縣警察事務所編查房捐清冊

鋪戶行號	營業種類	租客姓名	租客籍貫	房主姓名	每月租價	房捐數目	摘記
喻義	南貨	張子書	本縣人	己業	一元三角三分	一角三分三厘	此戶房主與租客同屬一人照章以毗連之永興飯舖估計
益美	南貨	陳子平	永嘉縣人	陳張氏	一元	一角	
順興	肉鋪	胡世成	泰順縣人	葉葆元	一元另六分六厘	一角另六厘	
裕泰	烟鋪	蘇春水	麗水縣人	葉葆元	一元三角三分	一角三分三厘	
永興	麵館	陳奶兒	本縣人	張品臣	一元四角一分	一角四分一厘	
永興	飯鋪	陳奶兒	本縣人	張子書	一元三角三分	一角三分三厘	

永生	染坊	孫曾林	雲和縣人	張品臣	一元另八分	一角另八厘	
永興	布業	孫固訓	永康縣人	潘吉慶	一元五角	一角五分	
義生	染坊	梅永全	本縣人	潘吉慶	一元五角	一角五分	
晋源	南貨	洪修全	本縣人	潘金謙 張子書	一元	一角	
裕大	染坊	潘正西	本縣人	潘祠眾產	一元三角三分	一角三分三厘	
廣源	南貨	潘正謨	本縣人	已業	一元三角三分	一角三分三厘	此户房主租客同屬一人照其左隣裕大租價估計之
同源	染坊	柳運程	本縣人	葉胡氏	一元六角六分	一角六分六厘	
盛興	雜貨	邱新庚	本縣人	已業	一元	一角	此户房主租客同屬一人照洪晋源租價估計之

備考

以上各鋪户合計房捐收數每月可得三元四角三分九厘其他如葉仁壽陳富春梁達生林順利王永豐等、各鋪户其每月租價悉在一元以内照章應予免捐以示體䘏合併聲明

0019

中華民國叁年叁月三十一日

景宁县禁烟委员造报四年三月份禁烟日记

（一九一五年四月七日） 0261-005-0007-022

038

000110

景寧縣禁煙委員造報四年三月份禁煙日記

景寧縣禁煙委員鈐記

039

000111

景寧縣禁煙委員謹將四年三月分辦理禁煙情形造具日記呈請

鑒核

三月一日委員由二都七里回至仙姑村歇宿

二日由仙姑村回至大山

三日由大均回處

四日臨時調查員林可植由雲景交界之嵐頭嶺調查回處

報告田嵐頭嶺轉入二都之石埠坑金鐘毛山根包山陶

洲梅山東崗蔣岸掃坑源等處調查並無私種私吸

等發見

五日派調查員柳景星帶縣警隊二名往六都之龍潭背等

處搜查

六日派臨時調查員鮑慶芳往五都之東山等處調查

040

000112

七日委員帶領縣警隊四名警察二名前往四都之秋盧

等處搜查並派臨時調查員林可植往三都調查

八日委員行抵二都沙灣歇宿

九日由沙灣到黃萬[illegible]生並無煙案發生

十日委員帶同縣警隊等往黃萬隣近之虎處何處吳纛

等村搜查並無私種私吸等情事

十一日由黃萬到蓮埠頭歇宿

十二日由蓮埠頭到秋爐歇宿

十三日委員與縣警察巡警一干山神堂垟茅岱村等

處搜查並無私種私吸等發見

十四日由秋爐回至蓮埠頭歇宿調查該村並無私種私吸等情事

十五日由蓮埠頭回至沙灣

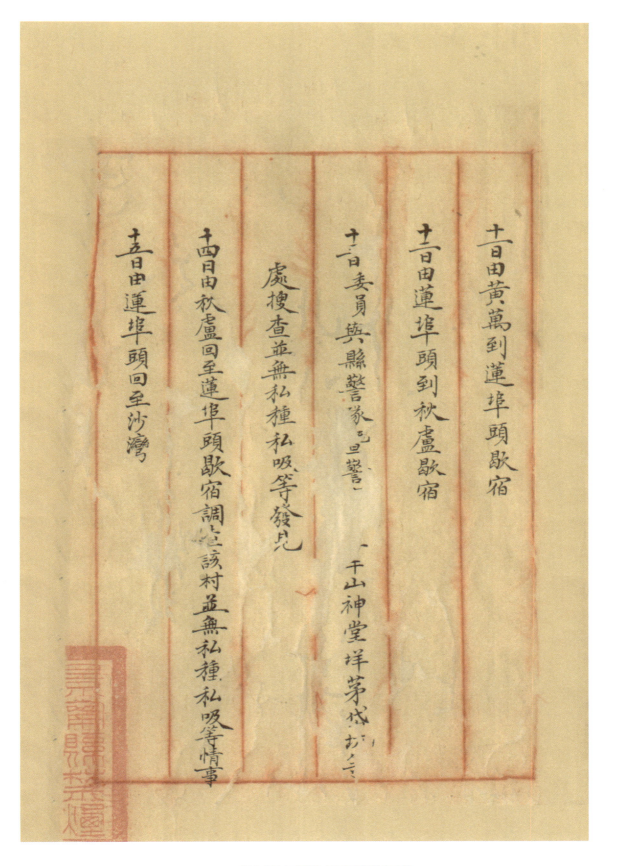

041

000113

十六日由沙灣回處

十九日調查員柳景星由龍潭背調查回處報告此次所到之

白鶴林源桃源李村黃山頭等處調查均無私種私吸等

發見

二十日臨時調查員鮑慶芳由五都調查回處報告此次往五

都東山石笠東溪東塘羅山東坑徐礱章坑等處調查

並無私種私吸等情事

二十一日派調查員柳景星往麗景交界之小順源等處調查

二十二日臨時調查員沐、、植由 查回處報告此次私查

龍景交界之榅堆黃茅嶺洪、木耳口香爐山等村並無

私種私吸等發見

二十三日委員偕同臨時調查員鮑、廣方帶領縣警隊馳往

042

000114

慶景交界之澳頭等處查禁一面派臨時調查員林可
植往壽甯景寧兩縣交界之葛家地等處調查是日委員
行抵二都標溪住宿
二十四日由標溪至西都[illegible]宿[illegible]沿[illegible]並無私種等情事
二十五日由毛垟至張村住宿是日沿途巡查並無私種等情事
二十六日由張村到慶景交界之澳頭住宿是日沿途巡查並

無私種等情事

二十七日委員督同調查員等沿交界之庫山吳坑後溪等村

分頭巡查並無私〻等發日〻是晚寄宿澳頭

二十八日由澳頭起身回城是晚宿於張村

二十九日由張村回至毛垟

三十日由毛垟回至標溪

三十日由標溪回處據調查員鄒景星報告於二十八日回處此次調查麗景交界之小順源並沿[illegible]介之平盆黃蘗庫平交堂等處均無私種私吸[illegible]事又據調查員林可植報告於三十日回處此次調[illegible]界之葛家地廿[illegible]山鄭山頭梅塢等處均無煙案發生當即詳報知事以委員親歷各鄉並據各調查員報告景邑境內實無私

種等情事可告一律肅清並請轉詳等情是日奉
知事文飭裁撤禁煙委員並繳送鈐記

044

000126

中華民國肆年肆月 柒

月禁煙委員沈毅

景宁青田两县会衔详报会勘交界烟苗的文稿
（一九一五年五月三日）　0261-005-0464-001

970

件　會銜詳報會勘交界煙苗　由

宗第　號　月　日歸檔

詳
巡按使
甌海道尹

景寧
青田　縣公署會銜稿

四

月　月　月　月　月　月

日交　日會　日核　日判　日送　日發
簽　稿　稿　行　簽　行

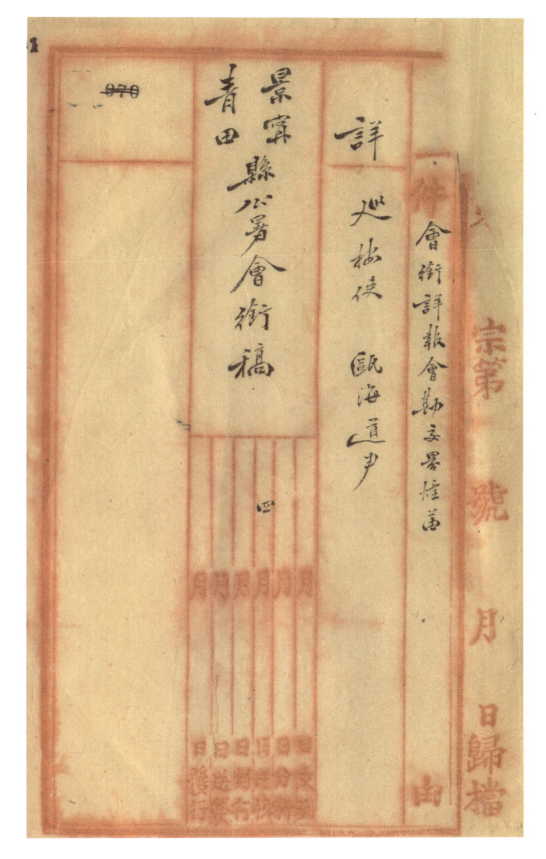

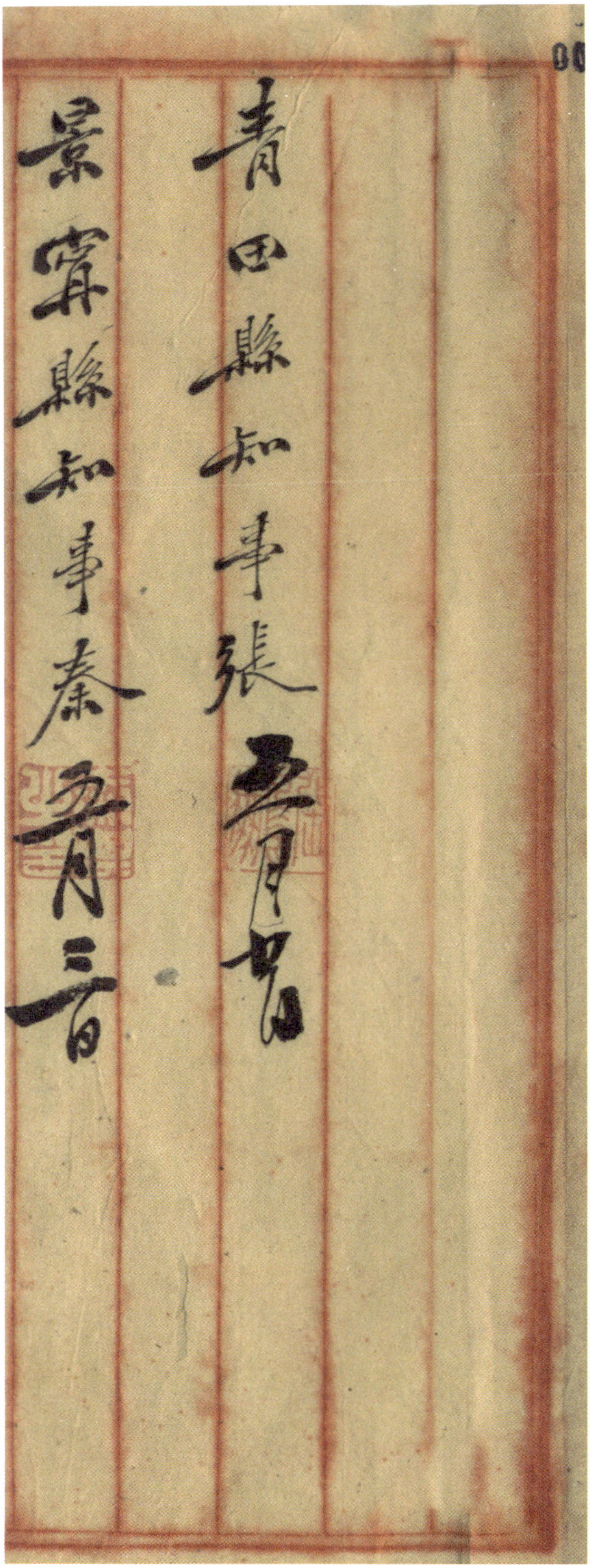
青田縣知事張 五月廿日
景寧縣知事秦 五月二十日

詳為會銜詳報事案奉 道尹
鈞尹 飭開照得禁種烟苗一事亟應特别注意飭仰隨時下鄉查勘其
在交界處所即照會勘條例辦理並將會勘情形具報等因奉此經 知事
等先行訂期咨約交界各縣會勘茲於三月三十一日先後行抵景青交界之
嶺根鸛口地方凡該處毘連一帶村莊以及深山窮谷人跡罕至處均經
詳細會勘並無烟苗發現除仍由 知事 等各於所轄境內認真查察外
理合將會勘情形會銜備文詳報仰祈

002

鈞使
鈞尹鑒核再是詳係由知事鵬主稿合併聲明除詳道尹

巡按使外謹詳

浙江巡按使屈

浙江甌海道道尹孫

景寧縣知事秦琪

青田縣知事張鵬

003

~~072~~

中華民國四年五月三日

景寧縣知事印

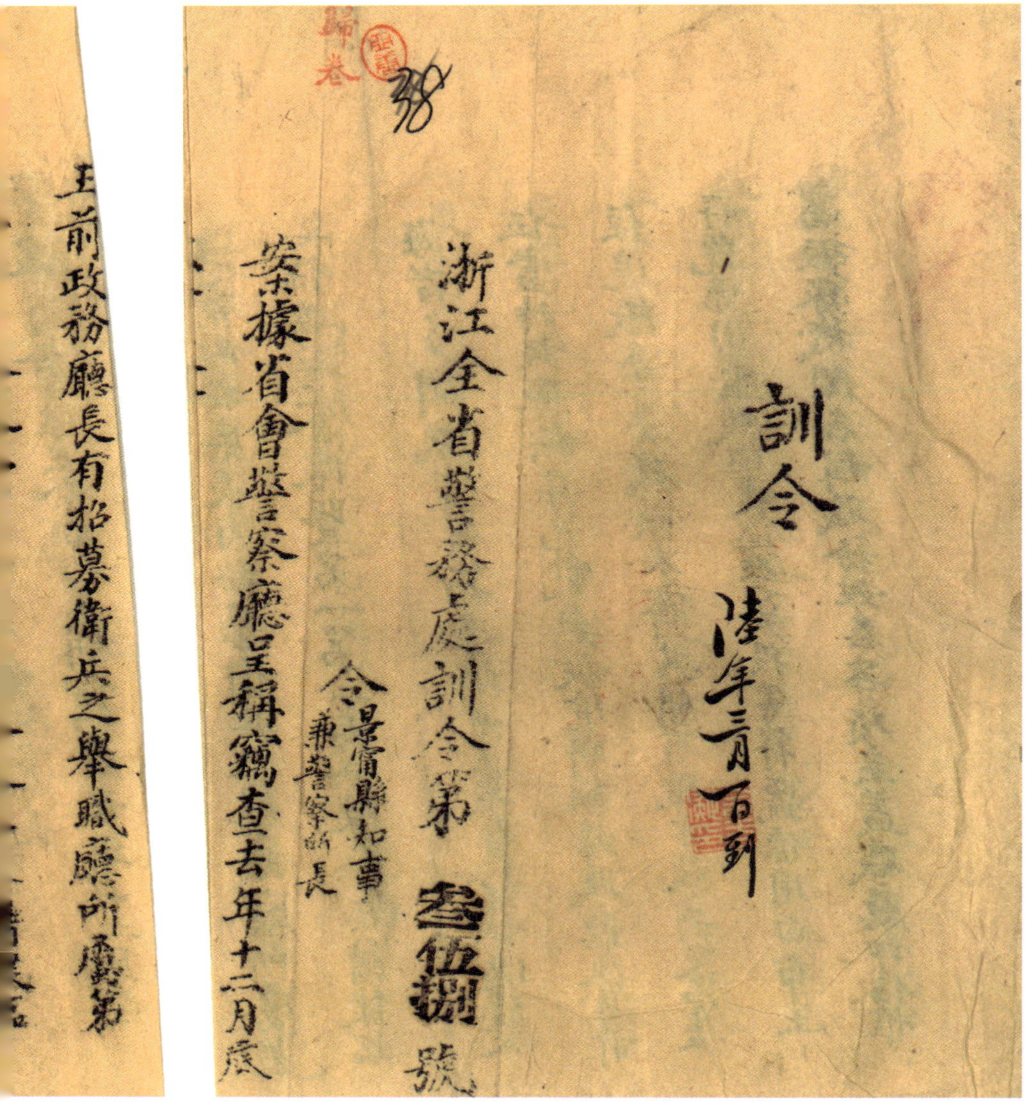
训令

陆年三月一日到

浙江全省警務處訓令第叁伍捌號

令景甯縣知事兼警察所長

案據省會警察廳呈稱竊查去年十二月底

王前政務廳長有招募衛兵之舉職廳所屬第

浙江全省警务处关于裁撤分队警察的训令（一九一七年二月二十日） 0261-003-0030-038

伍當時該隊秩序已亂無從追問斛經職廳派員前
往追繳率多殘缺未齊其間有號亦被失落官佐
符號係用藍綫巡長巡警夫役等符號係用白布上
書該隊機關名稱職務姓名等項並盖職廳印信惟
該盜警等良莠不齊竊恐在外招謡滋事於職廳名譽
攸關該隊機關業經裁撤官警符號聲明作廢雖於
本年二月一日登載浙江民報但恐外縣未及週知致
受朦混職廳為慎公起見擬請飭屬查照作廢嗣
後如有身穿該隊軍裝或發現前項符號在外滋
生事端者請飭從嚴懲辦以杜流弊等情據此除
指令外合亟令仰該兼所長轉令所屬一體知照此

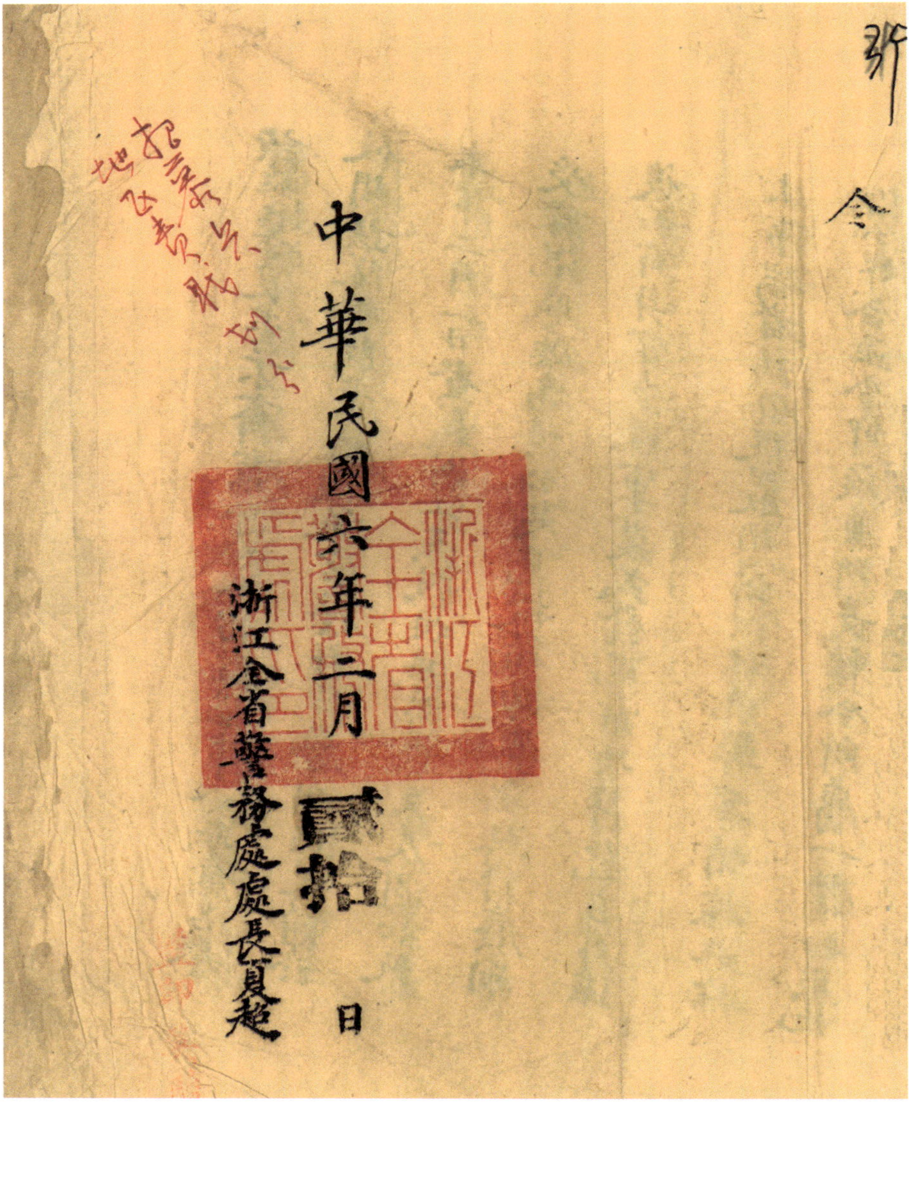
訓令

中華民國六年二月貳拾日

浙江全省警務處處長夏超

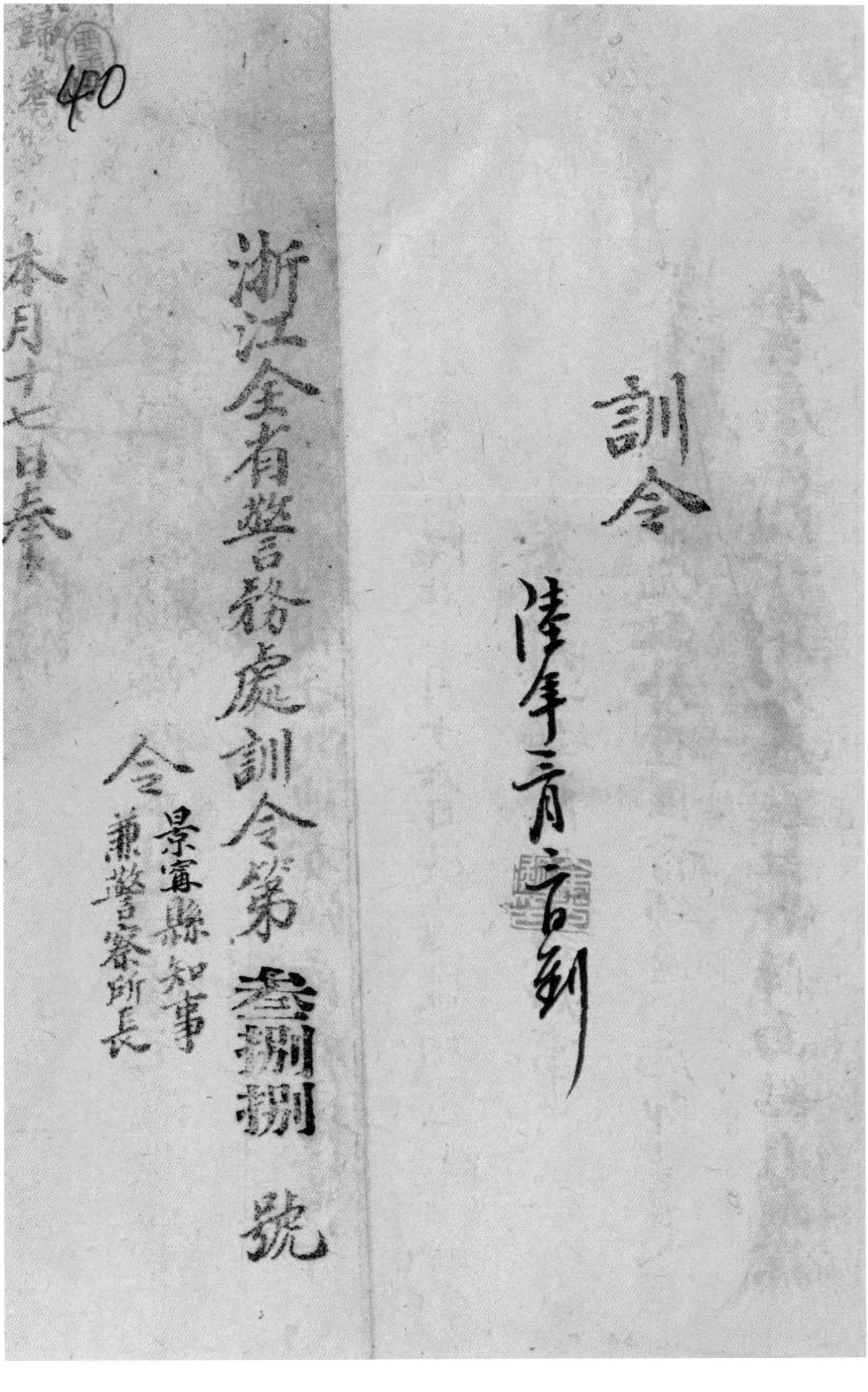
訓令
陸年二月三日到
浙江全省警務處訓令第叁捌捌號
令景寧縣知事兼警察所長
本月十七日奉
40

省長訓令内開准
甯台鎮守使顧咨開本月六日據定海縣知事
張寅呈以縣屬廟子湖地方漁民顔壽富等
五十餘家於陽歷一月十六日被海盜項義虎即
道惠等率衆焚刧一案除據該知事報稱分
呈有案並不冗叙外查匪首項義虎即道惠
係台屬海門北岸人歷在江浙洋面結夥擄掠

41

南北有船即濱海各縣亦時乘機登陸肆行焚刦
犯案之多不可勝計並迭據被擄出險各難民
稱述該匪首左右頭目約有百餘人皆用後膛快
鎗塵船桅杆懸有八卦金錢等旂勢焰非常囂
張如去臘上海增泰恒等木船在溫台洋面慘遭
連刦損失達數萬金以及此次廟子湖一案尤為駭
人聽聞雖經水陸營盤分投搜捕終以此拿彼竄
弋獲為難緣該匪首久居海洋內黨甚眾兼之

孔多兵來則遠颺兵去則出刦專恃兵力鮮獲實
效長此不圖深恐養成勢力南擾閩海北涉崇沙
將來更難撲滅籌劃再四惟有擬照前在台州任
内緝拿著匪周永廣鄭順昌等辦法出懸賞金
一千元一面仍飭水陸營警購綫協緝利之所在事
半功倍況該匪黨均係性同梟獍之徒一經懸賞勢
必見利忘義有倒戈相向以謀此重金者周鄭等

匪前次竄擾富绍台處各縣猖獗甚於項匪率
以因賞自相告密官廳得以備獲懸賞之效此
其明徵矣明知財政支絀應付維艱第念居民行
商屢受擄刦更恐貽患地方不得不兼爲顧慮
且查懸賞備盜本有明令可准作正開支尚無
窒碍難行之處除呈報督軍暨分令所屬協備
外相應咨請核奪見復等因准此查該匪項義
訪寔爲公便等情到處據此除以呈单均悉該大同玻璃

虎即首要黨羽所多緝獲不易自應按懸
賞壹千元通令所屬購緝作正開支以期速獲除
咨復外合行令仰該處即便轉令所屬一體協緝務
獲究報此令等因奉此查是案業經本處奉
令通飭嚴緝在案茲奉前因合行令仰該兼所
長即便知照並令行所屬一體知照此令

443

中華民國六年十一月貳拾叁日

浙江會稽道警務處處長夏超

監印吳駿

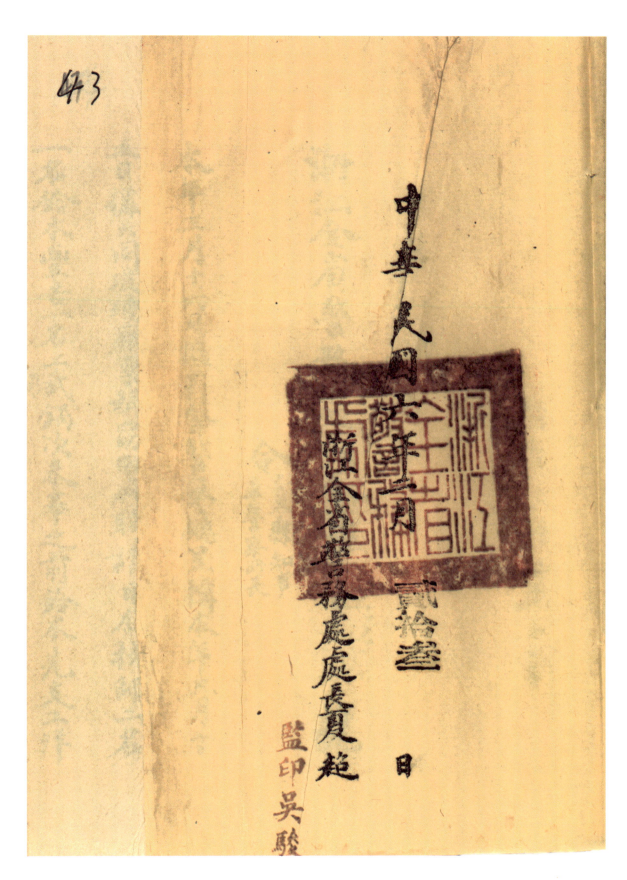

景宁县警察事务所编查店屋捐清册
（一九一七年四月） 0261-005-0611-014

0021

~~84~~

景寧縣警察所編查店屋捐清册

2 85

（上橋街）

景甯縣警察所編查店屋捐清册

鋪戶行號	營業種類	租客姓名	租客籍貫	房主姓名	每月租價	房捐數目	附記
喻義	南貨	張子書	本縣人	乙業	一元三角三分	一角三分三釐	此戶房主租客同屬一人照章以毘連之裕泰鋪估計
裕泰	煙鋪	蘇春水	麗水縣人	葉葆元	一元六分六釐	一角另六釐	
振興	雜貨	潘錢兒	本縣人	張聘臣	一元四角一分	一角四分一釐	
永生	染坊	孫曾林	雲和縣人	張聘臣	一元另八分	一角另八釐	
裕源	雜貨	潘聿成	本縣人	潘吉慶	一元五角	一角五分	
廣源	南貨	潘蘭圃	本縣人	乙業	一元三角三分	一角三分三釐	此戶房主租客同屬一人照章以左鄰順昇租價估計之

002

	義生	染坊	梅永全	本縣人	潘吉慶	一元五角	一角五分	
（百歲門）	振源	南貨	洪修全	本縣人	潘祠衆産	一元三角三分	一角三分三厘	
（上橋街）	順興	肉鋪	胡世成	泰順縣人	己業	一元三角三分	一角三分三厘	
	張鋪	飯鋪	張振妹	麗水縣人	洪德揚	一元三角三分	一角三分三厘	民國六年四月開
（下橋街）	同源	雜貨	柳運程	本縣人	葉胡氏	一元六角六分	一角六分六厘	
（上橋街）	永元	銀店	鄭林鸞	瑞安縣人	己業	一元	一角	此係己業其租價照盛興估計之
	協和	雜貨	洪德揚	本縣人	己業	一元一角五分	一角一分五厘	
	同泰	雜貨	潘煥唐	本縣人	洪德揚	一元一角五分	一角一分五厘	民國六年四月開

~~80~~

	懋生	南貨藥材	徐良根	蘭溪縣人	乙業	一元三角三分	一角三分三厘	
	盛興	雜貨	邱信庚	本縣人	乙業	一元	一角	此係乙業照其左隣同興租價估計之
	泰興廣德	南貨藥材	林長發	永康縣人	雷明志	一元三角三分	一角三分三厘	
(官橋頭)	福興	麵館	林光新	松陽縣人	陳張氏	一元四分	一角另四厘	
(縣前街)	春泰	雜貨	張芝清	本縣人	乙業	一元三角三分	一角三分三厘	
	同興	雜貨	葉忩文	本縣人	葉誠齋	一元	一角	
	同春	南貨	吳金亮	本縣人	周貴衡	一元三角三分	一角三分三厘	
	順興	飯舖	楊壽星	本縣人	陳若芬	一元三角三分	一角三分三厘	

下橋街

趙鋪	飯鋪	樊寶才	麗水縣人	潘玉峯	一元三角三分	一角三分三分
理生	南貨	葉俊身	本縣人	潘松齡	一元一角六分	一角一分六厘
裕泰	烟店	馬多歲	本縣人	沈鴻飛	一元一角	一角一分
龔記	飯鋪	龔修潘	福建人	馬瑞枝	一元一角五分	一角一分五厘
老懋生	藥材	徐世倉	蘭溪縣人	吳壽庚	一元二角五分	一角二分五厘

城外沙灣鎮

柳大昌	南貨	柳運生	本縣人	己業	一元	一角
張順興	南貨	張正邦	本縣人	己業	一元	一角
闕裕隆	雜貨	闕裕隆（承章）		己業	一元一角	一角一分

0024 ~~87~~

備考
以上各號戶合計店屋捐收數每月可得洋三元六角九分四厘其他如葉仁壽陳富春潘養源鄧永和吴德生林順利等各鋪戶其每月租價悉在一元以内照章應予免捐合併聲明

25

永元	銀店	鄭林鸞	瑞安縣人	己業	一元	一角	此係己業其租價照盛興號估計
合和	肉舖	陳嘉政	本縣人	洪德揚	元三角三分	一角三分三厘	
協和	雜貨	洪德揚	本縣人	葉耀椿	一元一角五分	一角一分五厘	此户基地係葉耀椿所有乃洪德揚建築之
懋生	南貨藥材	徐良根	蘭溪縣人	己業	一元三角三分	一角三分三厘	此係己業其租價照合和肉舖估計
永和	南貨藥材	[illegible]乾	本縣人	己業	一元三角三分	一角三分三厘	此係己業其租價照徐懋生估計
福興	麵館	林光[illegible]	松陽縣人	陳張氏	一元四分	[illegible]角另四厘	
春泰	雜貨	張芝清	本縣人	己業	一元二角三分	[illegible]二分三厘	此係己業其租價照永和堂估計
泰興	布業	林長發	永康縣人	葉伯孝	一元	一角	

閱款

0026

同春	南貨	潘煥唐	本縣人	陳子明	一元三角三分	一角三分三厘
大生	藥材	吳秀顯	瑞安縣人	陳張氏	一元	一角
利生	南貨	金潤芳	本縣人	潘肇西	一元一角六分	一角一分六厘
裕泰	烟舖	彭歲	本縣人	沈鴻飛	一元一角	一角一分
龔記	飯舖	龔修潘	本縣人	馬瑞枝	一元一角五分	一角一分五厘
老慈生	藥材	徐世倉	蘭溪縣人	吳壽庚	一元二角五分	一角二分五厘

永和堂係〇年二月停止林泰〇係〇月分

緩開

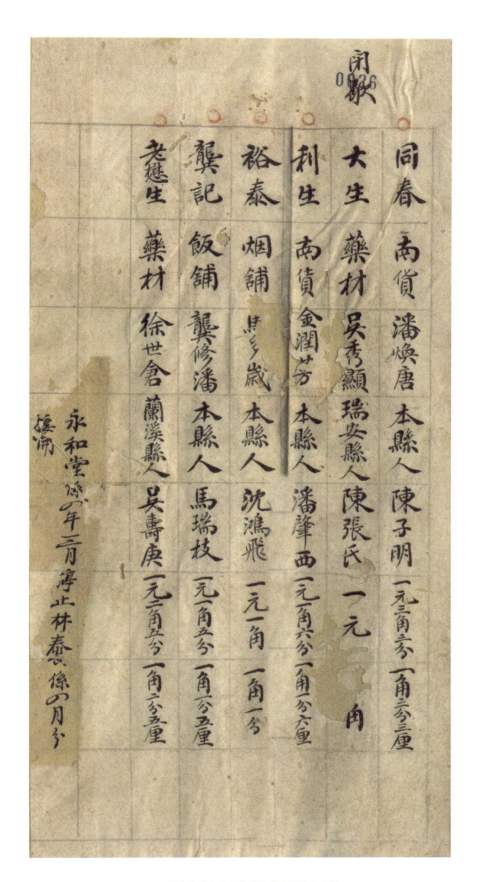

0025 26

中華民國六年四月　　日

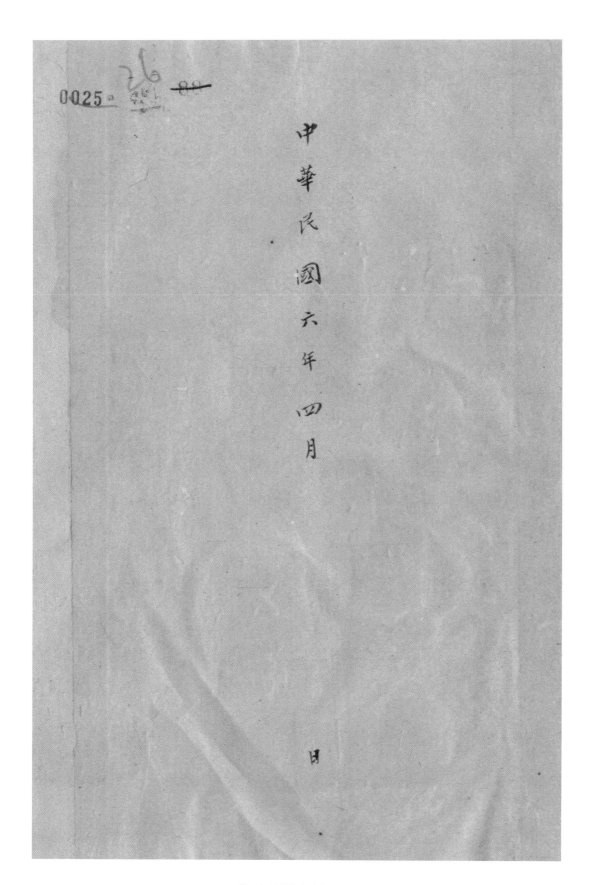

浙江省省长为水警厅与驻在地县知事随时接洽以期防务的训令（一九一七年九月十三日） 0261-005-0016-006

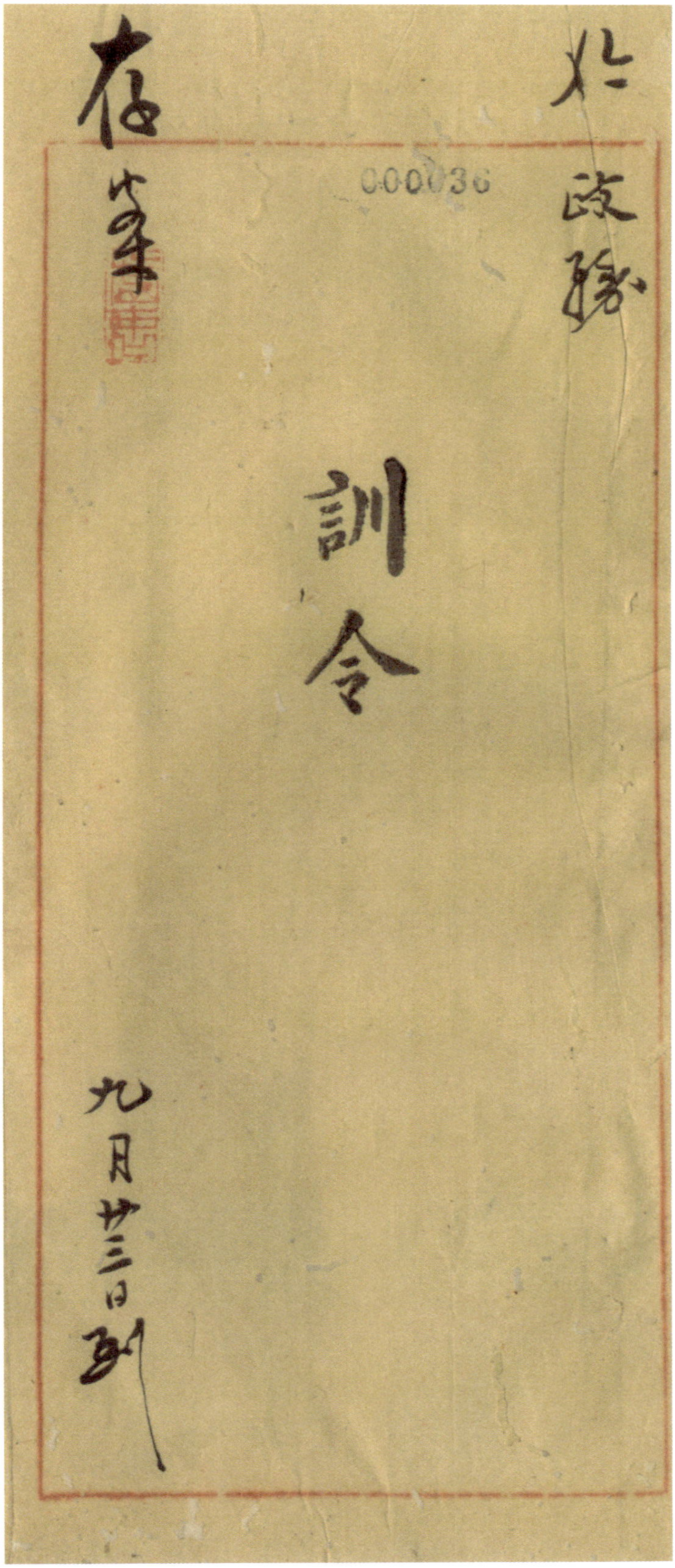

浙江省長公署訓令第二九三四號

令[illegible]縣知事

案照水警廳所屬各區警隊分駐各縣地方原爲保衛治安

而設與各該縣知事同負治安之責本有連帶關係與處

与驻在地之县知事随时接洽，以期消息灵通，可收指臂相助之效。乃迭阅各该水警代电，与驻在地县署大都不甚接洽，甚至警队长官更易多日，县知事尚未知悉，似此办事隔阂，殊不足以重防务。除分令各水警厅转饬各区队分驻各县水警务须与该知事遇事接洽，共同负责，并

36 (11)

11

昨承鈞示，於駐境水警遇有細瑣不美情事，得隨時

據證事實分別密報，卑署存議處罰核辦外，合函覆

御諒知之，即候鈞安，此上。

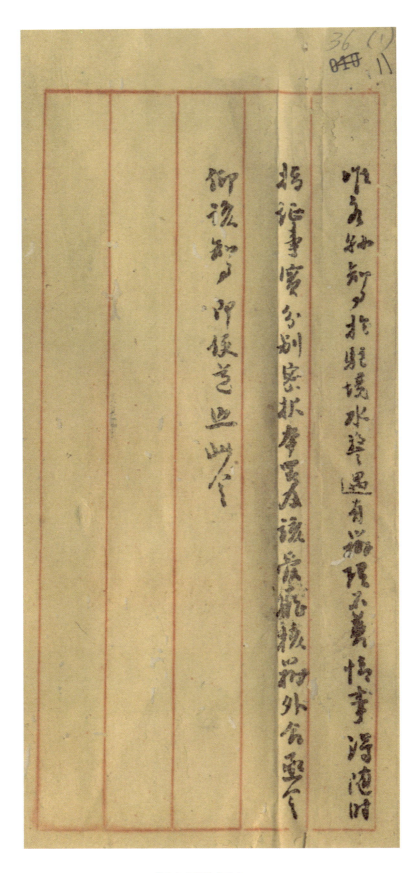

中華民國六年九月拾叁日

浙江省長齊耀珊

監印員劉 馮會霽

校對員王吉荃

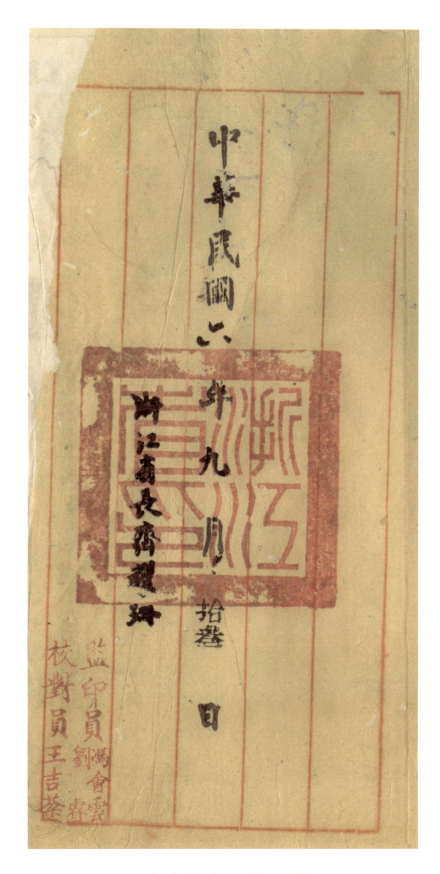

景宁县警察所与云和、龙泉两县订定会哨呈文并交换会哨证等的呈
（一九一八年二月二十二日） 0261-003-0002-014

呈為呈報事去年拾貳月拾陸日奉

知事訓令開案准

雲和
龍泉兩縣先後咨開訂期會哨一案囑以如期派員前往會哨等由過縣准

此除分別咨覆外合將會哨日期地點填具簡表並印發會哨證貳紙令

仰即便遵照届期會哨並將會哨證互相交換繳署備查此令等因奉此

15

遵即如期分别赴两縣交界地點會哨並於會哨時互相交換會哨證各

皆完峻理合備文呈報仰祈

知事察核施行實為公便又換來會哨證貳紙隨文呈繳合併聲明謹呈

景甯縣知事陳

計呈繳

會哨時換來雲和龍泉兩縣會哨證貳紙

景甯縣警察所警佐何繡林

並卷件存二月十四日

16

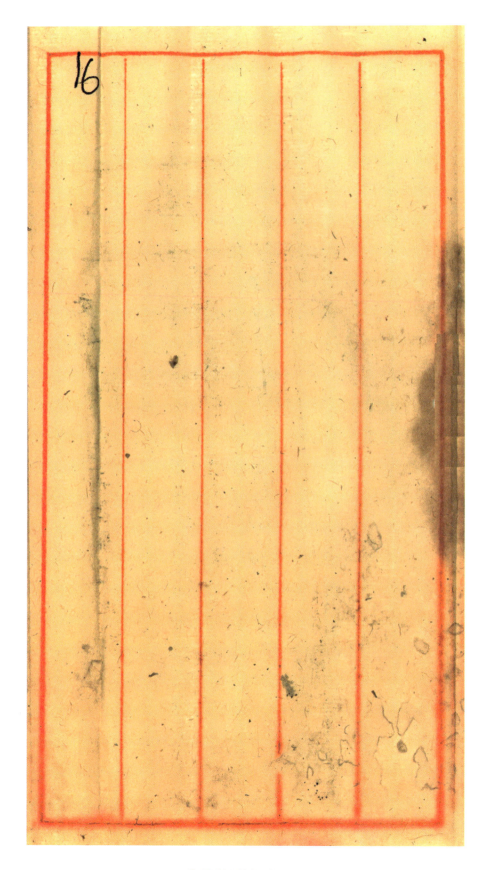

中華民國柒年貳月貳拾叁日

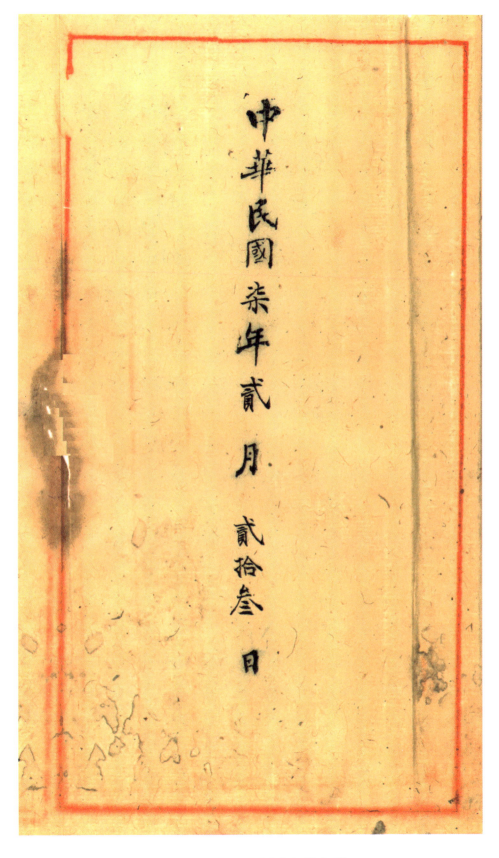

7

會哨日期一覽表

年月日期	縣名	地點	距城里數	會哨人員
七年二月七日	雲和	泗洲嶺頭	三十里	縣警察
二月八日	[illegible]泉	庫綱漈村	百三十里	

18

會哨證

龍泉縣公署　為給証會哨事茲訂於
三月八日派巡長王國光帶警前赴景寧邑交
界之庫綱際村地方會哨合行給証於會哨時互相
交換各繳本管縣署備查此證

中華民國七年二月　八　日給

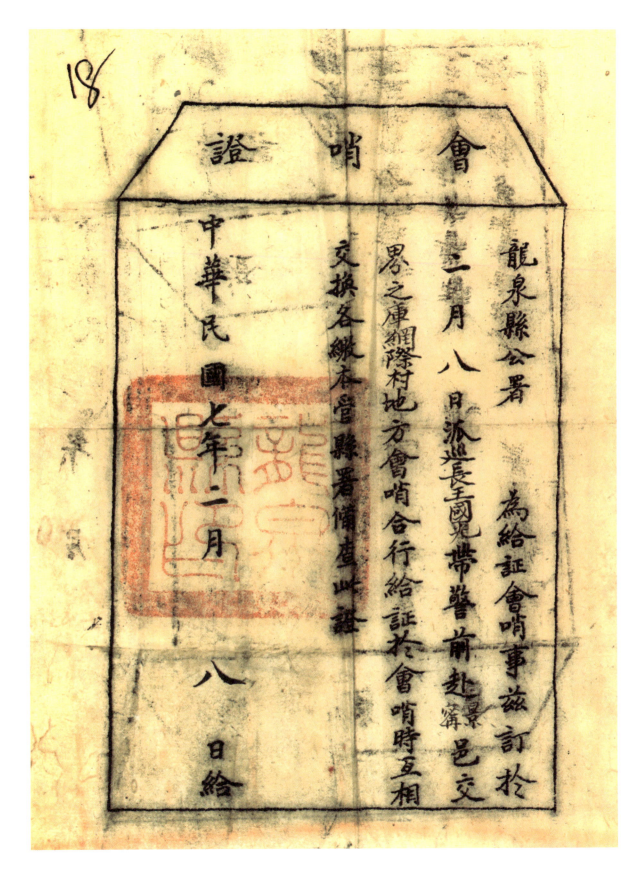

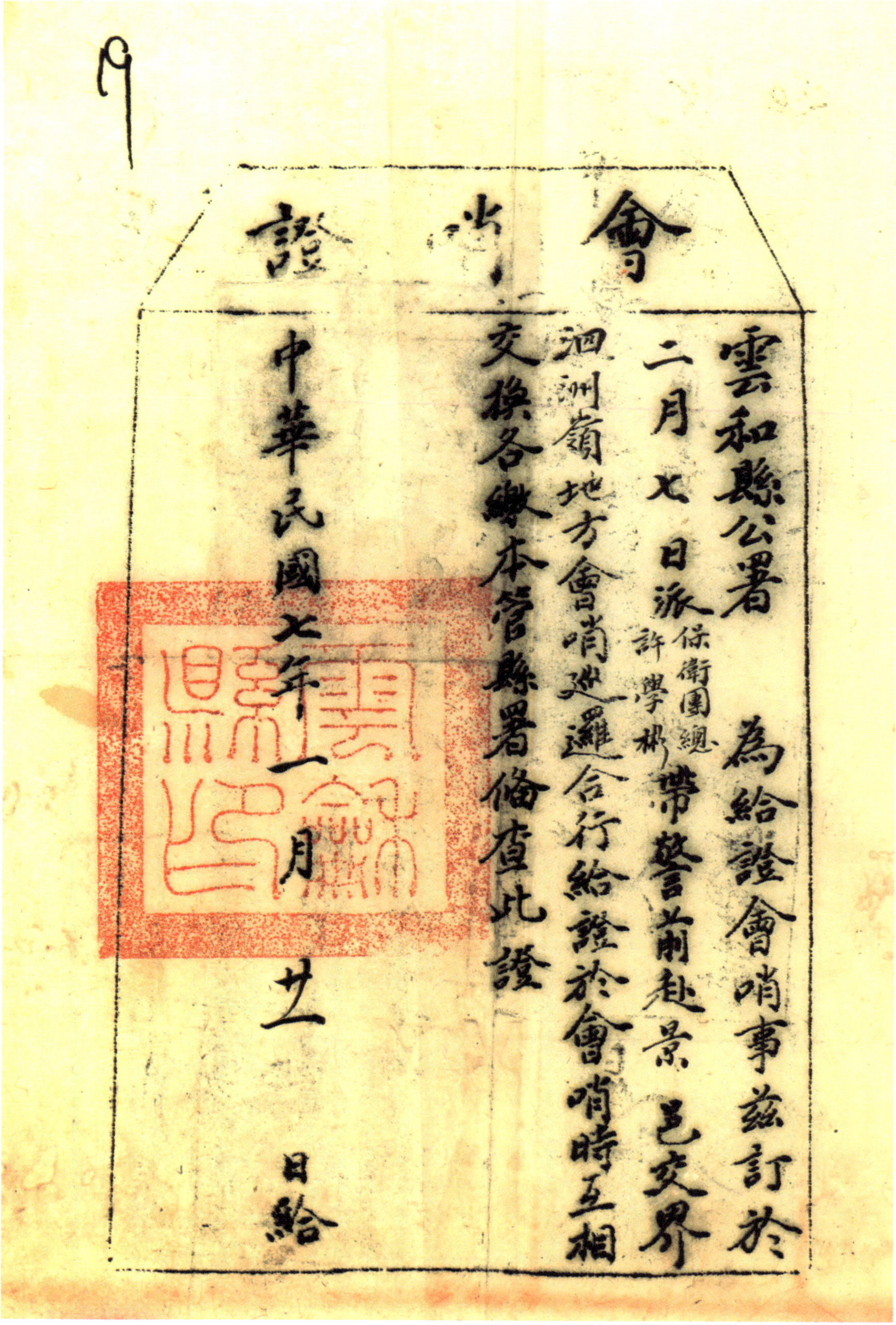

19

會哨證

雲和縣公署　為給證會哨事茲訂於
二月七日派保衛團總許學彬帶警前赴景邑交界
泗洲嶺地方會哨巡邏合行給證於會哨時互相
交換各繳本管縣署備查此證

中華民國七年一月廿二日給

20

會哨證

雲和縣公署　為給證會哨事茲訂於
月　日派　帶警前赴　已交界
地方會哨巡邏合行給證於會哨時互相
交換各繳本管縣署備查此證

中華民國　年　月　日給

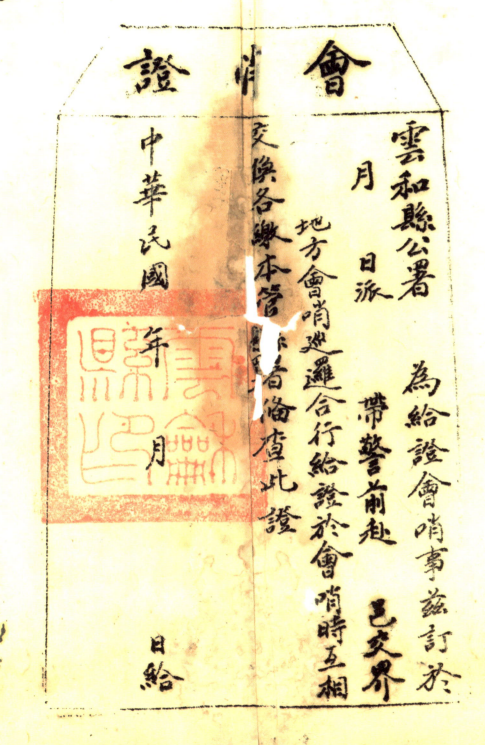

浙江全省警务处关于地方严密侦报以防闽疆暴徒扰乱治安的训令

（一九一八年十月四日） 0261-005-0909-042

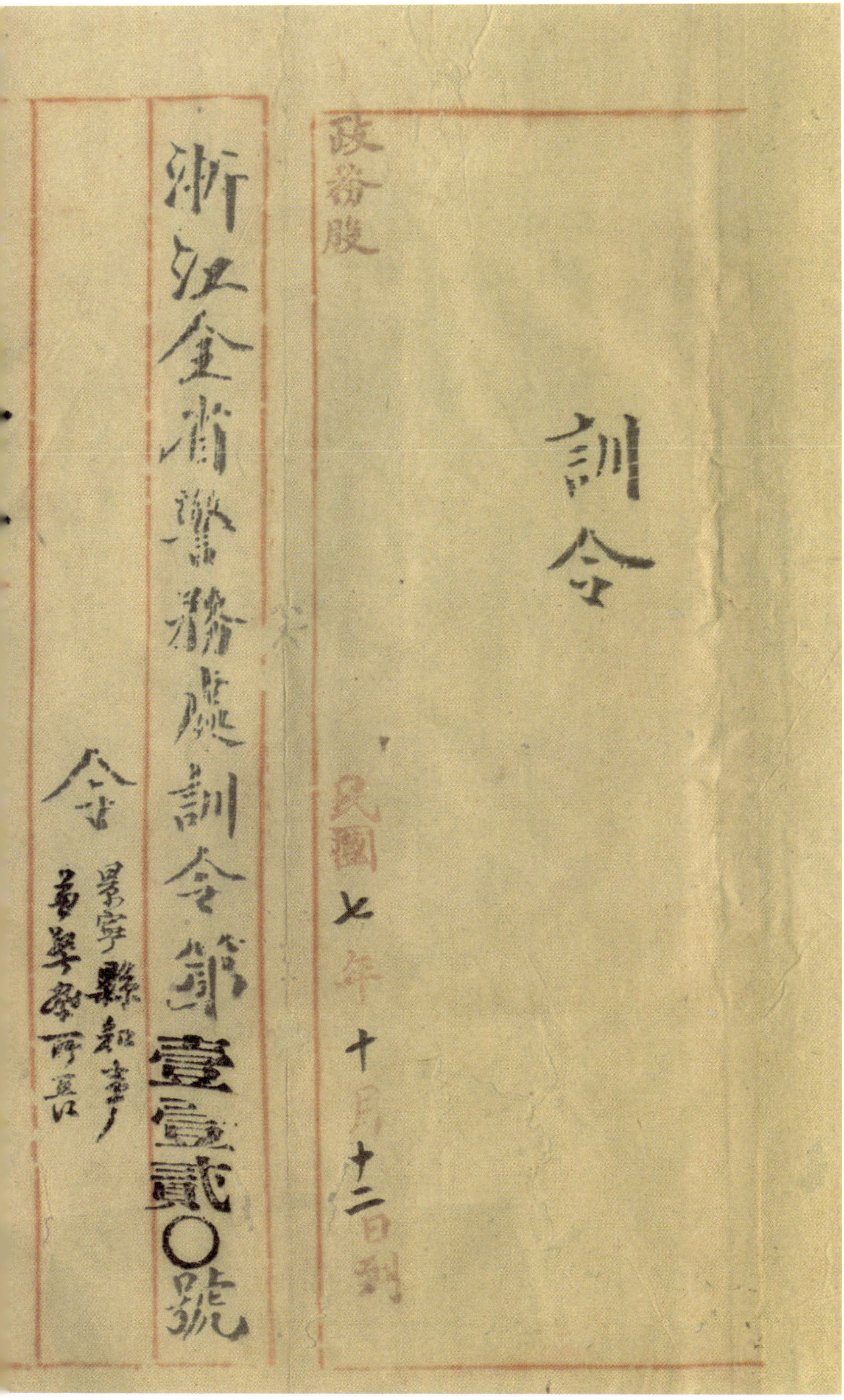

政務股

訓令

民國七年十月十二日到

浙江全省警務處訓令第壹壹貳〇號

令景寧縣知事兼警察所長

058

疆不靖，謠諑繁興，難保無暴徒奸宄乘隙思
逞，擾亂治安。故對於偵查匪類、綏靖地方，亟須
加意防維，方可有備無患。乃查各屬地方官署
近月對於轄境，不聞有何籌備，亦不聞有何謀設，
宣皆安謐無驚，殊有把握乎？抑還於先覺察
苟且自安乎？除另派密探分赴各屬嚴密偵
報外，合行令飭。仰該處長即便轉飭所屬一體

遵照自文到日起振刷精神力圖奮勉如何聯合軍警以策防維如何嚴密偵查以清奸慝察酌地方情形妥籌因應務期殫精竭力勉固我圉一面將所籌辦法詳晰呈核察奪備有拿獲不法奸徒意圖擾亂者一經訊實准以軍法從重處治其有偵得亂黨陰謀確有憑証者並准隨時密報兩署以憑辦理果能消患未萌所有出力員役並予優賞以昭獎勸如有察探已狀該地方官吏尚無知覺致滋貽誤者

玩視地方警戒凜凜等因奉此除分行外合亟令

仰該員所長即便遵飭所屬一體遵照辦理具報

將所籌辦情形剋日詳晰呈候核奪毋得視為

具文致誤干咎切切此令

中華民國七年十月肆日

浙江全省警務處處長夏超

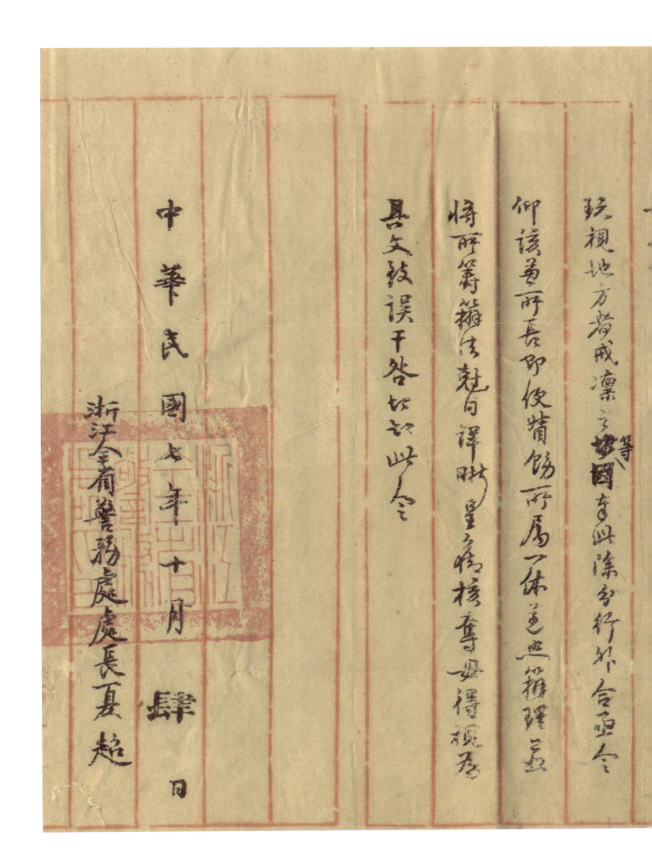

浙江全省警务处关于颁行全省警员执照规则与实施的训令

（一九二〇年四月十二日） 0261-003-0029-010

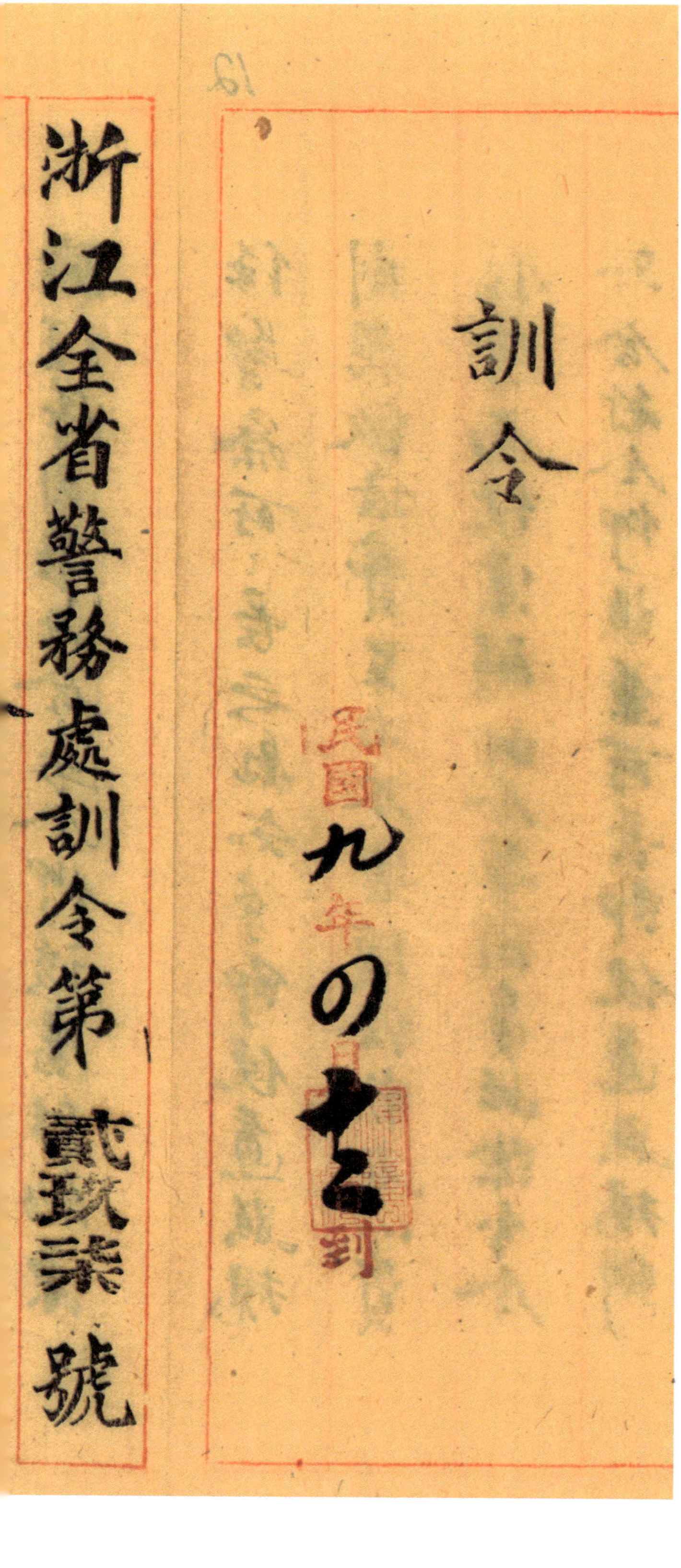

浙江全省警務處訓令第貳玖柒號

訓令

民國九年四月十二日到

11

浙江省長公署訓令第五百六十六號開

前准

内務部咨送警察職員執照規則過署

當經令發該處轉飭所屬一體遵照在

案嗣據該處呈據署雲和縣知事陳協

恭應呈請領蘇前任所長執照請示前

來復經本署咨請預發空白執照由本

署隨時填給去後茲准復稱查警察職
員執照按照原定領法程序尚須署名
本未便預發空白惟縣知事兼任所長
按照縣警察所官制規定係屬兼職與
其他警察職員例須審核資格者不
同此項領照憑單自可變通預送以便
隨時填發領照俾此項憑單之填發仍
體以縣知事兼任所長者為限相應檢
同空白領照憑單一百張一併咨復查照

任警察所所長之縣知事即便遵照規

則應徵各費呈由本署填給執照以資

信守而便稟解此令等因奉此除令

外合行令仰該兼所長即便遵照規則

將應徵各費呈由本處轉請填給以資

信守毋稍違延此令

中華民國九年四月 四 日

浙江全省警務處處長夏超

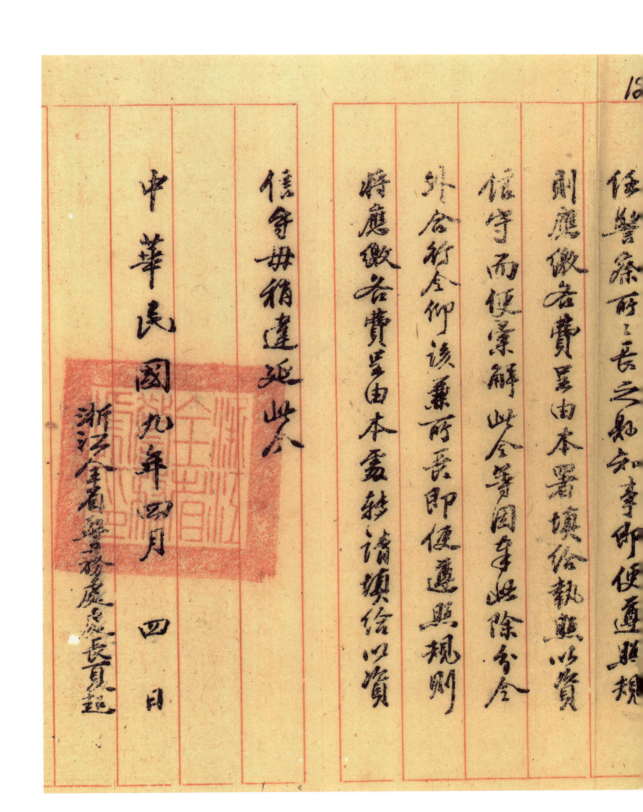

浙江全省警务处关于警佐周倬、王秉璋调动的训令
（一九二二年一月十一日） 0261-003-0035-020

函送警所

訓令

浙江全省警務處訓令第九號

令景甯縣警察所所長

十年一月十九

查該縣警察所警佐周倬堪以調署奉化縣警察所警佐遺缺查有湯溪縣警察所警佐王秉璋堪以調署除呈報并分令外合將周警佐任命狀一件令

21

發該兼所長轉給祗領一俟王警佐到後即飭妥為交卸赴調毋違仍將各該員任卸日期暨王警佐履歷四份取報備查此令

附周倬任命狀一件履歷表五紙 填註說明一紙

中華民國十年一月十一日

浙江全省警務處處長夏超

監印葉[illegible]校

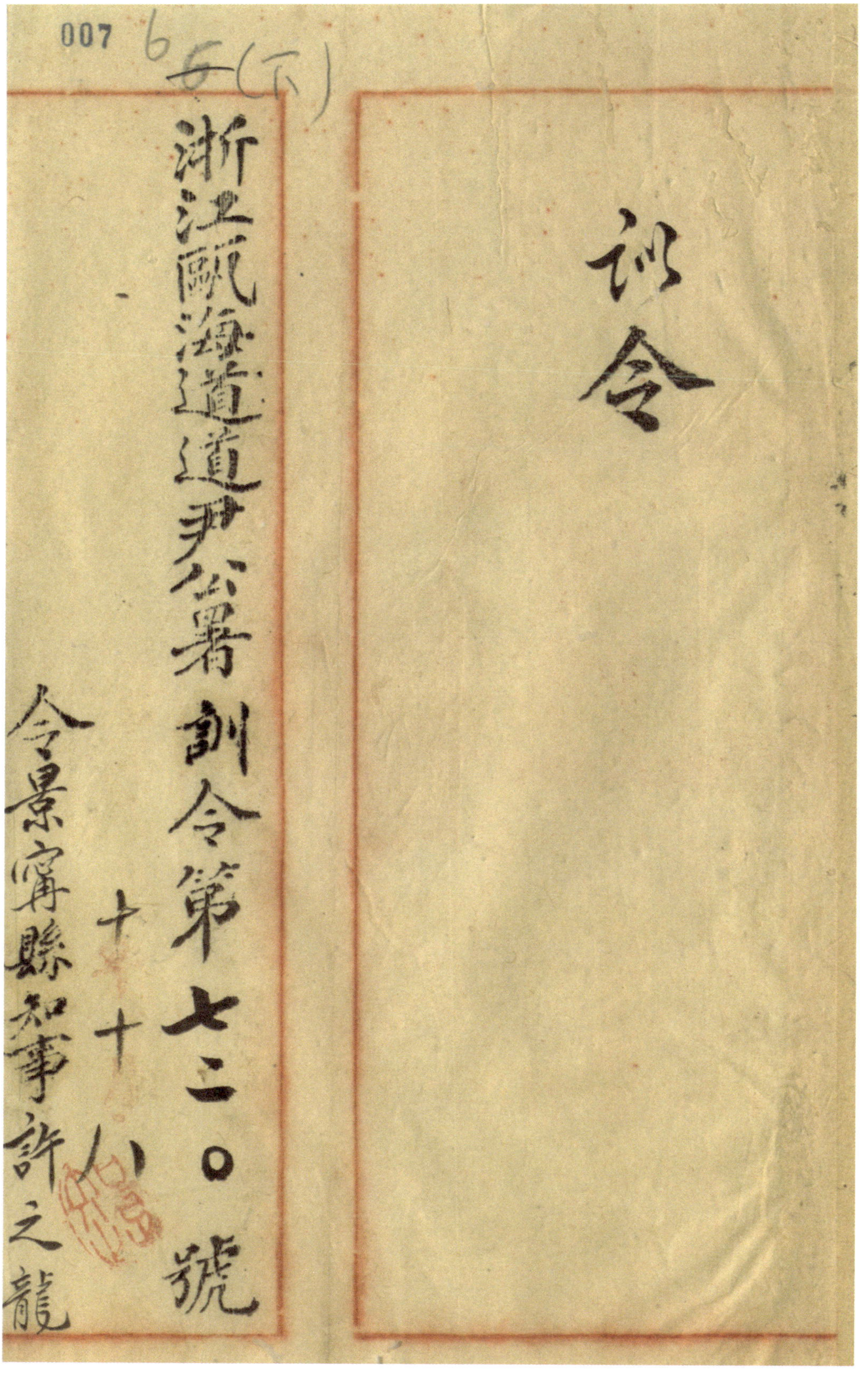

浙江瓯海道道尹公署为各省商埠有外人在租界外违禁犯法不服警察搜查逮捕需按规定处置的训令

（一九二一年十月三日） 0261-005-0674-004

本年九月二十六日奉

省長公署訓令第二二九九號內開本月十三日准

內務部咨開查近來各省商埠地方往往有外人在租界外違禁犯法不服警察搜查逮捕情事查行政執行法第六條及第七條第九款之規定凡認為有賭博及其他妨害風俗或公安之行為非入其家宅或其場所不能制止或逮捕者行政官署得行直接強制處分等語警察行

政處分外國僑民亦有一致遵從之義務倘外國人或外國人雇用之華人並租界外有此項行為而情形又屬緊急時我國官廳自並有必要處分之權否則將使我國行政上太受阻礙地方安寧秩序無由保障當經擬具辦法函商外交部去後茲准該部函復贊同前來除分行外相應抄錄外交部復函咨請查照轉飭遵照辦理並附抄件等因准此除分令外合行抄發抄件令仰該道尹即行轉飭所屬一律遵照辦理此令等因並奉發抄件到署奉此

71

除分行外合行令仰該知事遵照此令

計發鈔件

中華民國七年十月三日

道尹林鵾翔

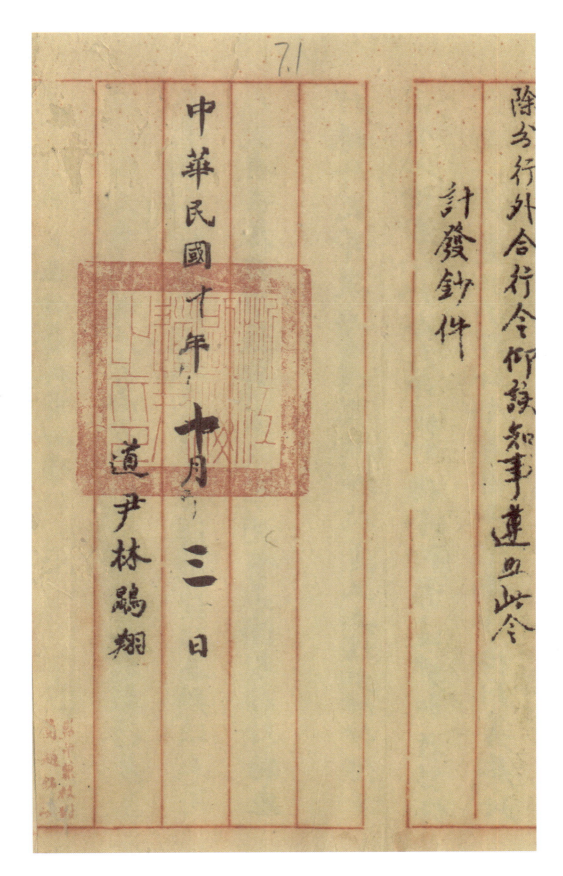

浙江全省警务处为审度地方形势、联络兵警团保以筹备办理冬防的训令

（一九二一年十月二十七日） 0261-005-1066-038

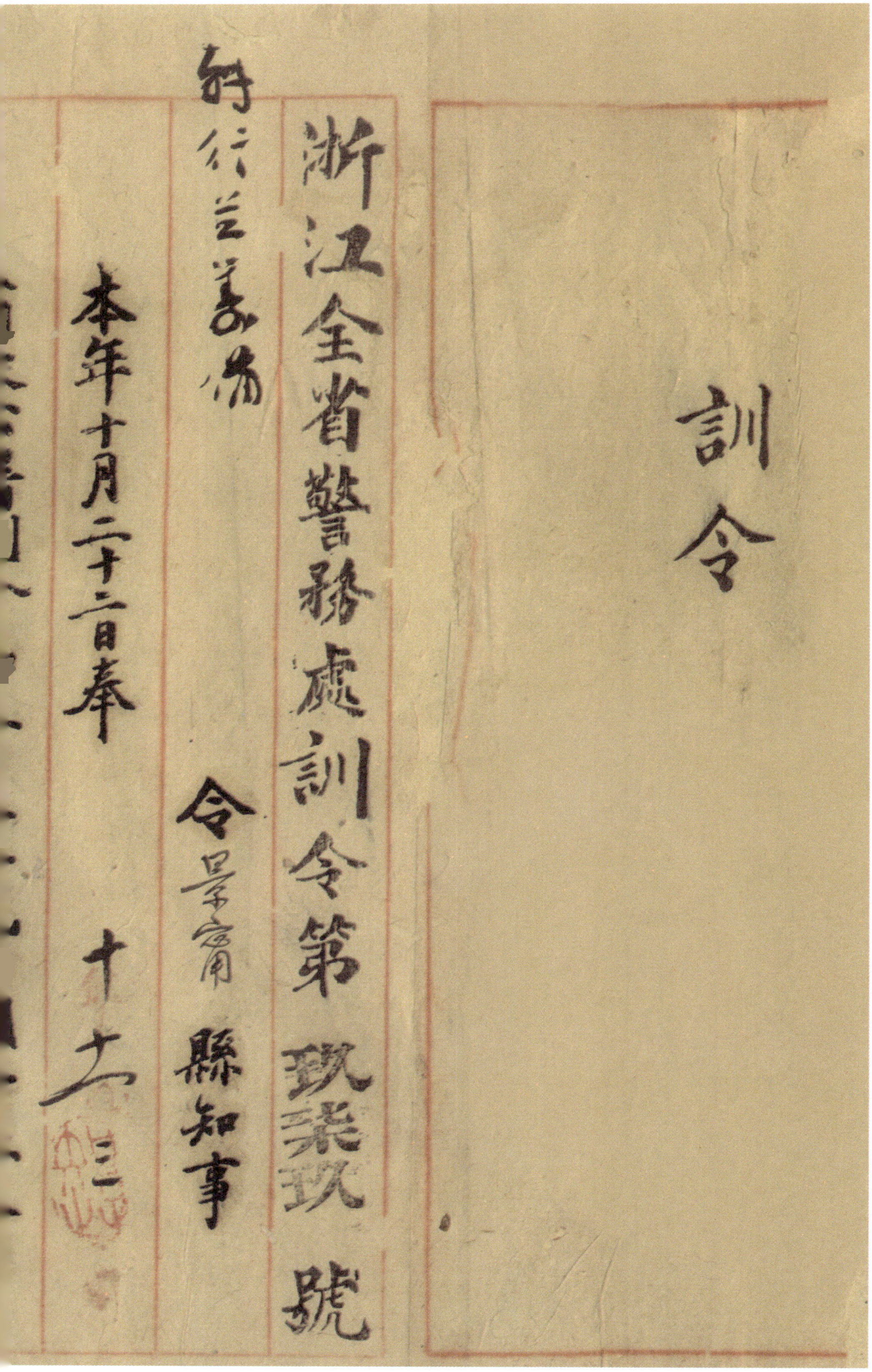
訓令

浙江全省警務處訓令第玖柒玖號

令　縣知事

本年十月二十二日奉

認真籌辦在案本屆各屬復遭水旱偏
災荒歉頻仍居民失業游情日多地方治
安影響甚大雖紹嵊各縣有籌辦清鄉之
舉終恐伏莽未清此竄彼匿為害尤甚際此
隆冬將屆亟應先事預防倘或稍有疏虞
小則宵小乘間竊發有礙治安大則匪徒
肆意橫行益滋擾亂各該地方營警長官約

93

負有緝盜安民之責自應審度地方形勢
扼要駐守並隨時聯絡兵警團保逐段搜
巡以期消息靈通盜賊遠遁庶幾有犯必
擒無賊不獲盜賊安恣依依而閭里無七宅
之驚本廳長為慎重防務起見不憚再三之
諄告該官長務各仰體此意奉行惟謹及早
籌備毋稍玩忽致滋貽誤除分令外合亟令
仰該縣長即便轉飭所屬一體遵照辦理

119

縣警察所長遵照指示各節並參照歷屆辦理各防成案斟酌地方情形會同縣防之陸軍警備隊悉心計劃妥為布置以免貽誤並將籌辦情形迅報察核毋稍遲延切切此令

中華民國十年十月貳拾柒日

浙江全省警務處處長夏超

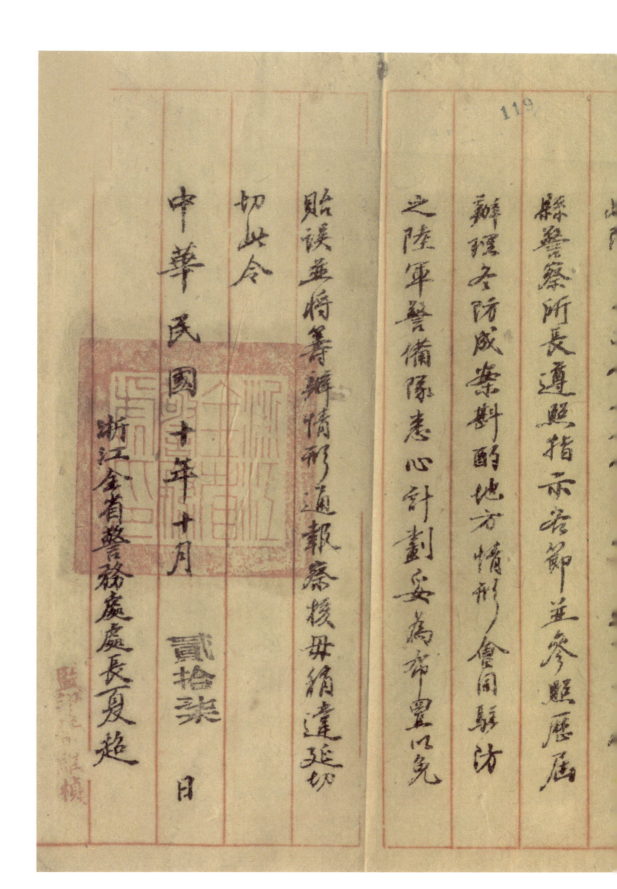

浙江全省警务处关于收回治外法权、筹备办理事宜致景宁知事的训令
（一九二二年二月三日） 0261-005-0045-001

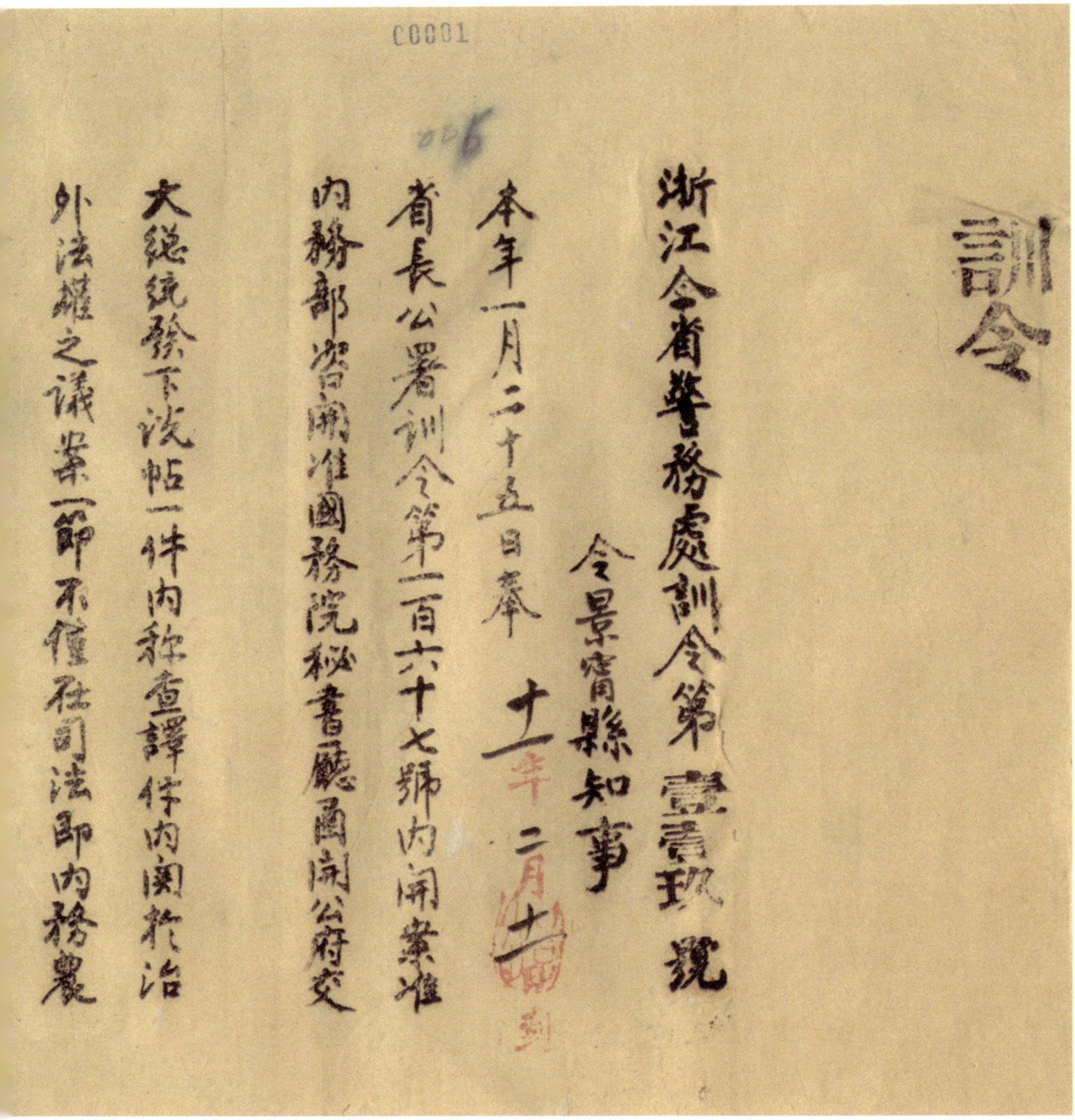
C0001

訓令

浙江全省警務處訓令第壹壹玖號

令景甯縣知事

本年一月二十五日奉

十一年二月十一到

省長公署訓令第一百六十七號內開案准

內務部咨開准國務院秘書廳函開公府交

大總統發下說帖一件內稱查譯件內開於治

外法權之議案一節不僅在司法即內務農

批交院各部等因鈔錄原件函達查核辦理
等因到部查原說帖內稱法權收回內地雜居
之約恐將實行我警察等機關地方多有不
備將來保護僑民更非格外周密不可等語
自係為未雨綢繆起見本部以實行內地雜居
首在撤除租借地是對於租界警察尤應
著先積極籌備現擬先就京師警察廳內
擴充保安隊名額認真訓練以為保護各租
界地內居留民之豫備除函復國務院轉呈
大總統並分行外至貴省對於此項整頓警
察事宜應如何設法籌款計畫整理之處

6(2)

00002.

相應抄錄原件咨請貴省長查照迅將籌办情形咨復查核等因附鈔件過署准此合亟抄同原件令仰該處即便妥籌核議呈復會奪以便轉咨可也此令計抄件等因奉此除分令外合亟照錄抄件轉令該知事即便轉令該縣警察所長仰即遵照妥籌核議限文到十五日內詳細具復以憑察轉毋稍延遲切切此令

計發抄件

211

查謄件內本年月二日關於治外法權之議案一件，查調查在華治外法權情例等組織委員會之議，我國似宜妥為籌備，蓋收回法權根本於前此英日美蘭約華議自不能公然反對，但法權收回則內地雜居之約恐將實行，而我警察等職，因地方多有不難，將來保護僑民，要非格外周密不可，而僑民居住日多，必須實業亦當訂立範圍，不致漫無限制，既營實業主之權，是所患者又不僅在司法諸端，即內務農商等均有連類而及者，似宜先期通盤籌畫，酌定辦法，方利進行，而免障礙，是否有當，伏乞
鈞酌

中華民國十一年十一月　日

浙江全省警務處處長夏超

監印　葉[illegible]楨

浙江省长公署关于厘定警察官任用暂行办法的训令（附警察官任用暂行办法）

（一九二四年十月七日） 0261-003-0029-019

19

訓令

浙江省長公署訓令第二一〇八號令警務處 內河 外海廳 准 內務部咨送

釐定警察官任用暫行辦法請查照飭屬遵辦由

令 警務處 內河 外海水上警察廳

案准

內務部咨開查警官之任用於地方治安警務發展均有重要

之關係刻茲世界交通社會事務日形繁賾之時非具[illegible]

之智識無宏富之經驗不足以資肆應而供需求則[illegible]

人物實爲當務之急茲爲慎重登庸起見釐[illegible]

行辦法八條提經閣議議決於本年八月一[illegible]奉

大總統指令呈悉准如所議辦理此令等因奉此[illegible]

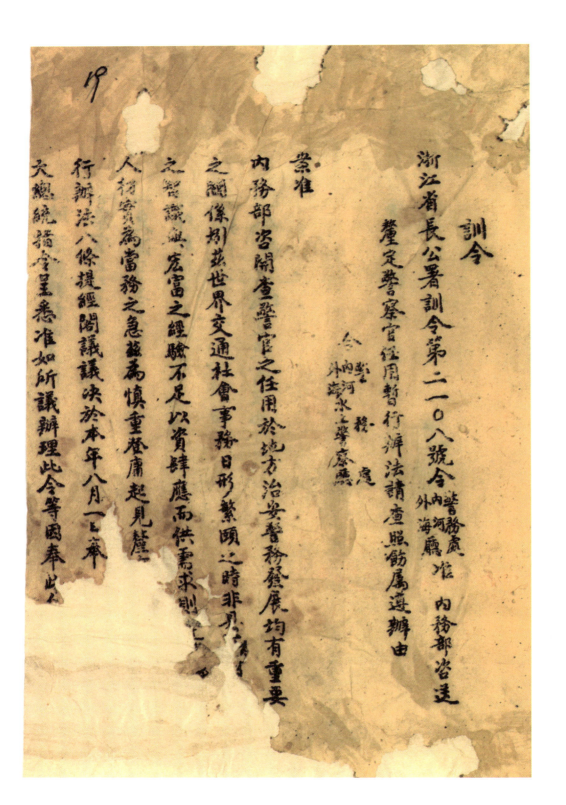

任用辦法附詮說明並附録關係各案一併刷印通
關於警察官之任用務希通飭所屬確依標準慎
務而免濫竽其未經呈請委補各員缺亦應一
分行外相應咨行查照辦理并希見復等因並附
暫行辦法過署准此除將暫行辦法登入公報公布通令
合行令仰該廳處查照辦理此令

中華民國十三年十月七日

省長夏超

警察官任用暫行辦法 中華民國十三年八月一日呈奉 令准

第一條 凡警察官之任用除簡任警察官業有規定外依本辦法規定行之

（說明）查警察官任用程序分簡薦委三類除簡任如京師警察廳總監由 大總統簡任各省區警務處長由內務總長依照預保警務處長辦法（附錄一、二）請簡外其薦任以下均依本辦法之規定

第二條 凡薦任警察官得就左列資格人員任用

（說明）本條所稱薦任凡依警察官制規薦任者均屬之

一 曾任薦任警察官者

（說明）本款規定以曾[illegible]任[illegible]序轉[illegible]

有任命狀或部照（附錄三）者為限

二 警官高等學校正科畢業分發實[illegible]

績者

（說明）本款規定以分發實習期滿後經該管長官

呈咨由部轉呈核准給照（附錄三）者為限

三 依地方警察傳習所畢業獎勵規則有薦任之資

格者

（說明）本款規定以分發後經該管長官咨部核准

給照（附錄三）者為限

四 京師或各省高等巡警學堂及京師警察學校三

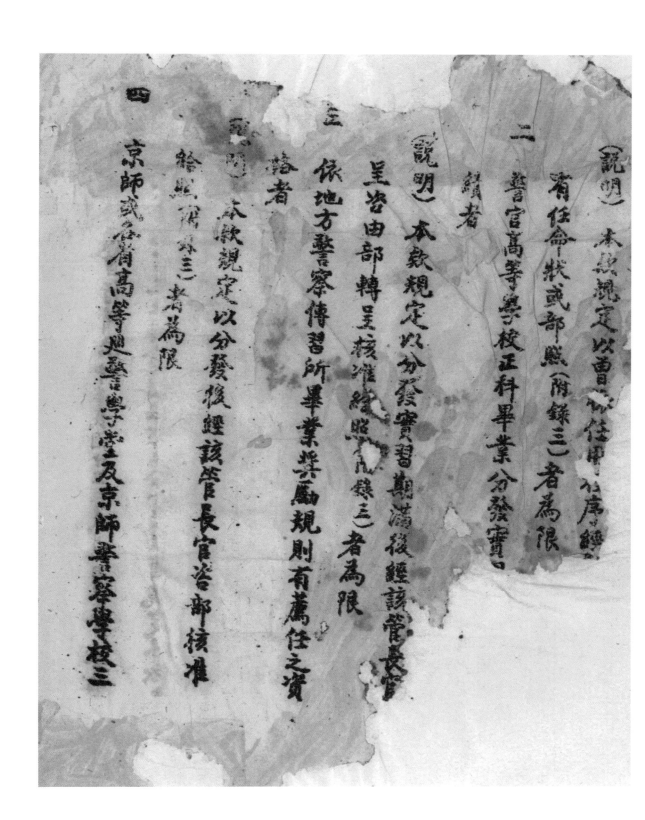

21

年以上畢業經內務部核准註冊有案並曾辦理警
務有成績者
明）本款規定以各該校之設立曾經部准有案並曾
頒有文憑者為限
五 現任委任警察官三年期滿著有成績經內務部
呈准以薦任警察官任用者
（說明）本款規定以經部依照考績辦法（附錄四五
准升用並給照（附錄三）者為限
六 現充警察官署候補警正或其他薦
職經內務部核准有案者
（說明）本款所稱候補警正指各警察官

准設置者而言其薦任待遇警職即於
各案之應行依法薦派者均屬之但均[illegible]
並給照（附錄三）者為限

七 警察學校修業一年以上得有文憑並
任相當警察職務滿三年以上有成績者
（說明）查從前設立之警校原有簡易科係屬一
年以上修業至所稱曾任薦任相當職務者即指
前清警廳道屬之奏任各官而言但以領有文憑並任
職時之委札為限

國立及教育部認可或指定之專門以上學校修習
政治法律學科三年以上畢業得有文憑並曾辦警

務有成績者

（說明）查政法學科與警學頗有關聯至修習其他學科者不在本款規定之列

九　現任薦任以上陸軍軍職之曾在陸軍學校畢業得有文憑並曾辦警務二年以上有成績者

（說明）查現在警察人材尚虞缺乏故規定本款以資借助至所稱薦任軍職即指軍制各項薦任以上（如屬於軍官之少校以上 屬於軍職之營長以上）之曾經奉令任命領有狀照者而言

十　薦任以上文職之曾辦警務三年以上有成績者

（說明）本款所稱薦任文職指四年九月三十日公布之

條第二項所列均屬之但以領有狀照者爲限

十一 曾辦警務五年以上者有特別勞績經內務部專案呈准以薦任警察官任用者

（說明）本款規定以經部呈准後給照（附錄三）者爲限

十二 曾任簡任警察官或奉令准以簡任警察官存記者但仍留簡任資格

（說明）本款所稱存記人員指曾經奉准以警務處長存記及薦任警察官任職期滿經部照考績辦法呈准以簡任職存記並聞者均屬之但以給有部照（附錄三）者爲限

第十三條 凡委任警察官得就左列資格人員任用之

23

（說明）本條所稱委任凡依警察官制規定應行依法委任者均屬之

一　曾任委任警察官者

（說明）本款規定以曾依任用程序經部核准委任並給有部照（附錄三）者為限

二　依地方警察傳習所畢業獎勵規則有委任之資格者

（說明）本款規定以分發後經該管長官咨部核准給照（附錄三）者為限

三　現充警察官署學習警佐或其他委任待遇警察職經內務部核准有案者

（說明）本款所稱學習警佐指各警察官署經部呈准設置者而言其委任待遇警察職即指本部呈准各縣之應行依法委派者均屬之但均須經部核准並給有部照（附件三）者爲限

四 警察學校修業一年以上得有文憑並曾任委任相當警察職務滿一年以上有成績者

（說明）查從前設立之警校原有簡易科係屬一年以上修業至所稱曾任委任相當職務者即指前此警廳道屬之委派各官而言但以領有文憑並任職時之委札爲限

五 現充最高等巡官三年期滿著有成績經內務部

24

呈准以委任警察官升用者

（説明）本款規定意在尊重警士身分使其登進有途而設但須經部呈准並給有部照（附錄三）者為限

六 曾辦警務三年以上著有特別勞績經內務部專案呈准以委任警察官任用者

（説明）本款規定以經部呈准後給照（附錄三）者為限

七 有前條各款資格之一者但仍留薦任資格

（説明）即指本辦法第二條所列各款資格

第四條 凡警察官署之都尉廳長警正警佐等官遇有缺出由該管長官就前兩條各款資格遴選相當人員詳敘履歷及辦事成績並加具切實考語

符後係薦任官由內務總長薦請任命係委任官
咨由該管長官委補但各項薦委任待遇警察
職之派充程序仍依呈准成例由內務部分別審核
辦理
凡依前五條所規定薦委任警察官之任用除廳
長外非在各該本廳署服務者均先試署係一年
期滿後由該管長官依照前項程序呈請補實
（說明）本條所稱證明文件即足資證明本辦法規定
各款資格之件履歷表式業經規定一併通行（表
式詳後）至警察任務最重熟諳地方情形本條第

二項規定意在各項官職均使久任以裨警務

第五條 警察官署薦委任技術人員得就警官高等學校技術專科畢業分發實習期滿或經教育部指定及認可之技術專門學校三年以上畢業得有文憑者分别遴用其任用程序仍分别適用前條之規定

（説明）本條所稱技術人員指各警察官署所設之技正技士及警察局所設之技術員而言查此項職務必須曾習專門學術者方足以稱厥職故訂專條以使選任但警校專科畢業者並須於實

第六條　凡任用薦委警察官其有資格為本辦法所未規定而經該管長官聲明確係辦理警務五年以上深資得力者連同證明文件送部審核後得由該管長官暫行委署一年期滿確有成績再行咨部審核薦請或委任試署一年期滿後著成績始得依本辦法第四條之程序分別補實

（說明）　查警察任務學識經驗均宜並重故凡屬曾辦警務經驗素著之員而其資格為本辦法第二第三第五各條所未規定者得照本條規定辦理至警務處所設之秘書並得適用秘書變通任

本辦法（附錄六）之規定

第七條　各項薦委任待遇警察職之任用資格除有特別規定外適用本辦法之規定

（說明）本條所稱薦委待遇職凡經本部呈准各案之應行依法薦派或委派者均屬之至所稱除有特別規定即指各廳警察長水上警察廳區長隊長分隊長及縣警察隊隊長均經部呈准特種資格（附錄七、八、九）選任時仍應照原呈准案之規定

第八條　本辦法自呈准公布日施行

茲摘錄縣於參照各案並釐訂履歷表式列左

關於預保各省警務處長資格案民國四年八月呈准

一　現任内務部薦任職歷辦警政五年以上著有成績者

二　現任京師警察廳都尉地方警察廳廳長歷辦警政五年以上著有成績者

三　現任京外警察廳警正歷辦警政五年以上著有成績並警法畢業者（此項已修正詳附錄二）

四　現任簡任文職或高等軍職歷辦警政五年以上著有成績者

五　現任各部院薦任職曾辦警政五年以上著有成績並警法畢業者

六　曾任簡任職警察官吏歷辦警政三年以上著有成績

並警法畢業者

七 曾任高等軍職歷辦警政五年以上者有成績並陸軍畢業者

八 曾任京外高等薦任職警察官吏歷辦警政八年以上著有成績並警法畢業者

九 有簡任職相當資格歷辦警政八年以上著有成績並警法畢業者

附錄二

關於釐正屬於預保警務處長資格第三項案十年八月呈准

員須經内務部暨保以都尉或廳長存記升用後方得依例辦理

附錄三

摘錄頒發警察職員執照規則 八年八月呈准

第二條 凡薦任待遇或委任並委任待遇暨保升存記之簡任薦任各警察職員經核准任用後由部發給執照

第三條 前條所列之警察職於核准時由部填發憑單送由該管最高長官轉知請領

附錄四

關於警察官考績升用辦法案 八年七月呈准

凡書本官經由該管最高長官依照現行程序咨部核准之員保任實職三年期滿確係成績優良得由該管最高長官咨部查核呈請升用

附錄五

關於限制保升辦法案 十年七月國務院呈准

各官署薦委任職保升員額以該官署薦委任三分之一為限每年年終彙保一次不得陸續分作數次列保

附錄六

關於變通秘書任用辦法案 六年二月國務院呈准

任用秘書經閣議議決不限定資格但經過審核資格相

有轉任他職時均須照章先行送核調待後始得作爲現任

附錄七

關於警區任用勤務督察長資格辦法案 十年八月呈准

關於各省區警察廳勤務督察長之任用除仍照現行程序外其資格擬定爲以資深薦任警察官或軍官充任

附錄八

關於水上警察廳之區長隊長分隊長任用資格案 六年九月呈准

水上警察廳區長應以具有警正資格或曾辦水上警務三年以上著有成績者由該管長官遴選咨部查核呈請派充其隊長分隊長等應以曾辦水上警務著有成績人員由

該管長官派充報部查核

附錄九

摘錄縣警察隊章程 七年二月呈准

第六條 縣警察隊隊長以左列資格之一者為合格

一 警察學校畢業者

二 陸軍學校畢業者

三 曾充警察與官或陸軍排長以上職務著有成績者

履歷表式

姓名	
年歲	
籍貫	

現擬請任為

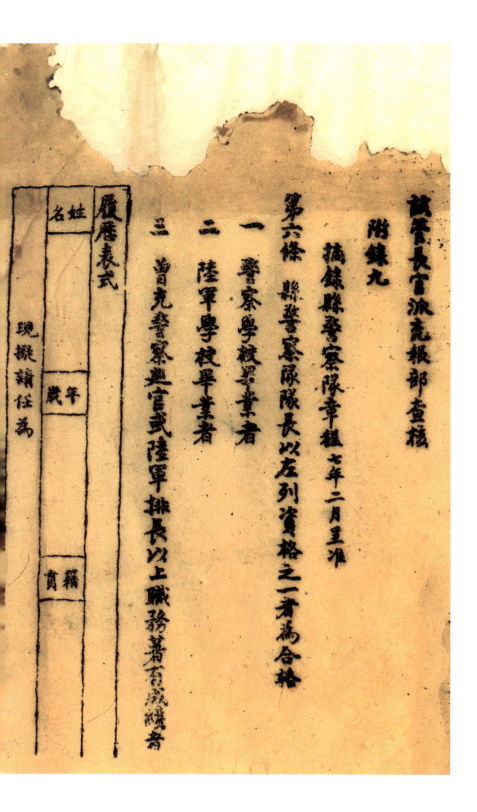

曾在某學校修某學科自某年至某年畢業或修業	曾任某官自某年至某年	曾辦某項警察事務自某年至某年有無成績	具有某款資格	證件	附記
			該員資格合於警察官任用暫行辦法第　條第　款之規定	該員資格證明文件共　紙一併附送	

凡各警察官署於擬任各職缺時須將該員履歷依照頒定表式填具二分送部以憑存轉

温处冬防计画

（一九二四年十一月）

0261-005-0033-035

溫處冬防計畫

58

温處冬防計畫

一溫處全屬冬防事宜由司令官參照冬防暫行綱要會督文武官員率循成案辦理不另設局

二司令部駐在舊溫州府治永嘉縣城本處係一沿海商埠輪船往來客土同居社會極為糅雜匪徒混跡其間易滋事故冬防期內即派駐在軍警分設晝夜梭巡各輪埠暨大小旅館客棧酒樓飯舖等行旅出入處所仍另派軍警分任檢查並加派幹探巡差隨時偵跡匪踪搜緝窩綫務能清其源藪

三永嘉四鄉各處責成縣知事會同營警商訂巡緝會哨各辦法並督飭保衛團總認真編練團丁以資守望而補營警所不及

四永嘉縣屬之西北鄉總名楠溪地方面積占全縣之半北接台屬仙黃山疊水重民情驕悍素為山匪出沒之地該處原駐有

59　000117 (2)

第五區警備隊第四營即責成該營管帶易仁義督率所部會
警偵防遇必要時報由司令部撥兵援助

五舊溫屬之玉環樂清瑞安平陽泰順五縣有地接台屬者有濱
臨外海者有新被戰事者近來迭出匪盜刦案此拿彼竄刁悍
異常防務上均關緊要原有第五區警備隊各營分駐各該縣
境已通令各該縣知事暨各該營管帶趕速籌辦冬防收繳潰
兵武器並商同警備隊統帶夏副司令官支配警防以期周密

六溫州海洋面北起玉環縣草茅山南至平陽縣鎮下關其間防
綫廣長平時已多海盜出沒為行旅害近年外海水警裁編該
綫全歸第三水巡隊管轄即責成該隊隊長沈權支配炮船分
段聯緝注意各洋面及海山港嶴窩藏海盜之所輪流跟護航
商檢查各船舶行旅有無運帶危險物品接濟匪類之事並與
陸地營警訂期會哨以期互為聲應

浦城松溪地方土匪又不時竊發倘防禦彼密此疎更以鄰國為壑又龍慶上連衢州地勢衝要原駐之警備隊兵力單薄另宜扼要防守除令各該縣知事會督駐在營警加謹籌防外並商同夏副司令官悉心佈防以期有備

八各縣知事及水陸軍警等對於冬防實施期間防務上勤惰如何由本司令部派員分查為事竣後呈請獎懲之標準另於必要時選派偵探分赴屬境偵察匪盜踪跡嚴密緝拿此項遣派各員得因其必要就近商請所在地文武各機關先行相機處置其川旅費用暫由司令部自行籌濟

九本計畫係就本屆冬防期內佈置大概而言遇有特別緊急事故發生時除會商甌海沈道尹及夏副司令官相機因應外仍隨時報請

巡帥核奪

十本計畫有未盡事宜隨時另行增訂

十一本計畫自十三年十一月二十七日起施行至十四年三月二十五日停止

浙江实业厅关于责成各地商业治安防维的训令
（一九二五年九月十五日） 0261-004-0002-009

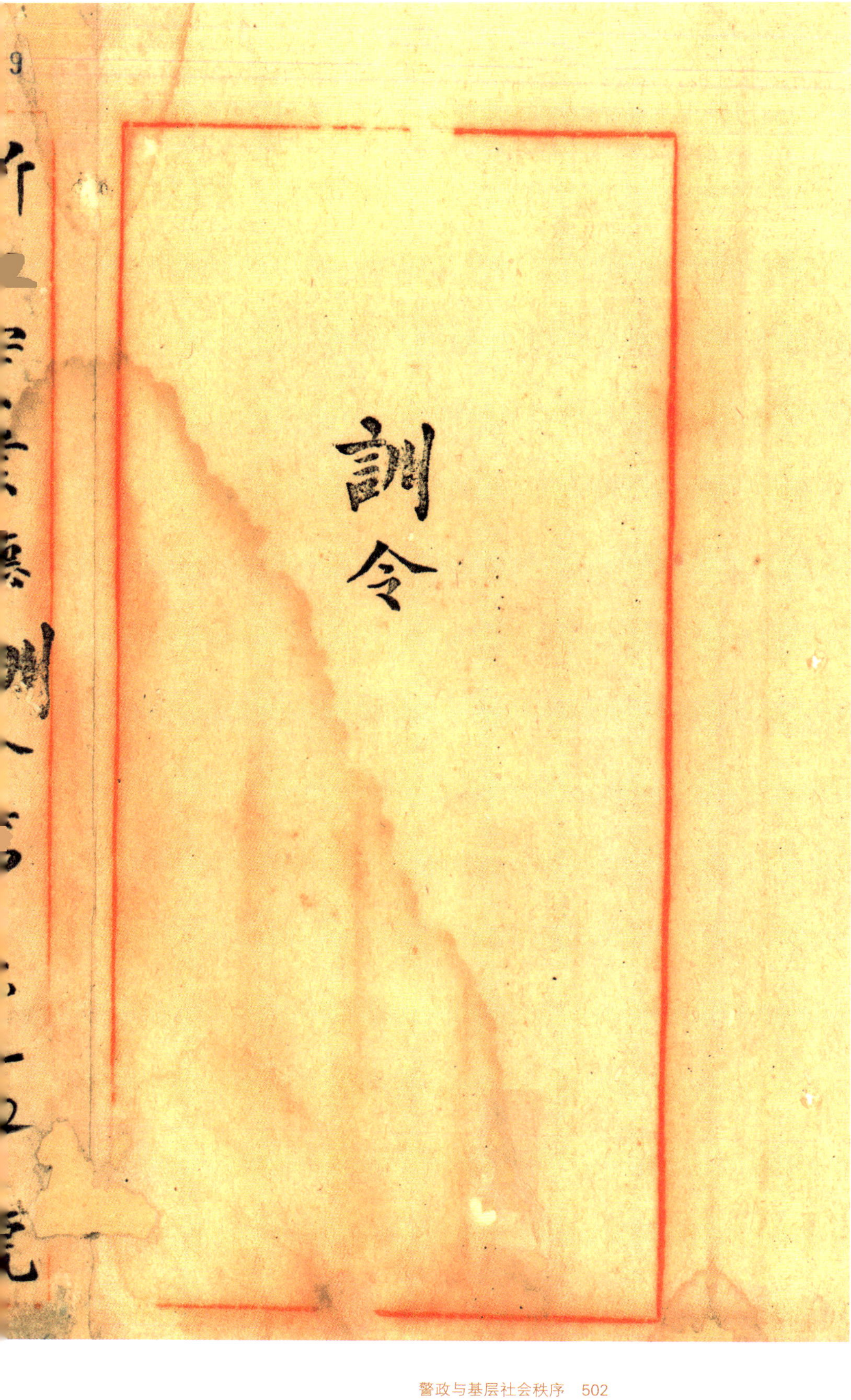

訓令

本年九月五日奉

省長公署训令第二四九三號内開案准

内務農商部灰電開據上海纱業聯合会電稱自五卅而後商業彫敝華商纱廠影響尤鉅如恒豐之聚衆毆打鴻裕之毁壞器具益之擊斃閘人申新慧無理要挾風潮激盪遍及内地無錫慶豐藉端滋擾事实確鑿未可掩飾夫熱心愛國誰不同情乃以無識之盲從犧牲萌芽之实業曠日持久泛濫無歸社会之直叙亦岂

民國十四年九月廿三日到

國家之福伏乞迅示根本維持實業办法俾便遵行等語查所稱各節於商業治安均有関係亟應責成地方官廳先事防維果有上項情事亟應設法制止以維商業而保公安除電江蘇省長外特電查照等由准此除分行外合即令仰該廳長查照通飭各縣一体妥為防維此令等因奉此除分飭外合行令仰該知事即便遵照妥為防維勿稍怠忽切切此令

縣長童杭時

中華民國十年九月十二日

監印姚舒瑩

校對金祖功

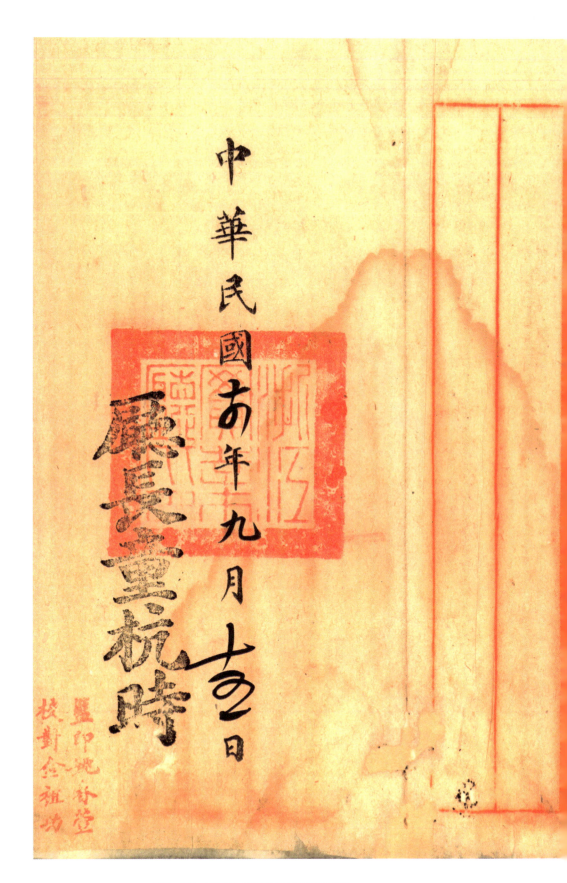

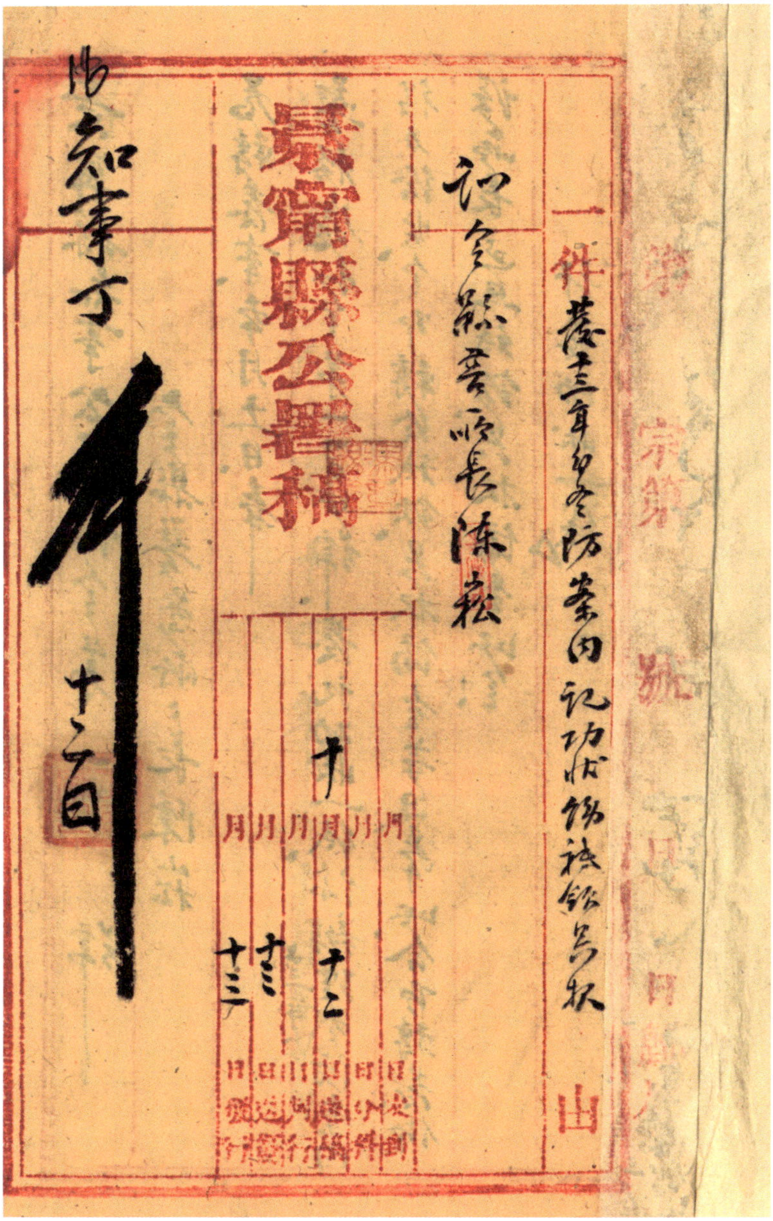

景宁县公署关于颁发警察所长陈崧冬防案内记功状的训令（附警察所所长陈崧的功绩表和考语各一份）

（一九二五年十月十二日） 0261-003-0032-016

景寧縣知事公署訓令第一九一號

令縣警察所所長陳崧

為轉發事。本月十一日奉

警務處訓令第二一〇四號，發記功狀一紙，係辦理十三年分冬防案內得力給獎，合即轉給祗領，具狀備查等因，奉此，合即轉發，仰該所長遵照祗領，具狀備查。此令。

計發功狀一紙

銜名

中華民國十四年十月十一日

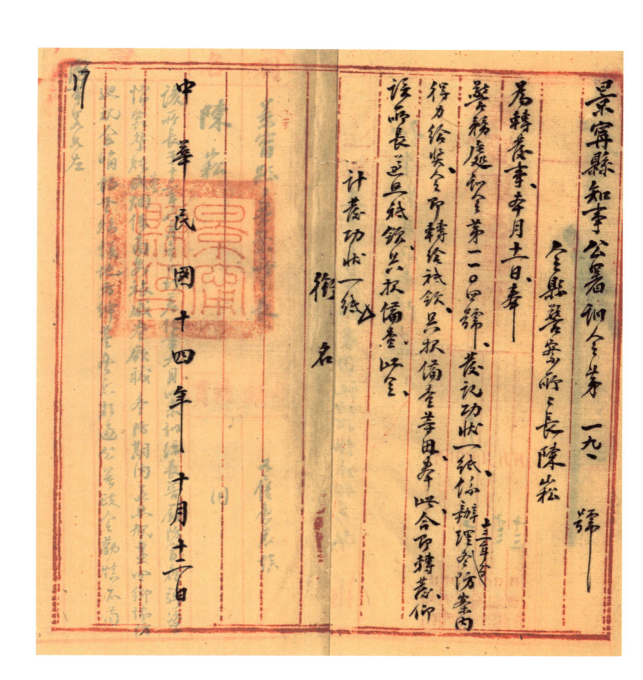

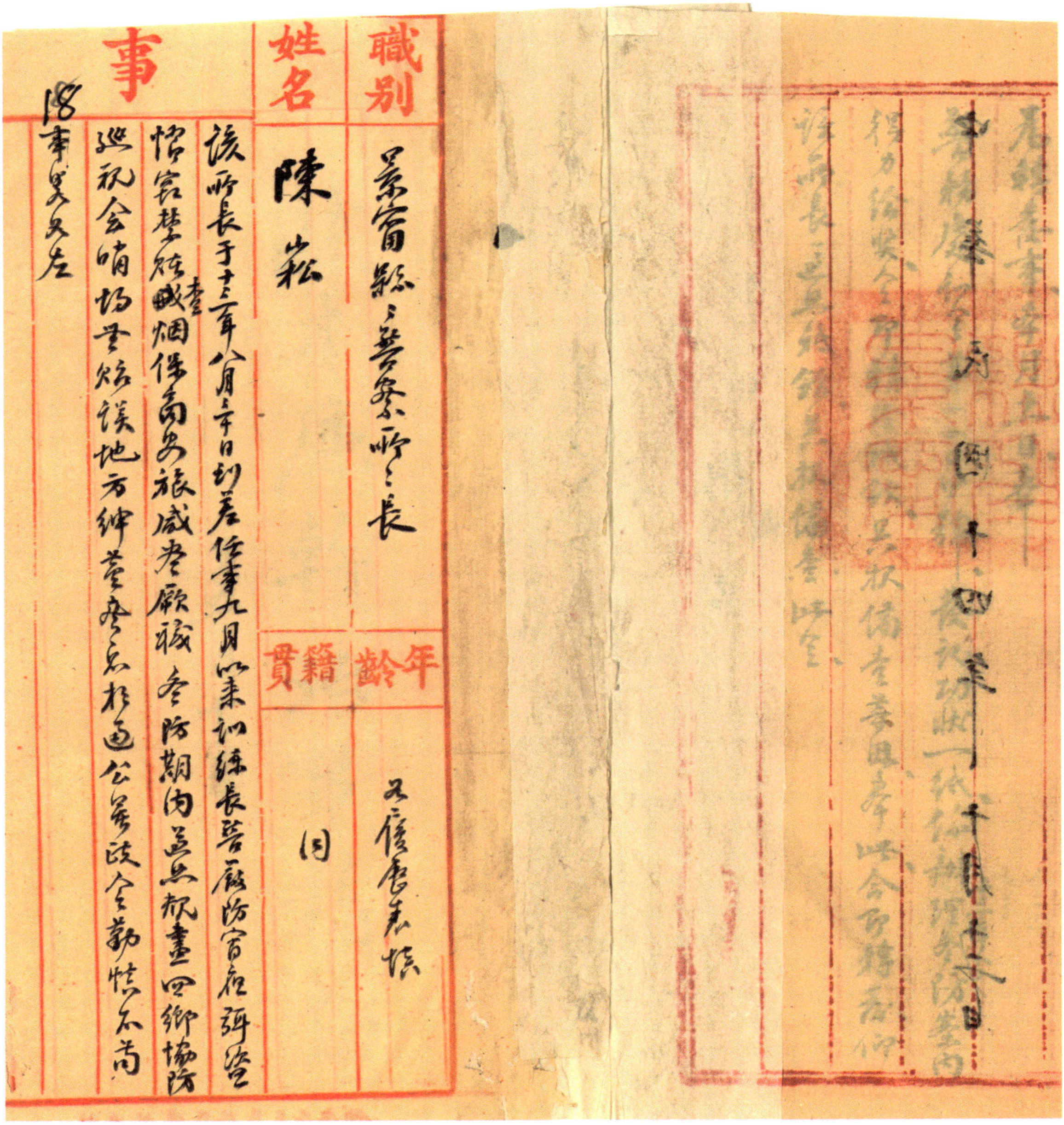
職別
景甯縣警察所所長
姓名
陳崧
年齡
籍貫
事

18

實

考（請加）語

賦才廉幹治事精勤

五月十二日

丁德威印

版房杭城存倫義泰昌紙舖

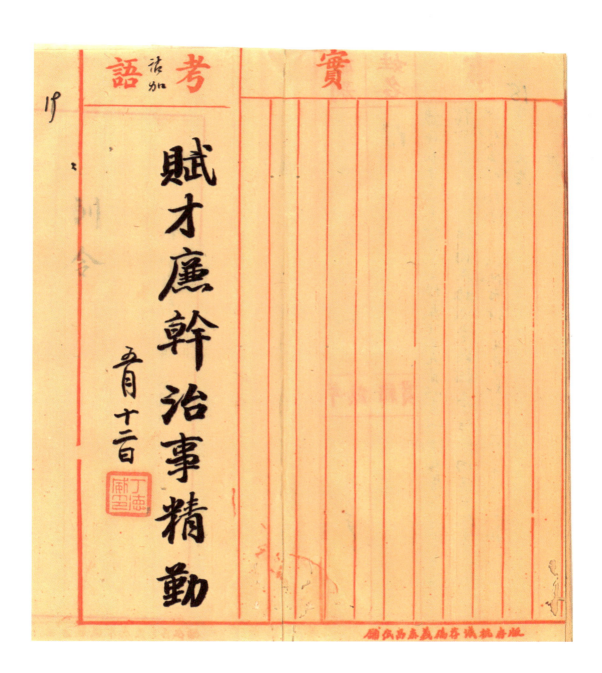

浙江全省警务处为派员视察景宁县警务并嘉奖所长陈崧的训令（一九二五年十一月） 0261-005-0908-066

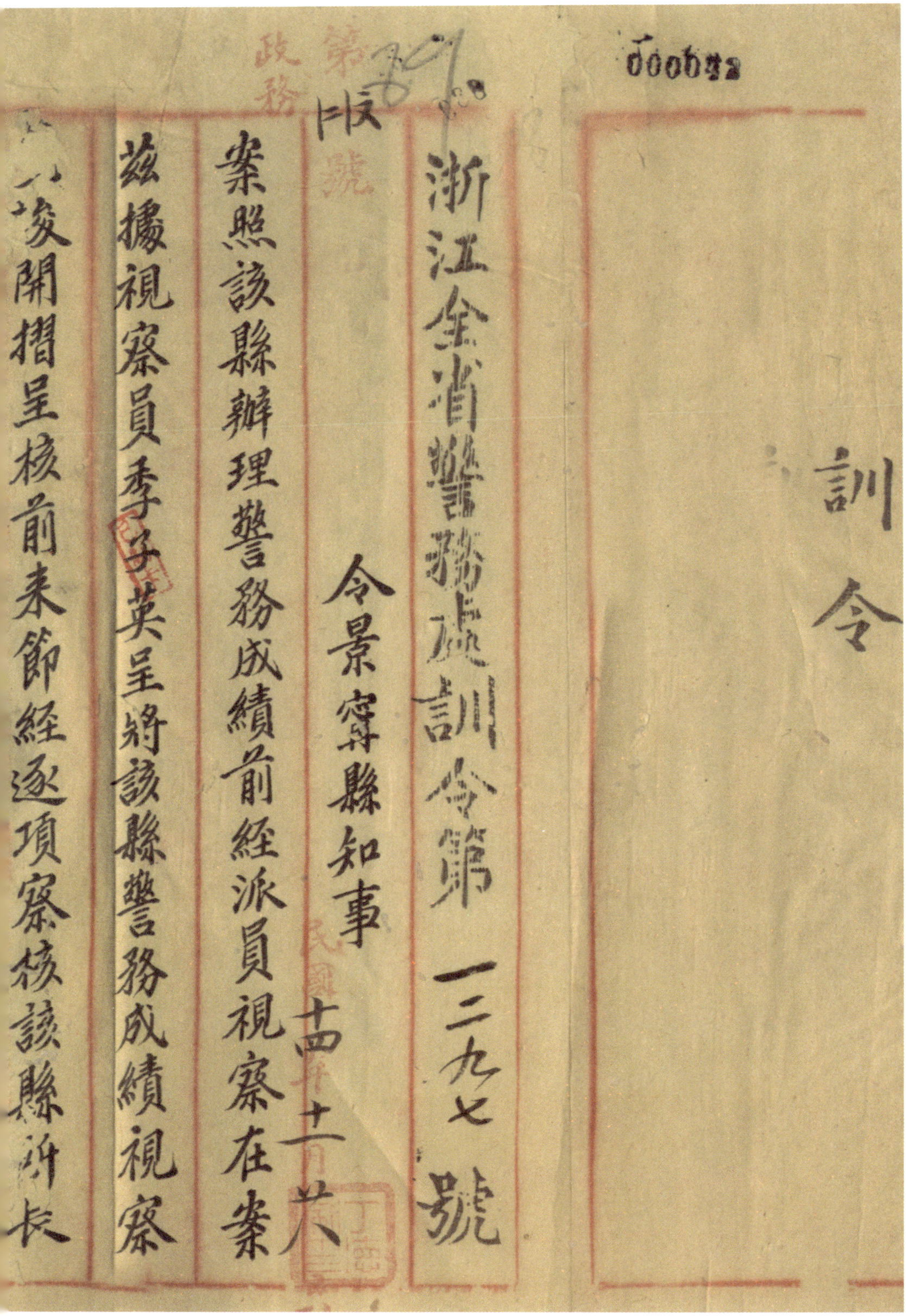
訓令

浙江全省警務處訓令第一三九七號

令景寧縣知事

十四 十一 廿六

案照該縣辦理警務成績前經派員視察在案

茲據視察員季子英呈將該縣警務成績視察

……發開摺呈核前來節經逐項察核該縣所長

000043

岩辦事熱心防緝得力洵屬嘉尚應即傳令
嘉獎用示鼓勵除註冊外所有該縣警務應行
整頓事件合亟摘由開單令仰該知事轉令該所
長督屬悉心体會認真遵辦并將遵辦情形剋
日詳復核奪毋違切切此令

000074

90

計粘單一紙

中華民國十四年十一月　日

浙江全省警務處處長葉煥華

浙江全省警务处关于本届冬防出力各警员择优开报并填送事实清册的训令

（一九二六年五月二十九日） 0261-003-0032-021

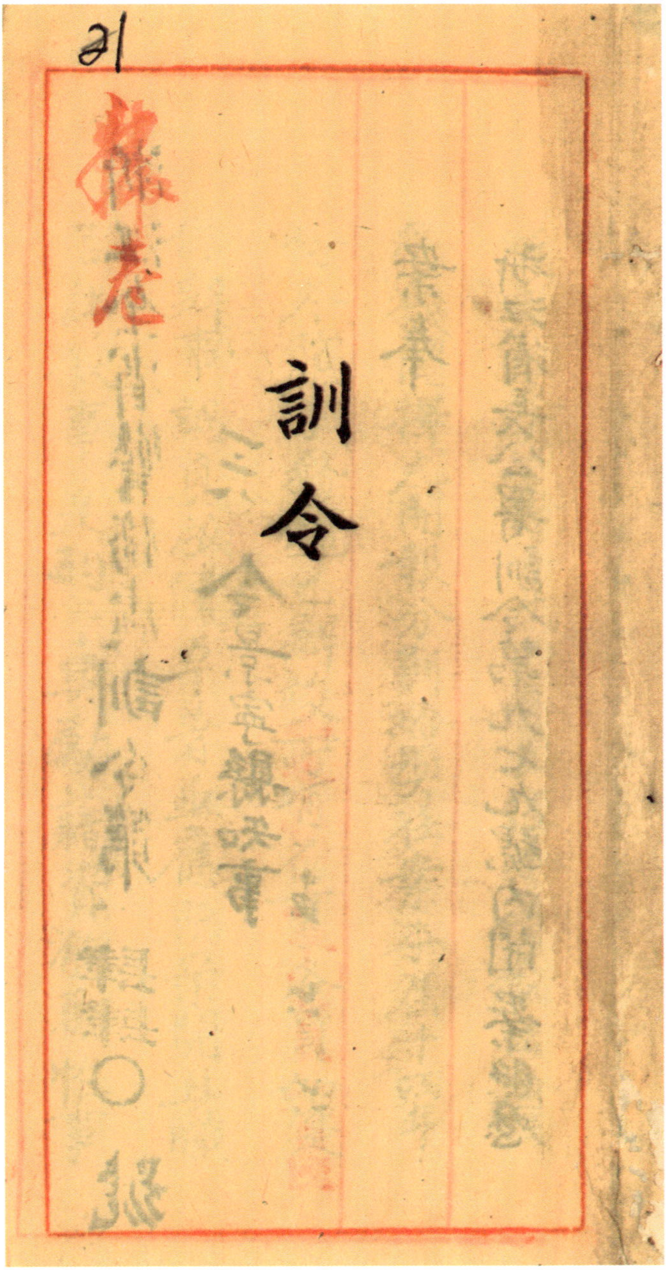
21

歸卷

訓令

22

浙江全省警務處訓令第肆肆〇號

政務第一二八號

令景寧縣知事

中華民國十五年六月六日到

案奉

浙江省長公署訓令第九七九號内開案照歷

屆辦理冬防在事出力人員经本署飭由各主

管機關擇尤開報分別給奬在案本屆十四年

份冬防事務現已辦竣所有在事各員如寔

係辦事認真成績卓著亟應照案開具職

名詳叙事寔劾予奬勵藉資激勸惟事

23

關考核屬員務須嚴格審核毋得稍涉冒濫
除分行外合即令仰該處遵照辦理此令等
因奉此除分行外合亟令仰該知事即便查明
所屬辦理本屆冬防出力各警員擇尤開報依
式填具送事實清冊暨履歷表各三份限文到
十五日內呈候彙案核轉毋稍冒濫其有逾限
不報者應併入十五年份冬防案內辦理併仰知
照此令

計發事實冊表
履歷表各四紙

第四方面军西路总指挥为给养饷项需款甚急致景宁县知事快速解缴的代电

（一九二七年一月八日）　0261-006-0382-011

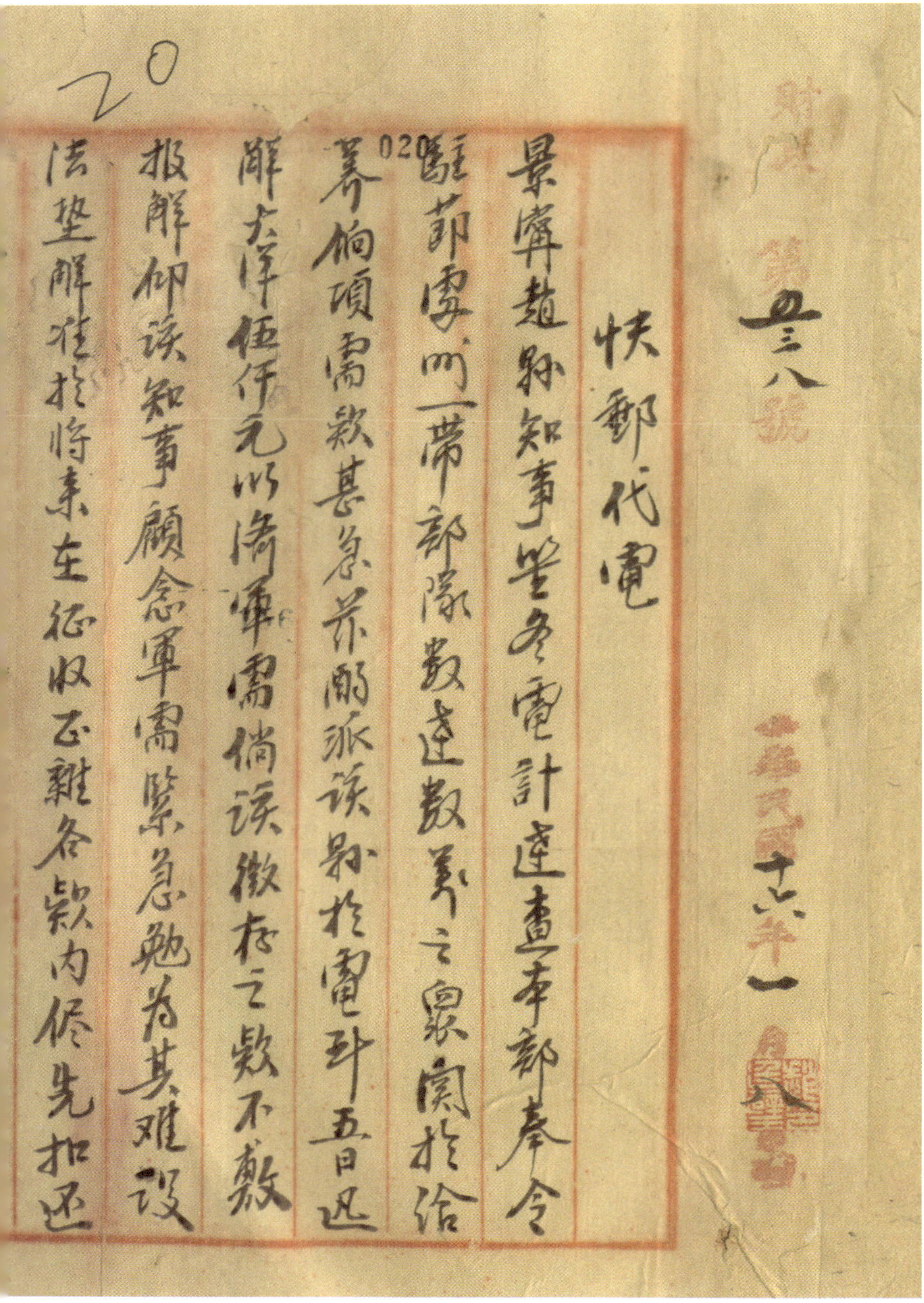

守提並將該知事撤懲不貸事關軍用慎勿

玩視爲要玉應解之款並仰迅行解繳處州

聯軍第四方面軍西路總指揮司令部軍需處

核收隨製給正式收據備查此清年續聯軍一

第四方面軍西路總指揮蘇歌印

021

中華民國十六年一月　日

157

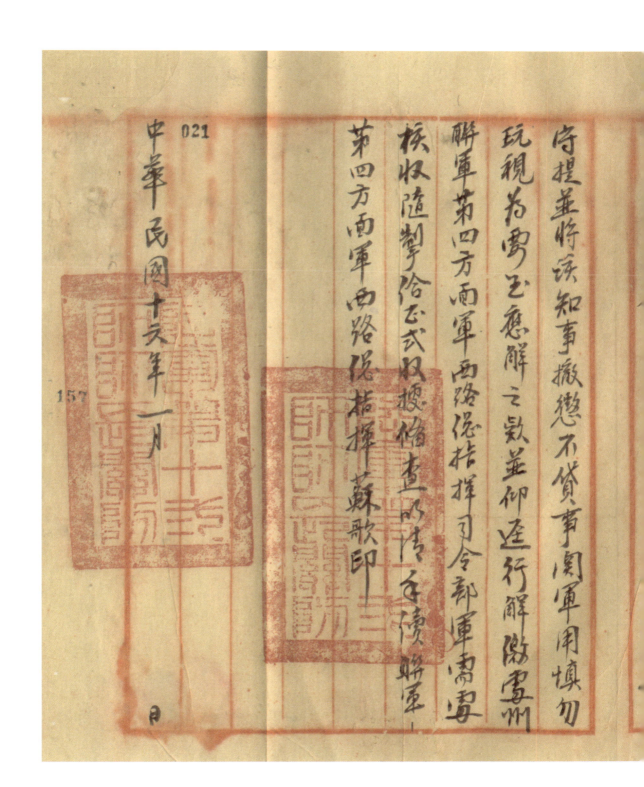

基层司法体系
与裁判实践

移植与重建是20世纪上半叶中国法律界思考的主题。民初以西方法为蓝本的外来规则与中国固有法之间的冲突与融合，是学界研究的热点。民国初期，县级司法体系中，新式法院与县知事兼理司法双轨并行。北洋司法档案中，大理院档案保存相对完整，北洋政府所控制区域的基层司法档案存量有限，既有研究因而多围绕大理院展开。景宁司法档案系统展现了北洋政府时期县级司法制度由司法独立、兼理司法到行政司法分合这一曲折且不彻底的历程。

1912年，景宁县设立执法科，县知事兼理执法长，执法员予以协助。1913年1月，政府颁布法令规定未设置审判厅的各县，根据地方需要，可酌情设立帮审员一到三人，一名监狱管理员。随后，设有帮审员的各县在县公署内设立审检所，帮审员专门负责民刑诉讼案件的初审与相关上诉案件。就景宁北洋政府时期档案所见，景宁县执法科改组审检所，实行期自3月1日起算，景宁县保存有1913年审检所每月呈报公费清册，涉及囚粮册、承发吏、雇员、仆役、司法警察、公役、狱卒、杂费等。

1914年，北洋政府裁撤审检所。袁世凯以大总统教令的形式颁布实施了《县知事兼理司法事务暂行条例》，规定“凡未设法院各县之司法事务，委任县知事处理之”，“县知事审理案件得设承审员助理之”。同时颁布《县知事审理诉讼暂行章程》，主要涉及案件管辖与受理、诉讼的提起、县知事和承审员的回避、审判与上诉以及判决的执行等程序性问题。县知事审理案件的结果有三种，即批行、谕行和判决。“县知事审判上文书分左列三种：一、对诉讼人呈请有所准驳者，以批行之；二、对诉讼之进行有所指挥者，以谕行之；三、就该案为第一审之终结者以判决行之。”

1916年8月，浙江省公布《各县审检所办事暂行章程》，正式复设审检所。章程规定“未设审判厅之各县地方均一律于县公署内设审检所，以掌理该管辖内依民国法令属于第一审之民刑诉讼事件”，“审检所以专审员办理审判事务，以县知事兼行检察事务”。1916年9月，景宁县复设审检所，专审员成为审理案件的主体。然而，新任浙江省省长齐耀珊于1917年3月8日上书中央，表示浙省审检所在人员、财政两不具备的情况下，实属“窒碍情形”，所以“拟请变通办法”。随后各县审检所陆续被裁撤，改为承审处，浙江省重回县知事兼理制度。1917年3、4月间，景宁县依浙江省规定，裁撤审检所，恢复县知事兼理司法制度，并一直延续到南京国民政府初期。

此后，北洋政府未大幅度调整基层司法审判机构，景宁县司法机关有遴选司法机关执法课员、查办佃租、工赈等的权利。县公署成为民刑诉讼的审判机构，在裁决民刑事案件时，县知事往往会依据《刑律》与大理院的判例裁断。1924 年，当法警拿获李某等聚众赌博后，知事张应铭依据《刑律》第二百七十六条处以罚金，没收赌具。

景宁畲族自治县档案馆北洋政府时期档案具有特定区域与特定时期的双重属性，涉及北洋政府时期浙江省、瓯海道、景宁县等三级机构的行政、财政、司法、警政、教育等领域。该档案内容系统、民族特色鲜明且具有独特的基层视角，充分展现了现代基层政权建设与社会变迁，为深入研究北洋政府时期基层行政体系转型、民初基层司法裁判实践与中西法律冲突、近代学制转型与北洋基层教育变迁、警政与北洋政府时期基层治理等提供了珍贵的一手文献，为认知近代基层社会变迁提供了“浙南样本”。

（撰稿：张凯、陈静、何伟东）

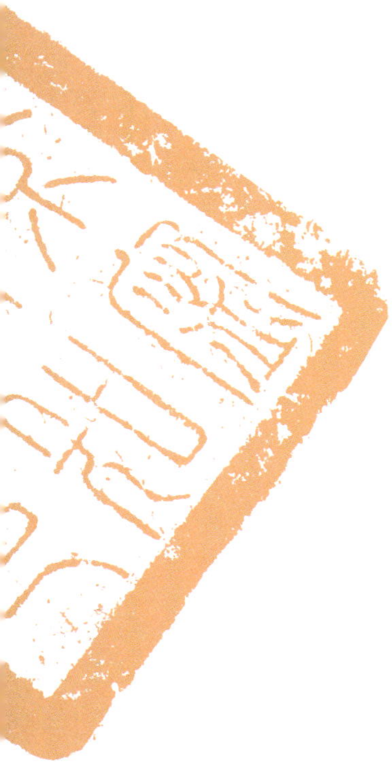

景宁县审检所呈报本年四月份公费清册的呈文
（一九一三） 0261-004-0101-047

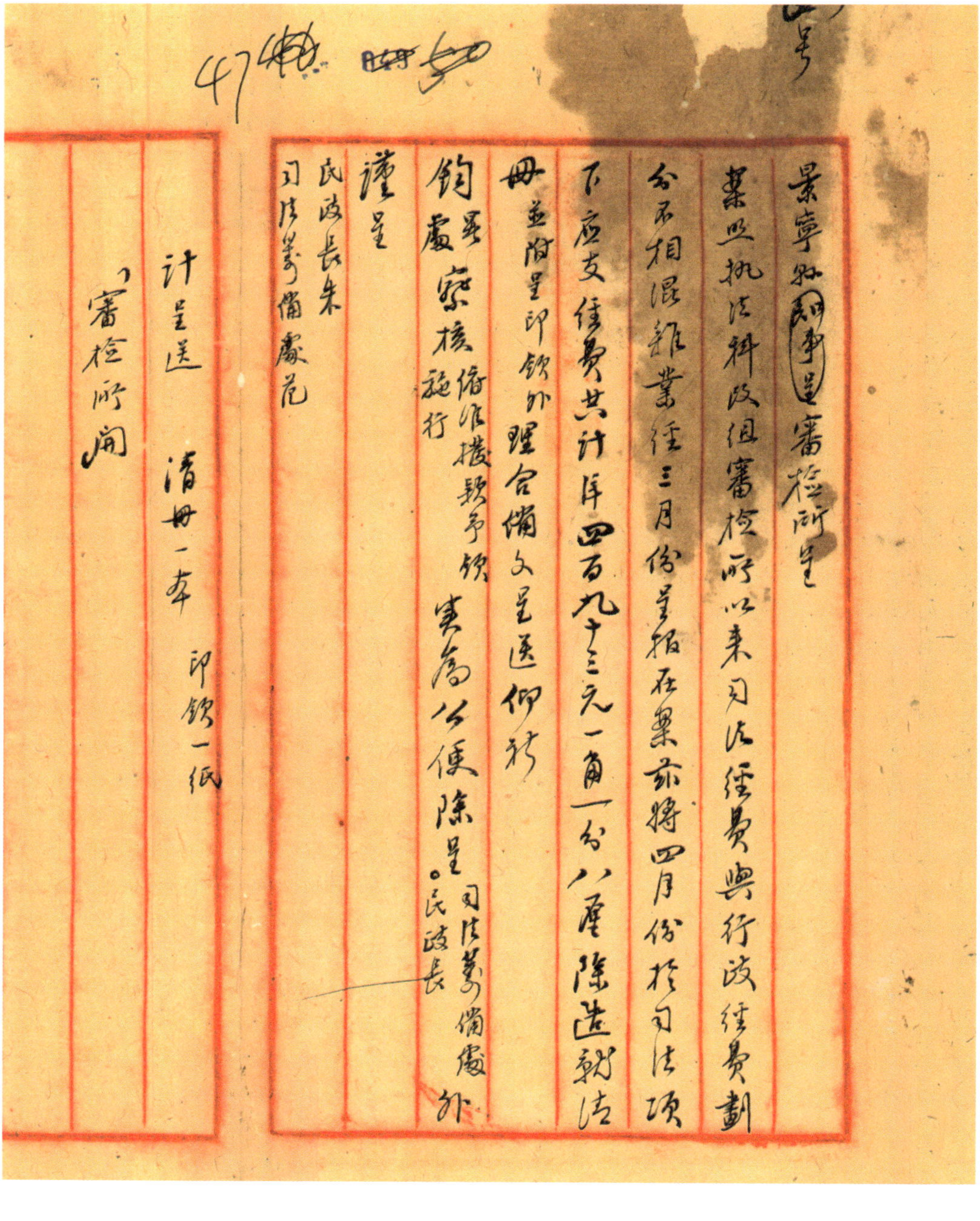
景寧縣知事呈審檢所呈
案照執法科改組審檢所以來司法經費與行政經費劃
分不相混雜業經三月份呈報在案茲將四月份於司法項
下應支經費共計洋四百九十三元一角一分八厘除造就清
冊並附呈印領外理合備文呈送仰祈
鈞署 鑒察核俯准撥款予領 實爲公便除呈 司法籌備處 民政長 外
鈞處 鑒核施行
謹呈
民政長朱
司法籌備處范
計呈送 清冊一本 印領一紙
審檢所閱

48

鉴奉

民政长
钧署 训令内开囚粮一项向系按照规定每月每名〇五元
並防樽節開支按每人每日以洋六分計算自本
年六月一日起實行仍由各縣按月造冊二分以一分
送司法籌備處由處長核准留司核銷以一分逕送財
政司備查等因在案三月份囚糧應支實數業經呈報在案
茲將四月份在監人犯按管獄員報告實數共計四十七
名從撙節開支以來應支囚糧洋伍拾七元三角除呈報
民政長
司法籌備處 外理合造具清冊呈報仰祈
鈞長鑒核 備案 施行實為公便謹呈
司法籌備處范
浙江民政長朱
計呈送
囚糧冊一本

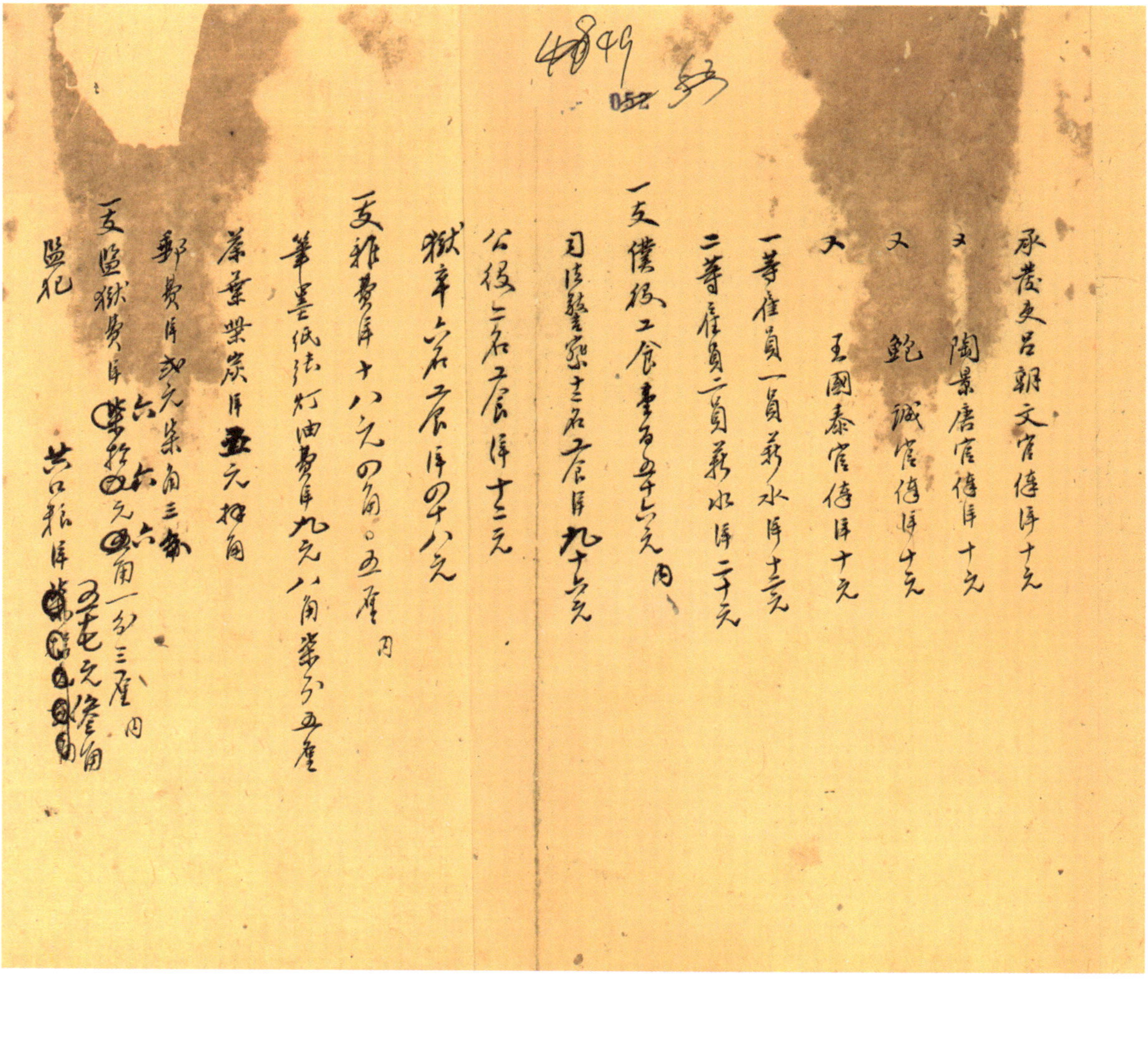
4849
052

承發吏呂朝文官俸洋十元
又 陶景唐官俸洋十元
又 鉋珹官俸洋廿元
又 王國泰官俸洋十元
一等雇員一員薪水洋十六元
二等雇員二員薪水洋二十元
一支僕役工食壹百五十六元 内
司法警察十三名工食洋九十六元
公役二名工食洋十二元
獄卒六名工食洋四十八元
一支雜費洋十八元四角〇五厘 内
筆墨紙張灯油費洋九元八角柒分五厘
茶葉柴炭洋五元捌角
郵費洋二元柒角三分 六 六 六
一支監獄費洋[illegible]元[illegible]角一分三厘 内
監犯
共口粮洋[illegible]元叁角

50409

景寧縣審檢所知事陳烨、幫審員樓之成造送中華民國二年四月分領支公費清冊呈請

鑒核

計開

收入

結存項下

狀面洋二十一元六角六分

舊狀面每張小洋一角 印刷費扣小洋 大洋六分六厘

去年八月批解十二元

領款項下

印紙洋六十九元四角

總共收入洋九十一元零六分

支出

經常費項下

一支官俸洋壹百九十六元內

幫審員樓之成官俸洋五十元

管獄官馬瑞河官俸洋三十六元

書記吴作舟官俸洋二十元

書記陳鄭謙署官俸洋二十元

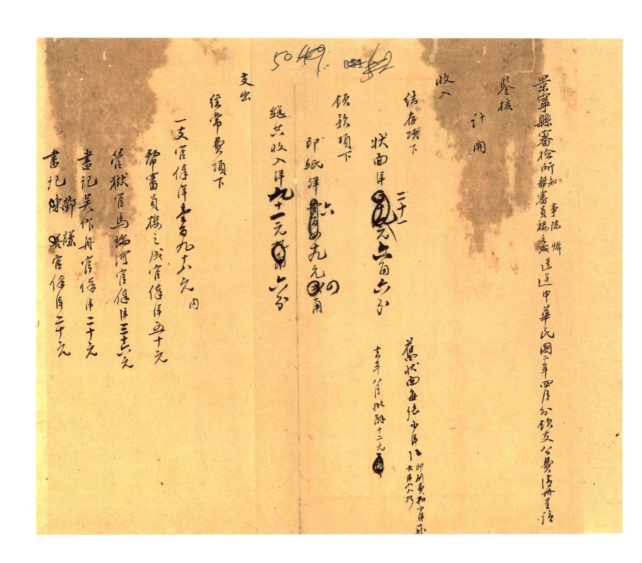

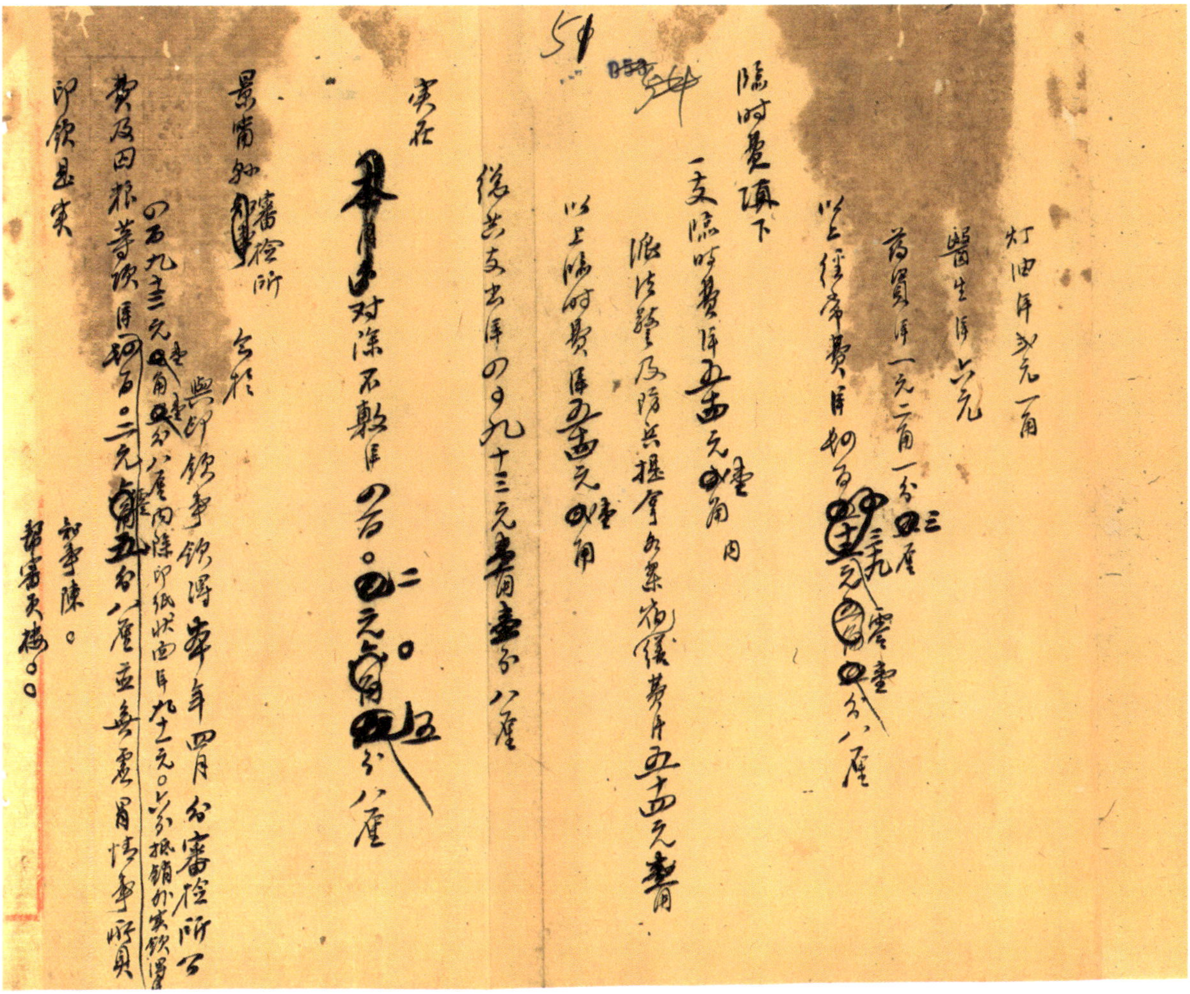
灯油洋貳元一角
醫生洋六元
藥費洋一元二角一分四厘
以上經常費洋捌百三十九元零壹角四分八厘
臨時費項下
一支臨時費洋五十四元壹角 內
派法警及防兵提拿各案犯川資費洋五十四元壹角
以上臨時費洋五十四元壹角
總共支出洋四百九十三元壹角壹分八厘
實在
本月份對除不敷洋四百〇二元四角五分八厘
景甯知事兼審檢所 會核
四百九十三元壹角一分八厘內除印紙狀面洋九十一元〇六分抵銷外實欽得
與印欽爭欽得本年四月份審檢所公費及囚糧等項洋四百〇二元四角五分八厘並無虛冒情事所具
印欽息實
知事陳〇
幫審員楊〇〇

景寧縣審檢所提捕各案用費一覽表

民國貳年肆月份

起訴人	被訴人	案由	提捕日期	法警名數	防兵名數	路程	往返日期	膳宿費
林炳德	林祖德	開場聚賭	三日	二名		一百二十里	限四日	貳元肆角
陳重慶	徐步慶等	搬搶兇毆	三日	二名	六名	九十里	限三日	柒元貳角
朱火德	朱岩崙	率子毆傷	十一日	三名		八十里	限三日	貳元捌角
朱火第	朱學土	燒屍圖滅	十一日	四名	八名	八十五里	限三日	拾元零捌角
吳景周	林培三	率弟行兇	十四日	三名		五十里	限二日	壹元捌角
朱學第	趙沛為	局賭害命	十六日	二名		赴瑞安地界二百里	限五日	叁元
林炳德	林祖德	設局聚賭	十七日	四名		一百二十里	限四日	肆元捌角
周會豐	高温昌	盜砍坟木	二十二日	四名		一百二十里	限四日	肆元捌角
林火德	楊岩崙	人被毆傷	二十六日	三名		一百里	限三日	貳元柒角
徐敬儒	徐世模	誘奸孀婦	二十六日	二名		九十里	限三日	壹元捌角
禁烟局	詹亞順	吸烟局賭	二十六日	四名		一百二十里	限四日	肆元捌角
禁烟局	詹亞順	吸烟局賭	三十日	六名		一百二十里	限四日	柒元貳角

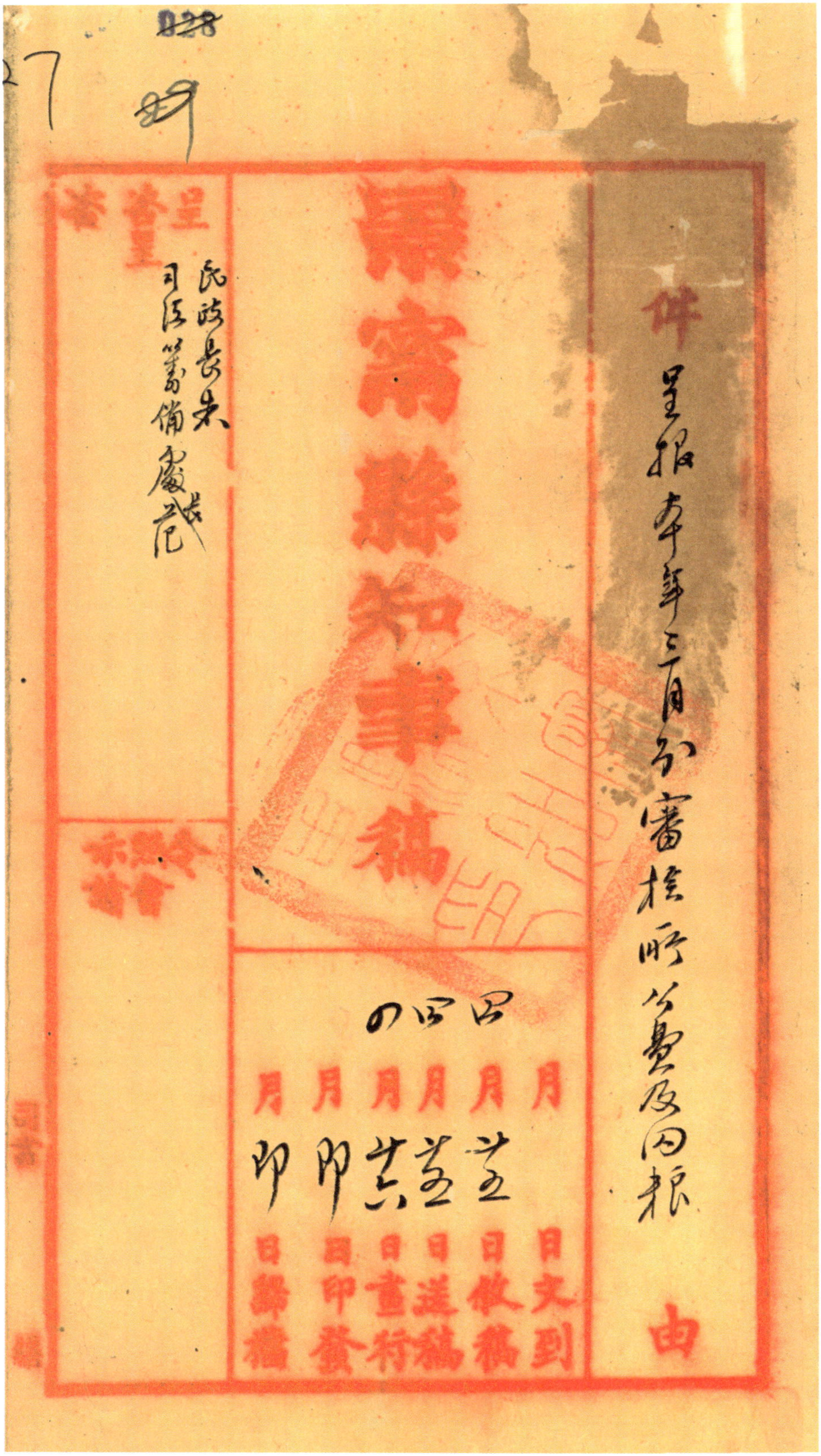

景寧縣知事稿

件

呈報本年三月分審檢所公費及因糧

由

呈

民政長朱
司法籌備處長

月　日文到
月　日擬稿
月　日送稿
月　日畫行
月　日印發
月　日歸檔

景宁县知事为呈报本年三月份审检所公费及因粮开支清册致浙江民政长的呈文

（一九一三年四月二十五日）　0261-004-0101-027

主稿

月

日

28

景寧知事呈

案照執法科改組審檢所實行期自三月一號起原爲司法行政劃清權限起見但權限既清則司法經費與行政經費亦當分劃呈報茲將司法項下應支三月分經費俱從撙節開支共計洋四百九十三元一角五分七

呈除造就清冊並附呈印領外理合備文呈送仰祈

鈞署
鈞處

察核俯准撥款予領施行實爲公便謹呈

○司法籌備處
○民政長

鄭

行政公署用印領、

浙江民政長朱
司法籌備處長范

計呈送審檢所開支清冊一
印領一紙

景甯縣審檢所知事陳煒
幫審員楊兆成謹送中華民國二年三月分錢支付

費清冊呈請

鑒核

計開

收入

結存項下

無

餘款項下

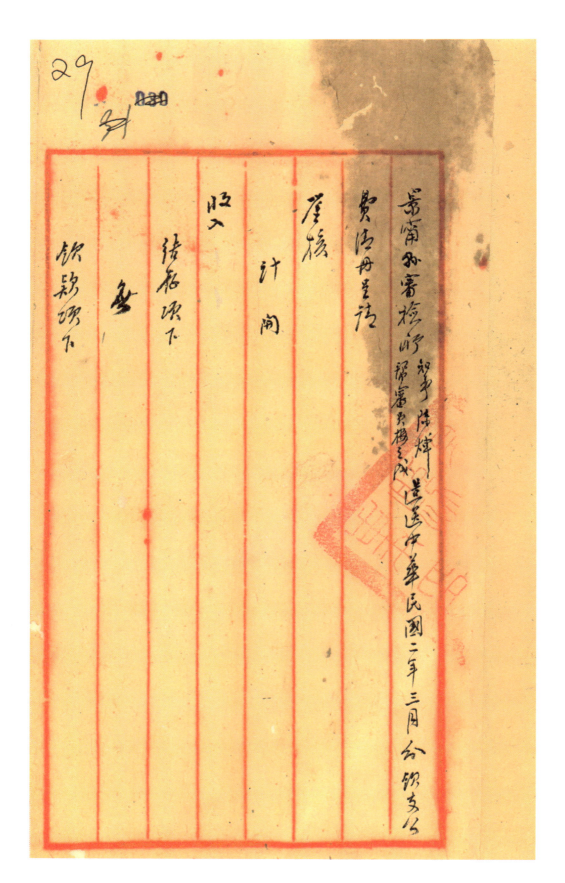

無

支出

經常費項下

一支官俸洋壹百九十八元 内

幫審員楊之咸官俸洋五十元

管獄官馬瑞河官俸洋三十八元

書記吴作舟官俸洋二十元

承發吏吕朝文官俸洋十元

又 鮑誠官俸洋十元

又 陶景唐官俸洋十元

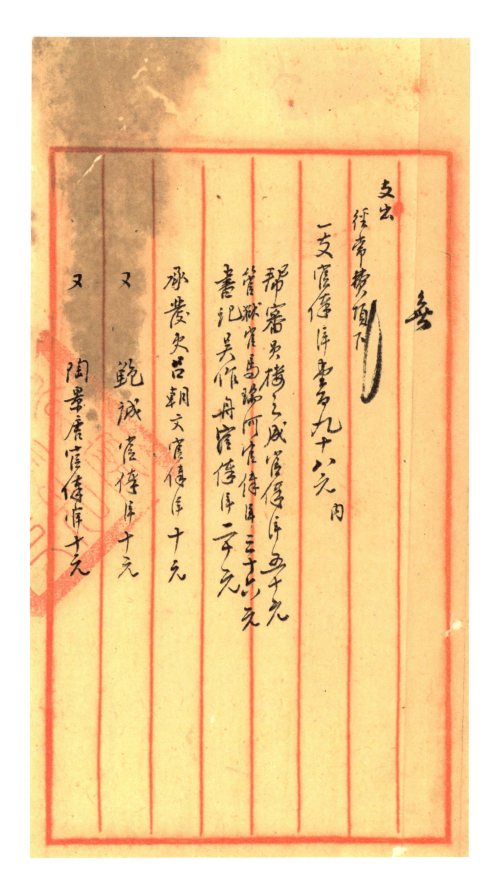

又　王國泰　官俸洋十二元

檢驗吏譚壽松　官俸洋十六元

又　陳善　官俸洋十六元

雇員二員　每員十元　薪水洋二十元

一支　僕役工食洋壹百五十六元　內

司法警察十二名　工食洋九十六元

公役二名　工食洋十二元

獄卒六名　工食洋四十八元

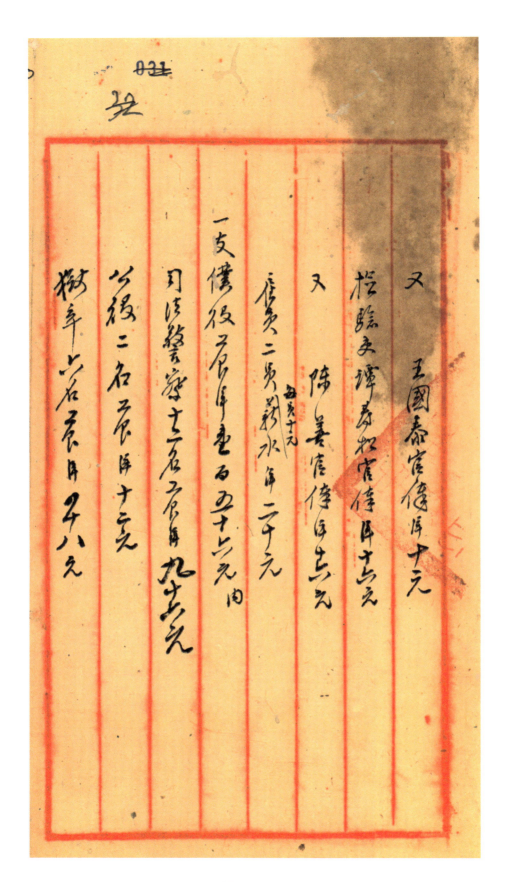

一支粮费洋十一元八角八分三厘

笔墨纸张灯油费洋拾元六角三分三厘

茶叶柴炭洋贰元一角七分

邮费洋壹元〇八分

一支监狱费洋柒拾五元七分四厘

监犯已决二十二名 未决十六名 囚粮洋六十五元一角

易脩文表呈 核

灯油洋六元三角四分

医生医药费洋六元四角五分

032

33

茶紙費洋壹元七角三分〇厘

以上經常費洋〇百四十元九角五分七厘

臨时費項下

一支臨时費洋五十二元貳角

派法警及勝兵提拿各案膳宿費洋 五十二元貳角 另表附

以上臨时費洋五十二元二角

總共支出洋數為九十三元一角五分七厘

實在

無

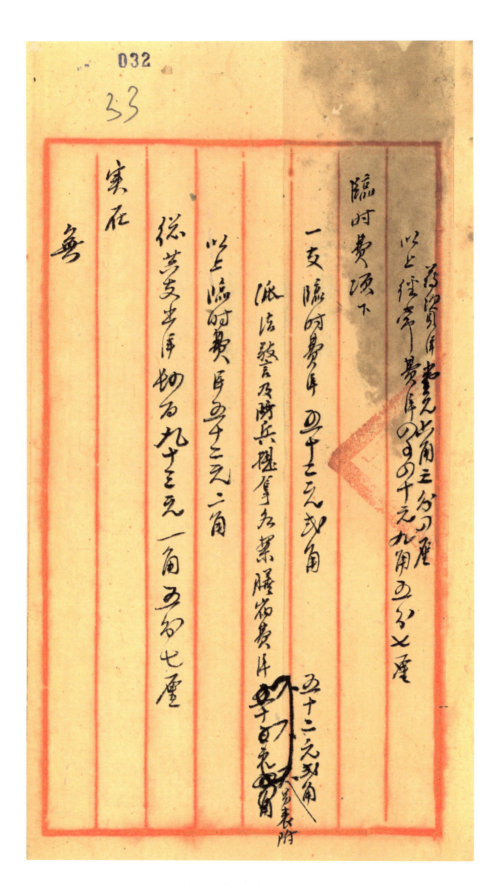

景甯縣知事 台核

照即領事領得本年三月分審

檢所公費及囚糧等欵洋四百九十三元一角五分七釐並

無虛冒情事所具印領是實

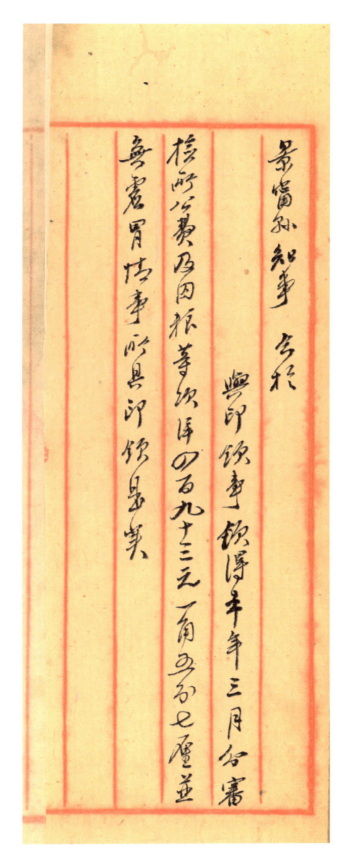

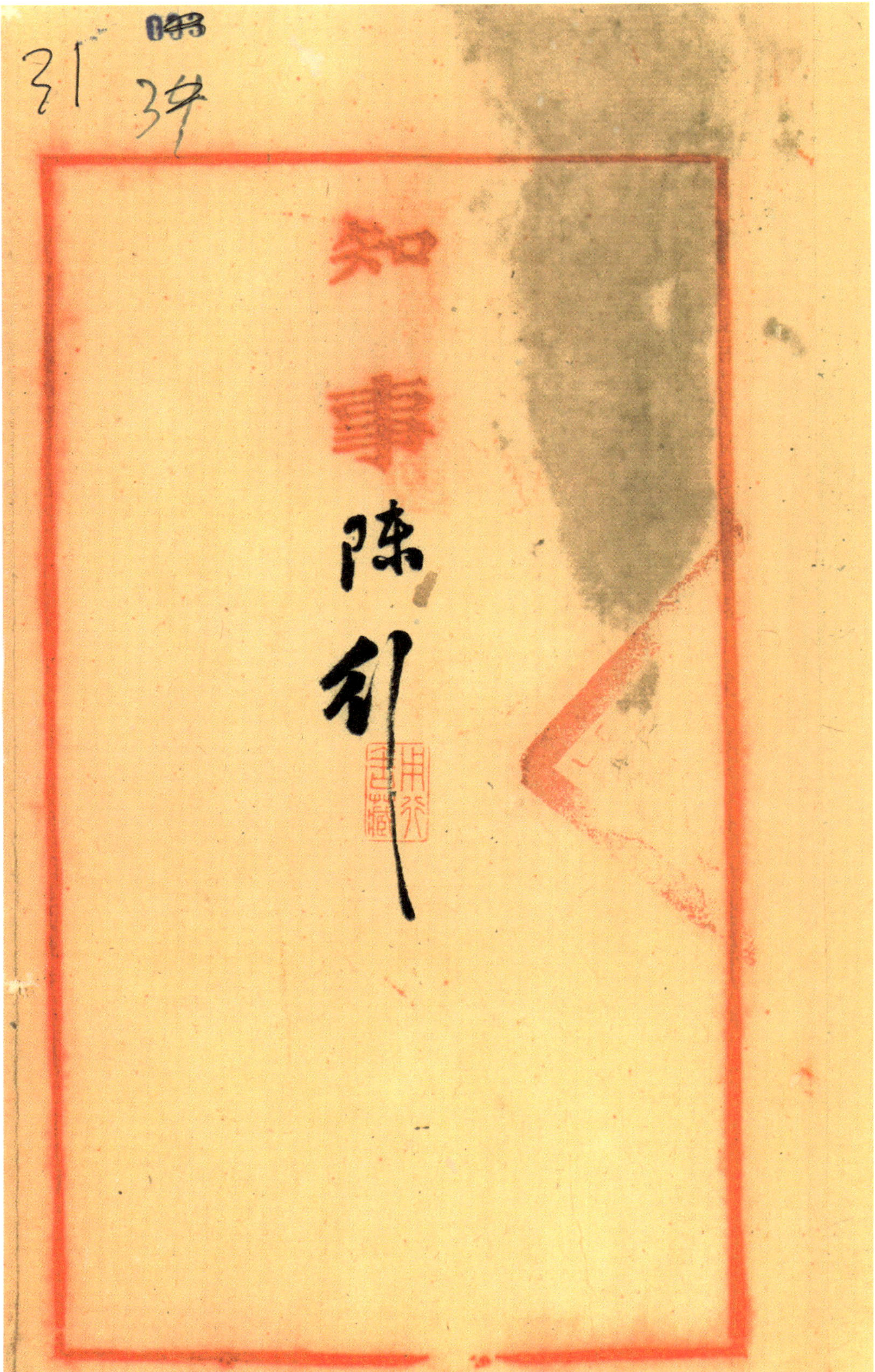
知事
陳

中華民國二年四月廿五日

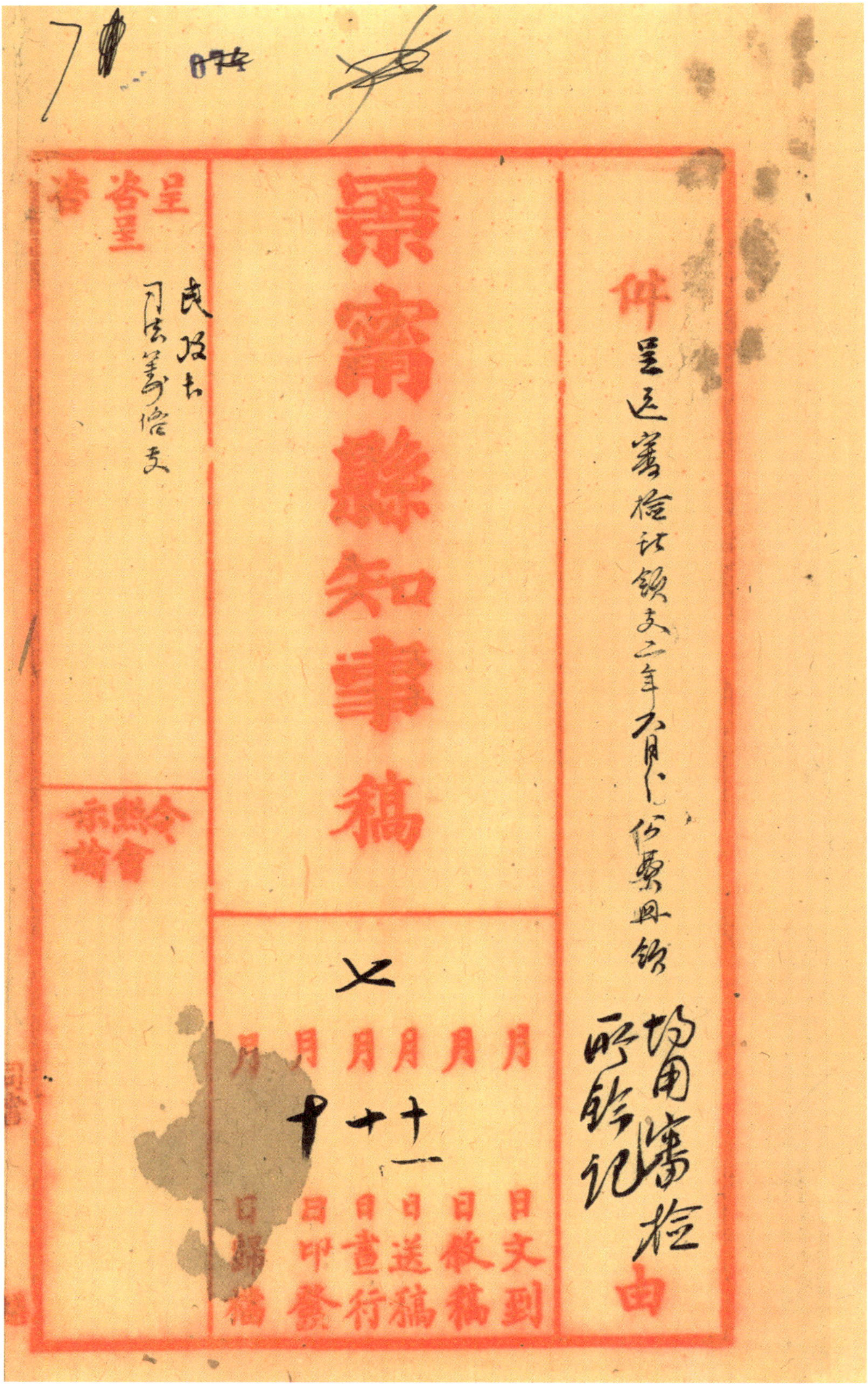

景寧縣知事稿

呈
呈咨

民政長
司法籌備處

件
呈送審檢所領支二年六月份公費四冊

由
均由審檢所鈐記

七月十一日

文到 收稿 送稿 畫行 印發 歸檔

令飭 會稿

景宁县知事为呈送审检所领支二年六月份公费清册的呈文
（一九一三年七月十一日） 0261-004-0101-071

主稿官

月

日

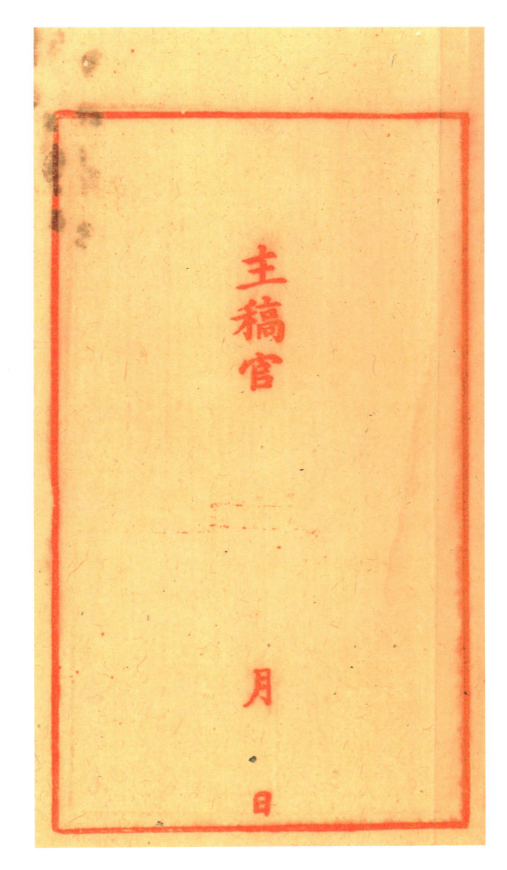

72

景甯县审检所呈

案照现在科改组审检所以来，司法费经与行政经费划分不相混杂，业经五月分呈报在案。兹将六月分司法项下应支经费共计四百笔元零八分，除造就清册，并附呈印收外，理合备文呈送，仰祈

署 鉴核 俯准拨款予收，实为公便。除呈 司法筹备处
钧处 鉴核施行 民政长外

谨呈

民政长朱

司法筹备处长范

计呈 清册一本 印收一纸

73
076

景宁知县审检所知事陈焯、帮审员楼之岚谨造中华民国二年七月分钱粮文件数清册呈请

鉴核。

计开

收の

结存项下

无

领款项下

无

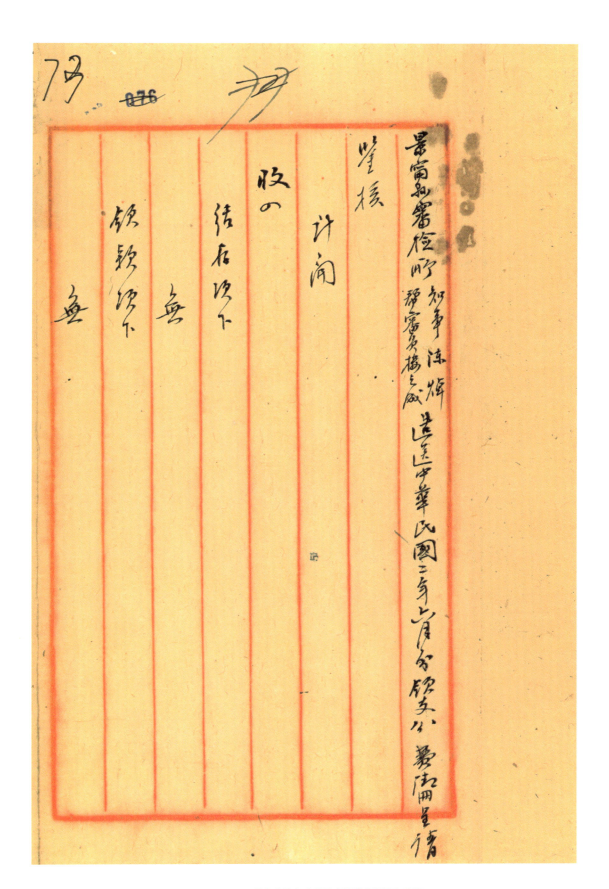

支出

经常费项下

一支官俸洋壹百九十八元 内

帮审员楼之椒官俸洋百十元

管狱员马瑞河官俸洋三十六元

书记吴作舟官俸洋二十元

又 袁谱官俸洋二十元

承发吏吕纲文官俸洋十二元

承發吏陳豪官俸洋十元

又　鮑誠官俸洋十元

又　陳彰官俸洋十元

一等雇員一員薪水洋十二元

二等雇員二員薪水洋二十元

一支僕役工食洋壹百零六元　內

司法警察十二名工食洋九十六元

公役二名工食洋十二元

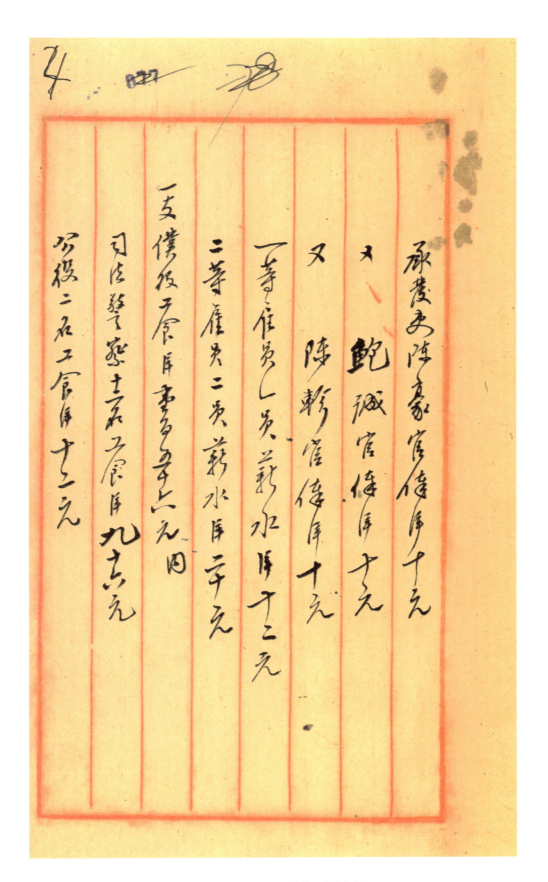

狱卒六名工食洋四十八元

一支雜費洋七元六角九分

筆墨紙張灯油洋十元五角五分

茶葉煤炭洋六元三角四分

郵費洋叁元一角

一支監獄費洋七十六元贰角六分

監犯口粮洋六十七元六角

灯油洋贰元一角

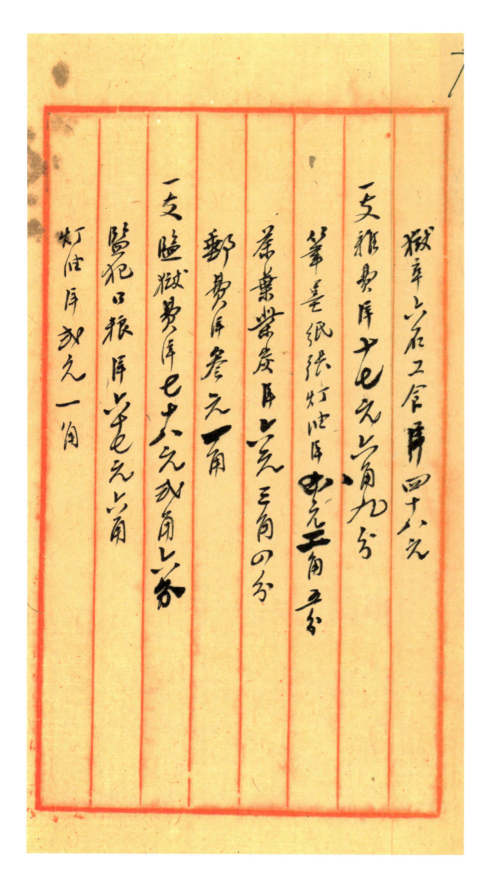

75

醫生洋六元
藥費洋贰元五角六分
以上經常費洋四百四十九元九角五分
臨時費項下
一支臨時費洋叁拾柒元伍角叁分
病斃監犯一名棺木等費洋柒元五角三分
派法警防兵提拿逃犯膳宿費洋三十元
以上臨時費洋叁拾柒元伍角叁分

總共支出洋四百八十七元四角八分

實在

無

業前知審檢所　查核

與印領事簿本年六月分審檢

所費並自籌本年四百八十七元四角八分中間並無虛

冒情事所具領結是實

75

0278

知

事

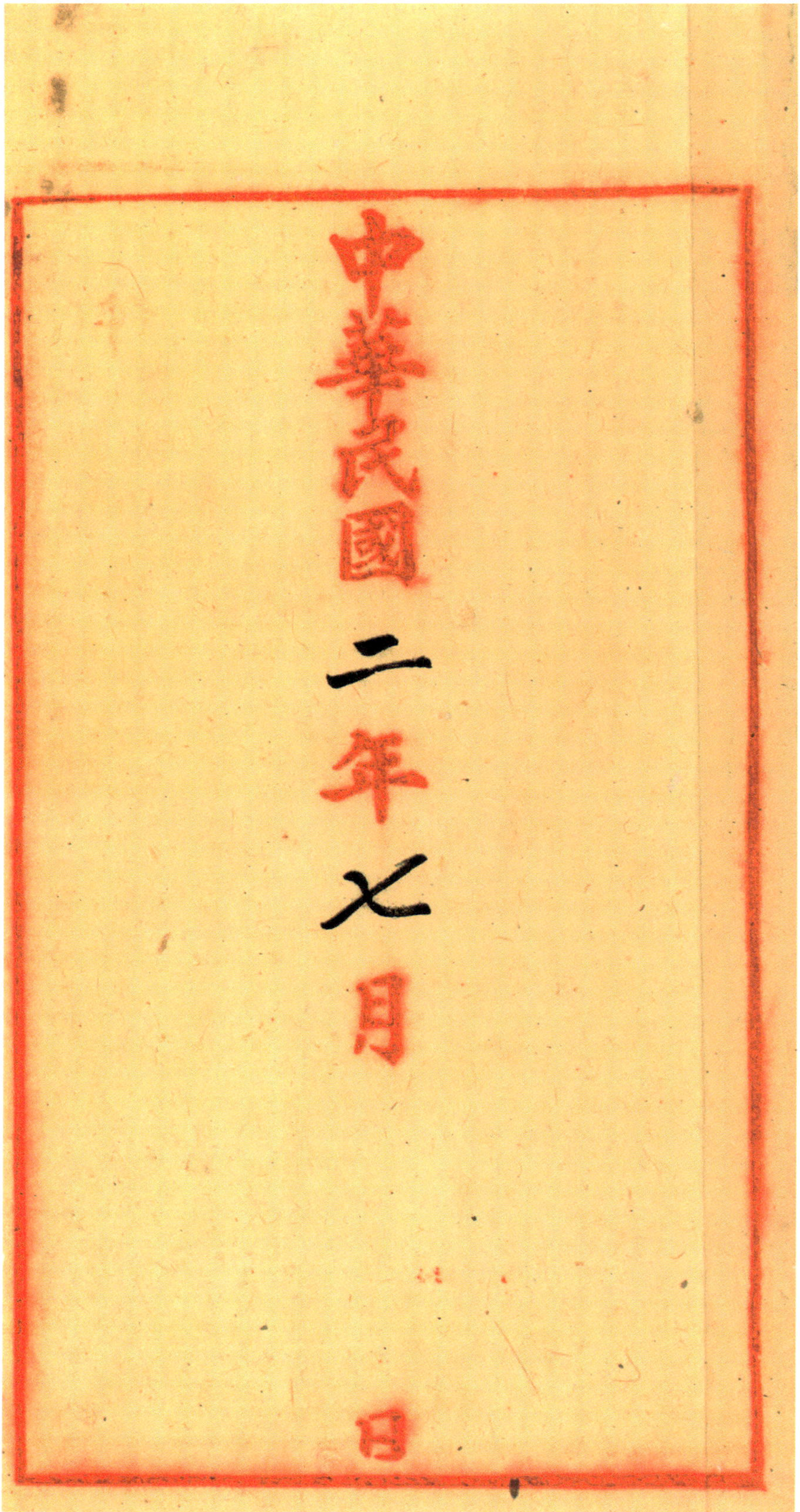
中華民國二年七月　日

浙江司法筹备处关于订定印花税票专则转饬照办的训令（附各级审检厅借用印花专则）

（一九一三年八月七日）　0261-004-0070-071

118

071

办理印花税

浙江司法籌備處訓令第例號

民國二年八月廿四

收到

令景寧縣審檢所

本年七月三十一號奉

司法部訓令第三百十二號內開准

財政部函開印花稅票擬請

由京外各級審檢廳於發行狀紙處代為兼售以謀便利等因

本部查核所訂專則尚無窒礙茲將原文鈔交該廳查照辦

理此令附原文一件等因奉此合亟抄錄原文令仰各該所一體

遵照辦理此令

71

附原文一件

中華民國二年八月七日代理庭長許奠三

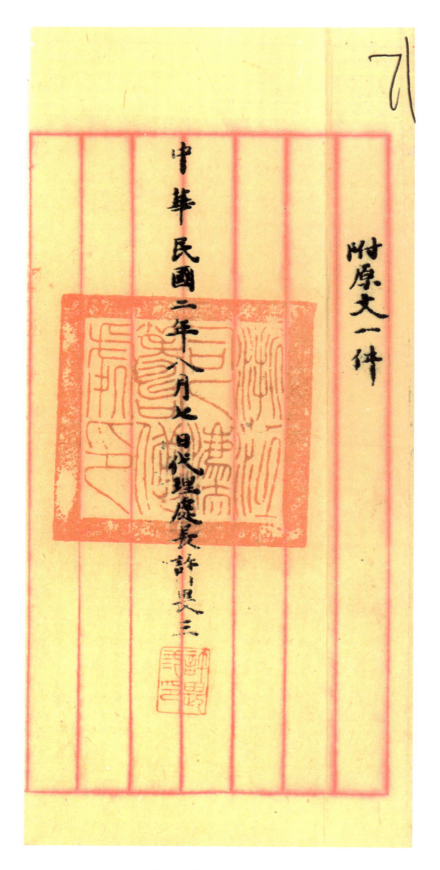

119

072

原文

逕啟者發行印花税票一事曾經函請
貴部轉飭審判廳出示曉諭在案查印花税法爲民國創
行之新税欵民間多有未知審判官爲尊重法律並保護
人民財產起見遇有未經貼用印花之憑證書類其業主定係
不知並非故意脱税者不能不當堂令其補貼俾歸有效惟
發賣印花處所往往甚遠往返須時法庭訟案繁多碍難
以待若不俟印花之購至而遽與判決則不貼印花亦可受法
律之裁判税法將等於具文此種窒碍情形所在多有本部

72

為謀便利起見擬請由

貴部轉飭各檢察廳於發賣狀紙處兼售印花訴訟時遇有應補貼印花者即令向發賣狀紙處購取小民省奔走之勞公家得推行之便一舉而數善備焉為此另訂發交京外各級審檢廳備用印花專則六條函請

貴部查核如屬可行希即轉飭照辦毋任企盼此致

司法部

附專則一件　報告冊一紙

發交京外各級審檢廳備用印花專則

第一條 京外各級審檢廳遇有未貼印花之契據憑摺帳簿依法應補貼者如因購買印花有周折不便情事得由該審檢廳代收票價發貼並責令依法蓋章畫押

第二條 此項印花京師各級審檢廳由總發行所酌量分配函送備用嗣後陸續應用印花不干由各該廳自行估計分別開單函知總發行所核發其各省各級審檢所廳應經由各該省國稅廳發交辦理

第三條　京外各級審檢廳發貼印花所收票價京師應解交總發行所外省應解交各該國稅廳其解款期限定為每月一次

第四條　京外各級審檢廳解交此項票價時應造具報告册送交原發票處以憑稽核其册式由總發行所擬定之

各廳為辦理前項事務得照印花稅法施行細則第九條酌提公費

第五條　京外各級審檢廳發貼印花收取票價應按照票面價

74

074

121

格不得增減無論銅圓小洋作價應與發售狀紙一律辦

理

第六條 本專則未盡事宜得由財政部隨時函知司法部

轉行照辦

景宁县知事为换造七八月份司法费清册并补送囚粮表册的呈文（一九一三年九月二十四日） 0261-004-0101-089

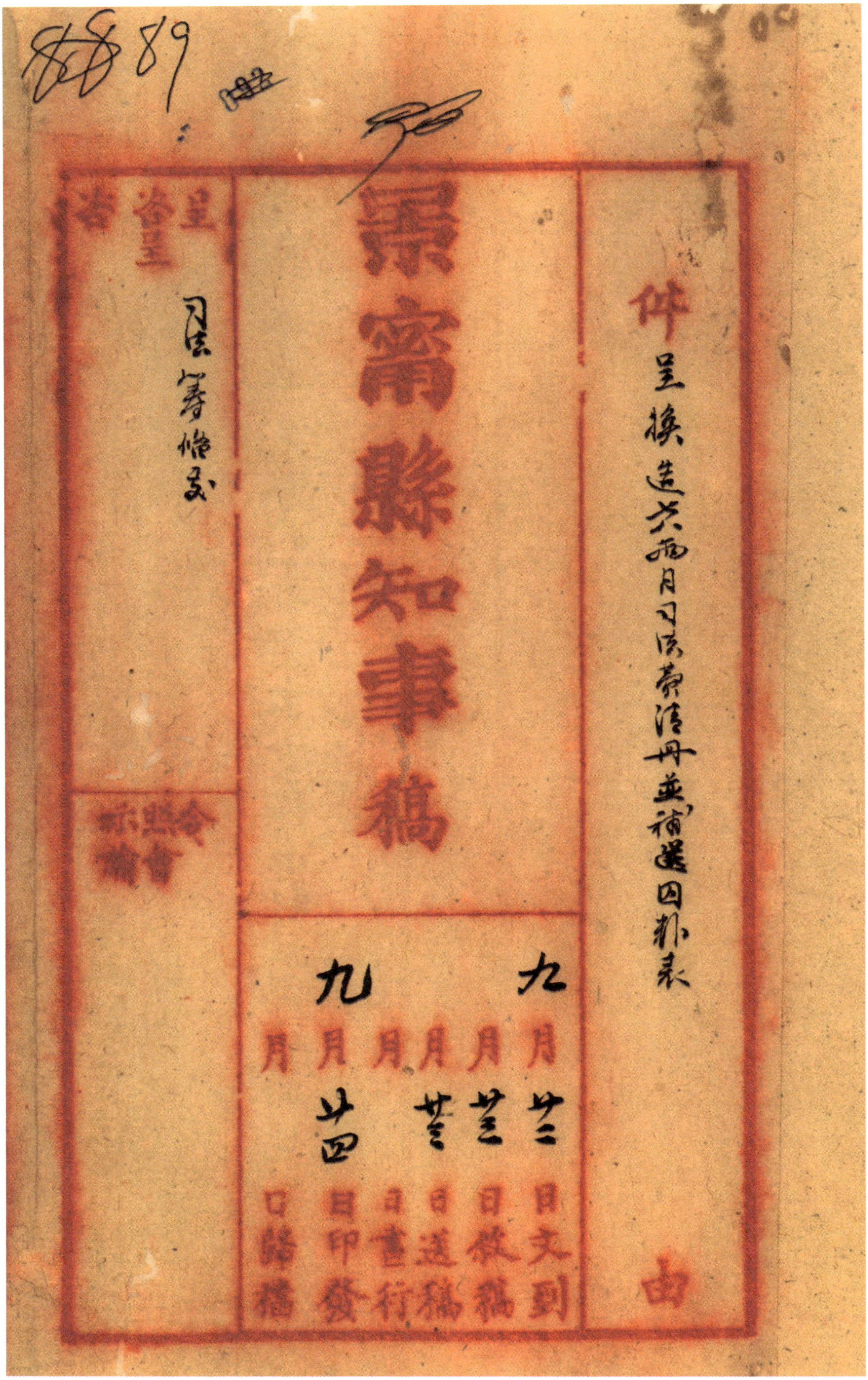
景寧縣知事稿

件 呈換造七八月司法費清冊並補送囚糧表 由

呈 咨 呈 咨

司法筹備處

令 照 示 諭 會

九月廿三日文到	月廿三日擬稿	月廿三日送稿	月日書行	九月廿四日印發	月日歸檔

主稿員　　月　日

書記　　月　日

景甯縣知事審檢所呈

本年九月二十二日奉

鈞處指令第一千五百零五號因開案據該所造呈七月分

司法公費清冊一本云云嗣後應即遵照辦理等因奉此（計發造司法公費清冊一本）

查七月分囚粮表曾經呈送蒙核准銷八月分囚粮表亦

經先造呈送在案茲奉指令更醫生藥資等費應在雜

費項下開支以清款目自應遵即更正并（合再補）造七月八兩月司

法公費清冊二本並附囚粮表二紙備文呈送仰祈

鈞長察核轉銷實為公便，謹呈
浙江司法籌備處長許
計呈送
七月分清册一本　因粮表一纸
八月分清册一本　因粮表一纸

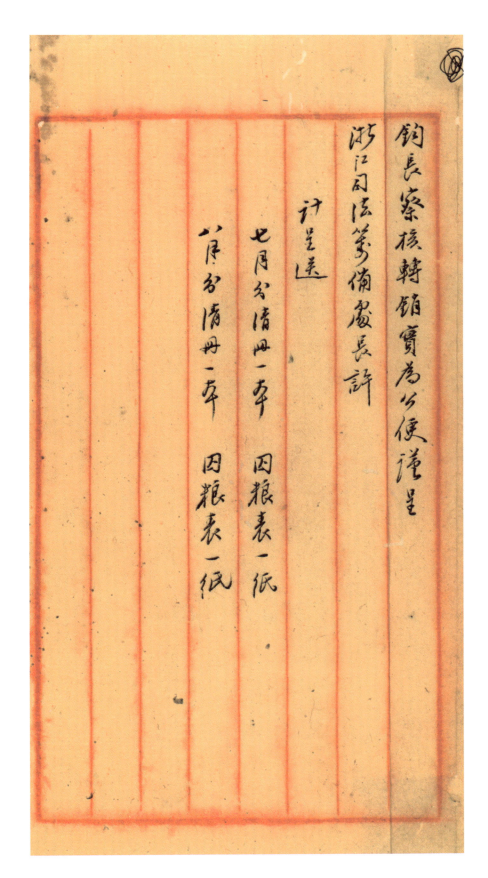

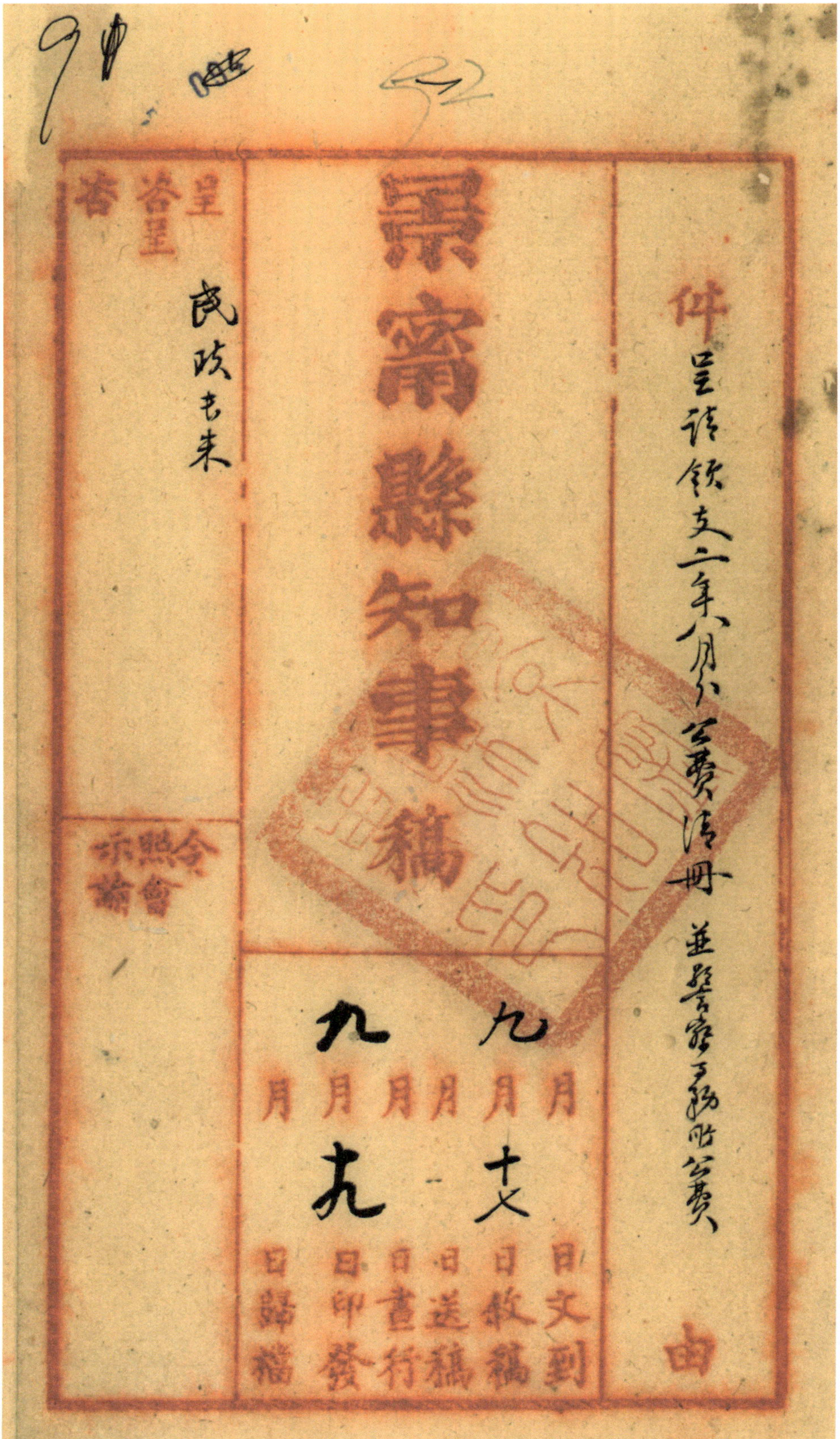
景寧縣知事稿

件 呈請領支二年八月分公費清冊 並警察事務所公費 由

呈 咨呈 咨
民政長朱

令 照會 示諭

文到 月 日
叙稿 九月十七日
送稿 月 日
書行 月 日
印發 九月九日
歸檔 月 日

主稿員

月

日

書記

月

日

呈賓縣知事呈

查本縣公署行政公費業經遵照本年三月實行改組各縣行政官廳暨……呈報至本年七月止

案照改組各縣行政官廳以三月一日為實行之期業經七月份

公費呈報在案現奉

鈞署訓令第二千七百三十一號內開各行政官廳以及未改組之司

法機關應支俸薪均分別等次量為核減凡官俸在一百元以上

者均照八成核發不及一百元者均按九成核發自三十元以下似照數發

給即自八月一日起一律實行等因奉此遵即自八月一日起均照核減

毋論有無兼理司法本縣公署應支三等公費遵照核減

理合將八月份應支三等縣公費應實支銀七百九十七元八角

八分三厘理合附具印领併造表册備文呈送仰祈

鈞長俯賜批准核銷再此月分活支溢出數目因電費過多

實難撙節並以核實列報合併聲明謹呈

浙江民政長朱

计呈送

清册二本

印领一纸

决算表一纸

景甯縣知事呈

案據警察事務所所長薛頌坡呈稱所長書記官俸

俸元業已呈乞轉飭至本年七月分止在案所有九月分起支公費

所長官俸五十元書記官俸十六元造册具領呈乞轉請

撥給等情據此理合備文轉呈仰祈

鈞長察核准撥實為公便謹呈

浙江民政長朱

計呈送

警察事務所官俸清册一本

印領一紙

景寧知事陳焯造呈中華民國二年八月份收支公費清册呈請

鑒核

計開

收入

借存項下

無

收款項下

無

支出

經常費項下

一支官俸洋五百元弍角 内

知事陳焯官俸洋壹百二十八元

第一科科長一員官俸洋四十五元

第二科科長一員官俸洋四十五元

第三科科長一員官俸洋四十五元

第一科科員一員官俸洋三十二元四角

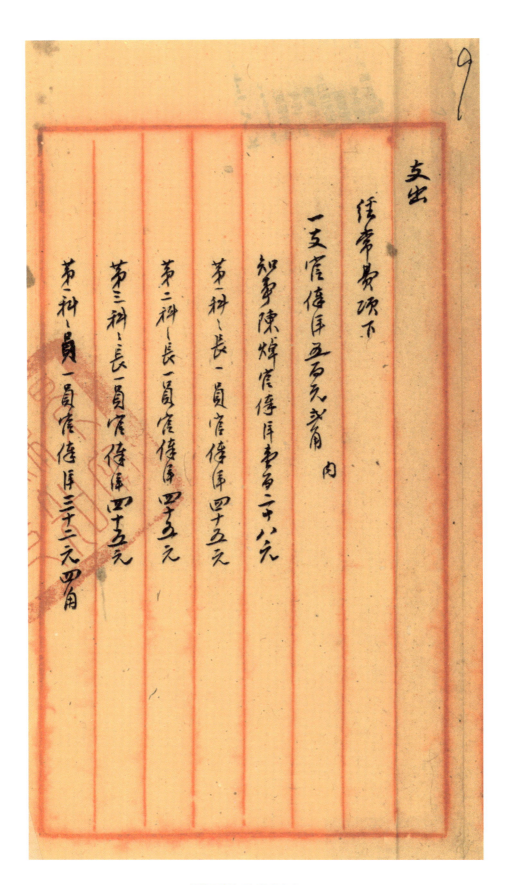

第二科科員一員官俸洋三十二元四角

第三科科員一員官俸洋三十二元四角

一等雇員五員薪水洋壹百元

二等雇員四員薪水洋四十元

一支僕役工食洋三十六元　内

公役六名工食洋三十六元

一支雜費洋貳百叁拾肆元零八分五釐

筆墨紙張灯油費洋貳拾五元四角三分

95

茶葉柴炭洋拾壹元柒角

電報費洋壹百八十四元柒角八分五厘（查八月分來電三十六通每通洋三元八角五分 五分 去電四通每通五角計洋二元并譯費 合計上數）

郵費洋捌元六角三分

專差送告示公文往各鄉工食洋三元五角四分

以上經常費洋柒百七十五元貳角八分三厘

臨時費項下

知事親赴各鄉查勘工賑車夫馬洋二十二元六角

以上臨時費洋二十二元六角

099

57

係發交出庫柒百九十七元四角九分九厘

實在

無

景甯縣知事孫　今於

與印領事領得中華民國二年八月分

公署公費庫柒百九十七元八角八分三厘中間並無虛冒

情弊所具印領是實

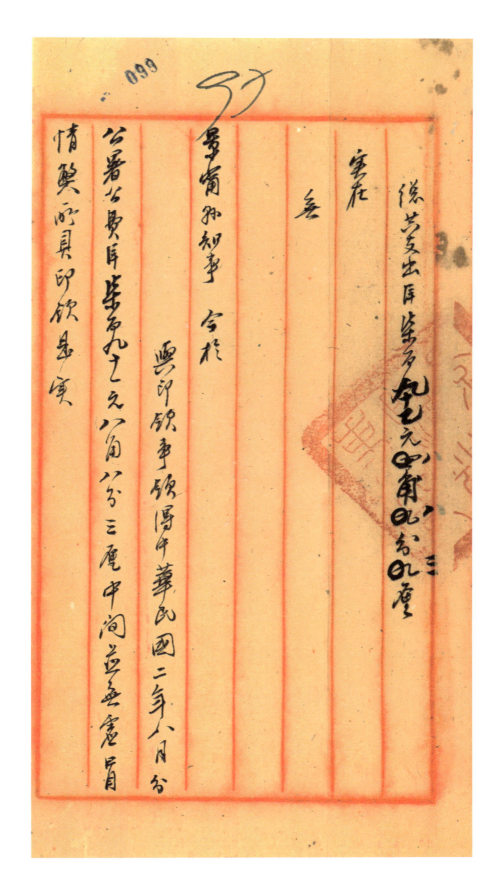

95

景寧縣知事稿

件 呈報審檢所八月分公費 由

呈 民政長朱
咨呈 司法籌備處長許
咨

令 照會
示 諭

月 日 文到
月 日 發稿
月 日 送稿
月 日 書行
九月十九日 印發
月 日 歸檔

主稿員　　月　　日

書記　　月　　日

97

署甯縣知事呈

案查[illegible]縣自法科改組審檢所以來司法經費與行政經費劃分而相混雜無辦法曾經呈報至本年七月分止在案現奉

鈞署

[illegible]江民政長朱訓令第二千七百三十一號內開各行政官廳以及未改組之司法機關應支俸薪均分別等次量為核減凡官俸在一百元以上者均按八成核較不及一百元者均按九成核較自三十元以下仍照數發給即自八月一日起一律實行等因奉此所有應支八月分司法公費遵照核減實支銀洋

四百七十八元七角九分理合造具清册并附具印领备文呈送仰祈

钧署察核俯赐拨款予领实为公便除呈

钧处施行

司法筹备处外谨呈

民政长

浙江民政长朱

司法筹备处长许

计呈送

清册一本　印领一纸

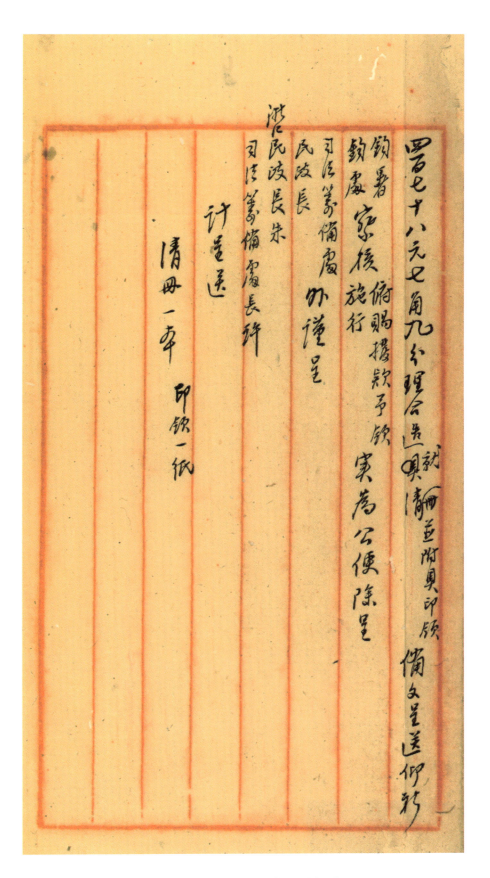

98

署富阳县知事陈烨
审检所帮审员杨之成 造送中华民国二年八月分领支公费清册呈请

鉴核

计开

收入

结存项下

无

领款项下

无

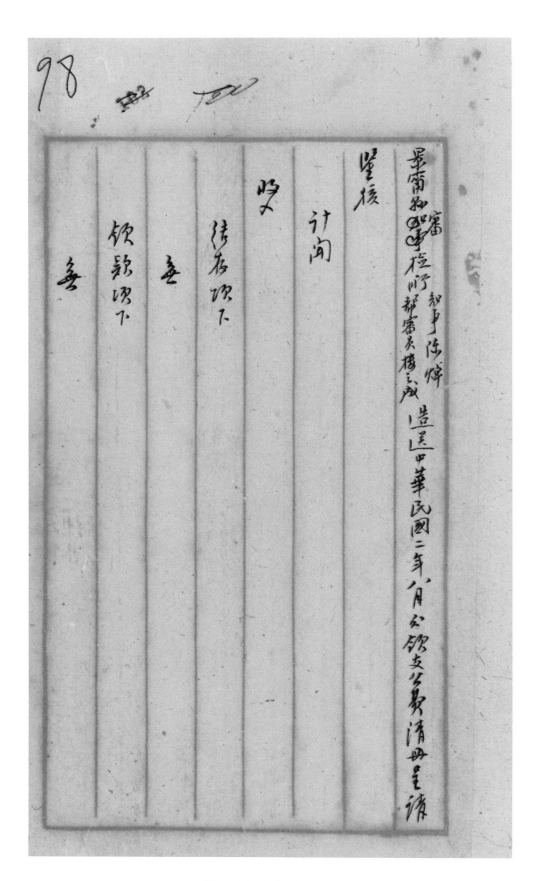

支出

經常費項

一支官俸洋壹百八十九元四角

幫審員樓之成官俸洋四十五元

管獄員馬瑞河官俸洋三十二元四角

書記吴作丹官俸洋二十元

又　　虞譜官俸洋二十元

承發吏吕朝文官俸洋十元

又　陳　豪　官俸洋十元
又　鮑　誠　官俸洋十元
又　陳　乾　官俸洋十元
一等雇員一員薪水洋十二元
二等雇員二員薪水洋二十元
一支傭役工食洋壹百四十四元内
司法警察十二名工食洋九十六元
獄卒六名工食洋四十八元
茶役一名工食洋十二元

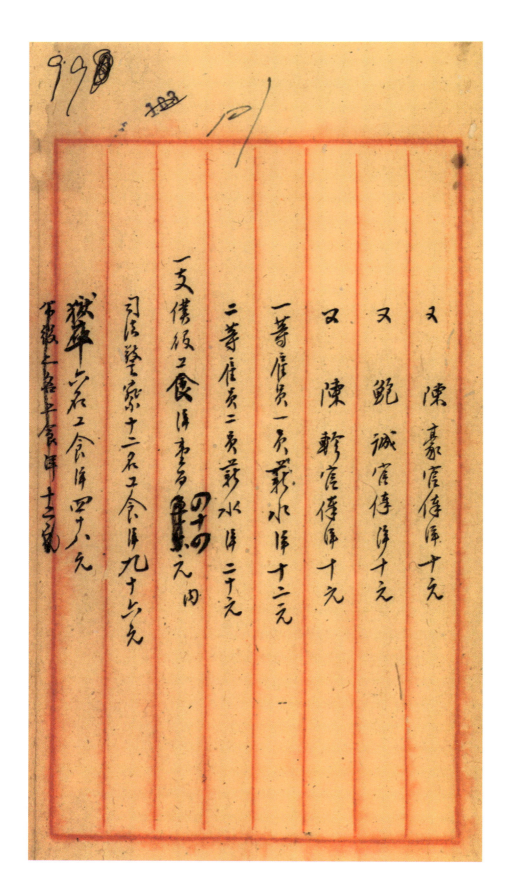

一支雜费洋贰拾四元捌角叁分　内

筆墨紙張灯油柒元捌角三分

茶葉柴炭洋六元五角一分

電报费洋陆元捌角五分

郵费洋叁元六角四分

一支監獄费洋柒拾元贰角　内

監犯口粮洋五拾六元八角八分

灯油洋贰元乙角柒分

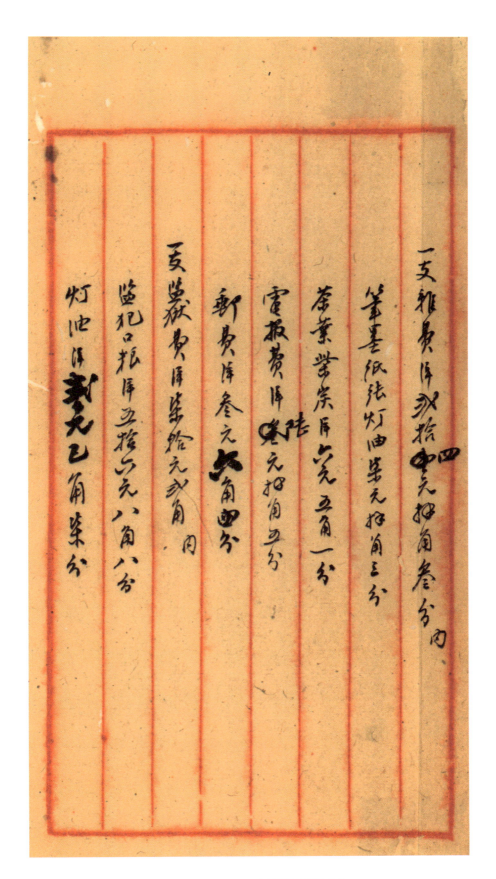

100

104 102

醫士薪俸八元

藥資俸叁元一角五分

以上經常費俸捌百叁拾八元四角三分

臨时費項下

一支臨时費俸五十元三角六分四

病斃監犯二名棺木等費俸十九元六角

派往警防兵提拿各案膳宿費俸三十五元七角六分

以上臨时費俸五十元三角六分

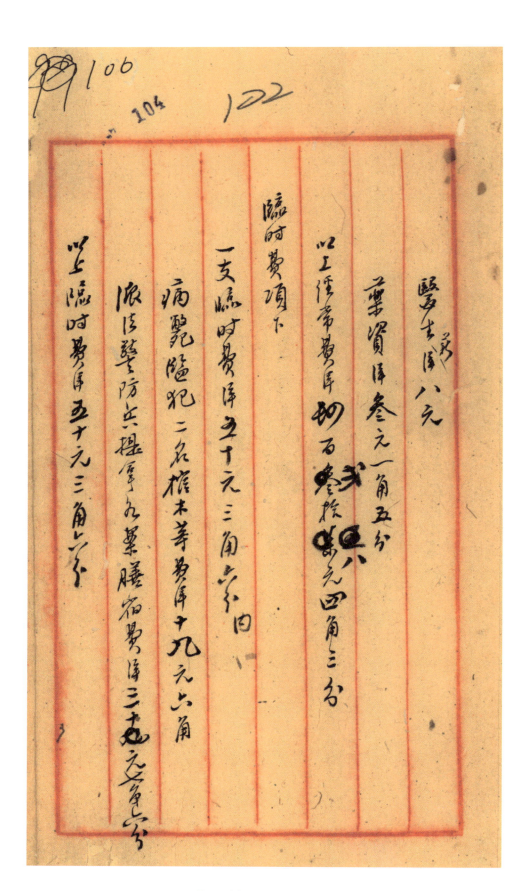

總共支出洋捌百七十八元七角九分

實在

無

景甯縣審檢所　今於

與印領事領得民國二年八月分審

檢所公費並囚粮等洋捌百柒拾捌元七角九分中間並

無虛冒情弊所具印領是實

105

景甯縣審檢所提捕各案用費一覽表

民國二年八月分

起訴人被訴人	案由	提捕日期	差役名數	防兵名數	路程	往返日數	膳費
清鄉局 柳永正	設局聚賭	二日	四名		五十里	二日	弍元捌角
藍雷姻 雷馮壽	擄贓誣盜	二日	二名		六十里	二	壹元弍角
葉大成 金慶丑	還當虧款	五日	二名		九十里	三日	四角（壹元捌）
朱峰 朱學士	墳山圖滅	十日	四名	八名	百廿里	三日	拾元〇捌角
陳士進 陳參科	藉端勒索	十二日	四名		百廿里	三日	叁元叁角

[illegible]

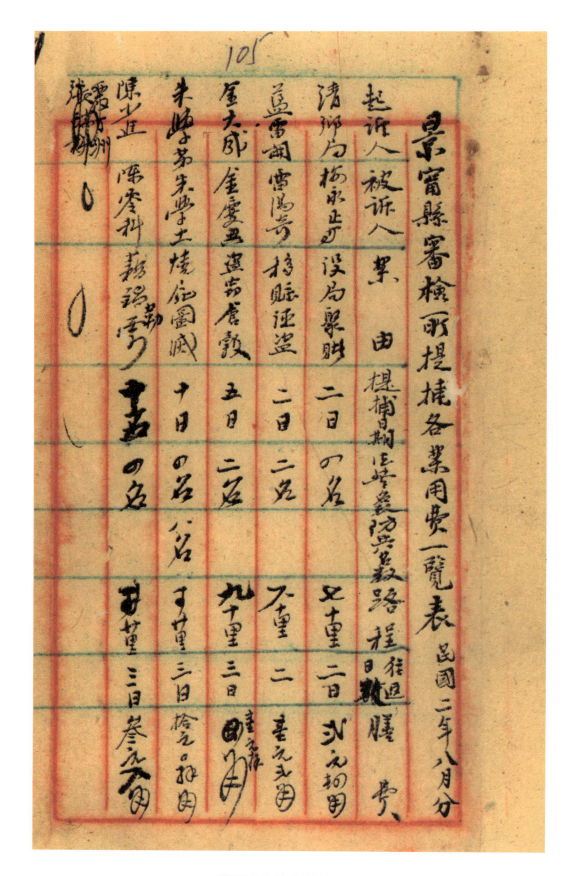

陳樹寬任傳進[illegible]盛部　十九　二名　壹里　一　壹角不

雷樹明藍益周設名聚岭　廿三　二名　[illegible]　三日　壹元捌角

林巢　林壽傳　平家勤家　廿三　二名　百廿里　三日　壹元捌角

陳朝盛　張有餘　平家擑搶　廿六　四名　八十里　二日　貳元捌角

陳王宗　陳元卿　毀搶家具　二十　四名　百里　三日　叁元陸角

何來美　何華山　乘火行劫　三十　二名　八十里　二日　壹元貳角

以上七、叁拾元零角四分

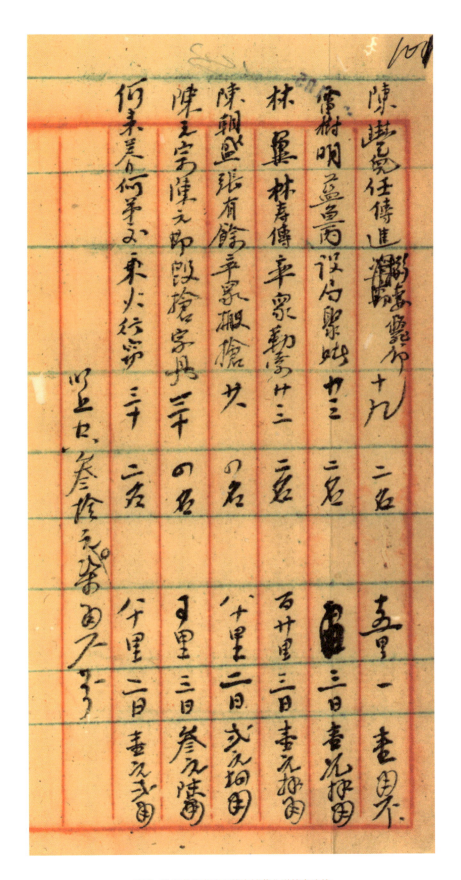

景宁县知事关于印发花费收支情况向省行政公署具报的呈文（一九一三年） 0261-004-0070-067

景寗縣知事呈

本年六月十六日奉

鈞署

行政公署指令第七千六百零二號內開五月二十六日據呈該

縣審檢所餘存印花費洋元已列四月分支銷冊報請准抵

解等情　云云　均毋違延等因奉此查知事自上年七月二

十八日接任起至十二月底止共收印紙費洋七十九元八角已

列入十二月分收支總冊奉准劃銷公費在案所有紙存印

紙費洋六十九元四角係自本年一月分起截至四月分止

67

奉令前因理合分别開摺備文補報仰祈

鈞署鑒察核備案惟景邑上忙收入地丁省稅為數無多劃

支公費不敷甚鉅前項徵存洋元早經挪濟公用無從籌

辦應請

俯念下情困難准併前四月分冊報列收狀紙洋二十一元六

角六分合計洋九十一元六分劃支審檢所公費如數核扣擊發

劃單或作省款轉遞解遞領以清界限並乞咨省周轉

示遵除呈報
呈請

司法籌備處查核
行政公署核扣抵解外謹呈
浙江民政長朱
浙江司法籌備處長范
計呈
清摺一扣

知事陳○

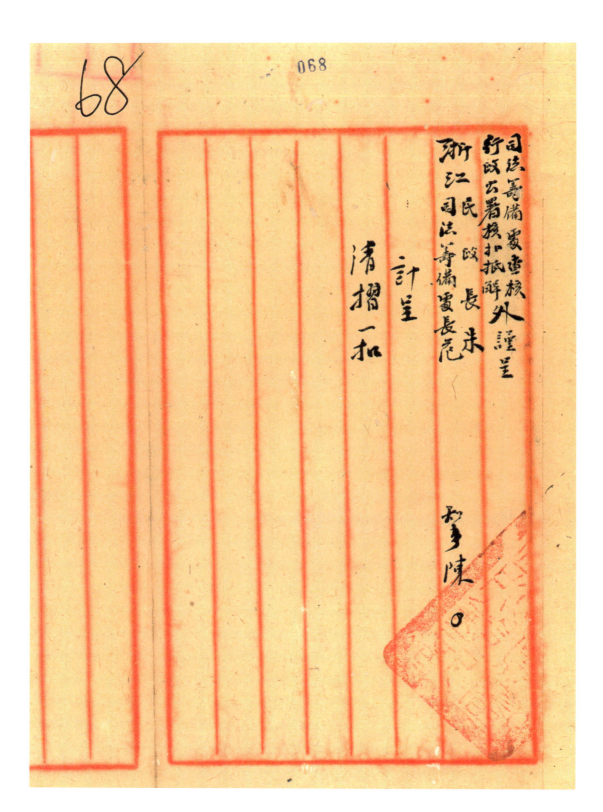

一收三月分印花洋贰拾捌角

一收四月分印花洋贰拾五贰角

以上统计收入叁佰陆拾玖元捌角正

一

核

今将本年一月分起至三月分止所收状纸西银圆缮具清摺呈

計開

一收一月分状纸洋柒元贰角

一收二月分状纸洋柒元叁角捌分

一收三月分状纸洋柒元零捌分

以上统计收入贰拾壹元陆角陆分正

查旧状纸售至三月底止已经告罄自四月起均售

用部颁状纸容再列报合併声明

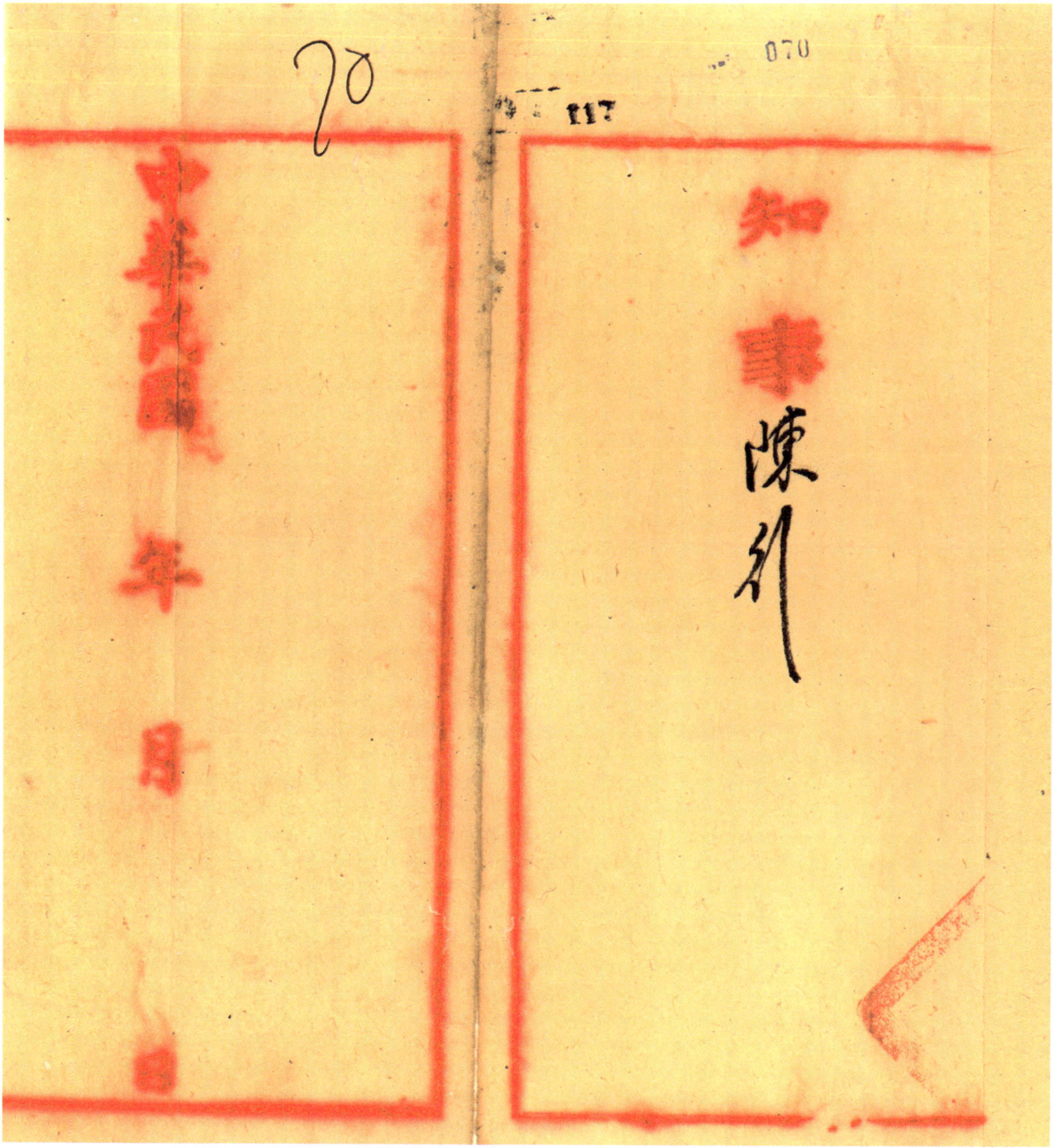

070

117

知事 陳

中華民國　年　月　日

浙江司法筹备处关于景宁县审检所呈送印花费表的指令
（一九一三年十月十九日） 0261-004-0070-083

83
0083

浙江司法籌備處指令第〡〤〣號 民國二年十月十九日收到

令景甯縣審檢所

案據該所呈送本年一月起至四月止印紙月報表一紙請察核等情據此查此案前據該所呈報一月至四月分印花費表因未將每月售出額數暨元年所售之數分列造報本處無從查核曾發去表式一紙照填在案茲閱該所所填表式去年售出額數仍未填寫未免太爲疏忽合再令仰該知事查照一千一百五土號指令發去表式將元年分售出額數尅日填送以憑稽核毋再錯誤

此令

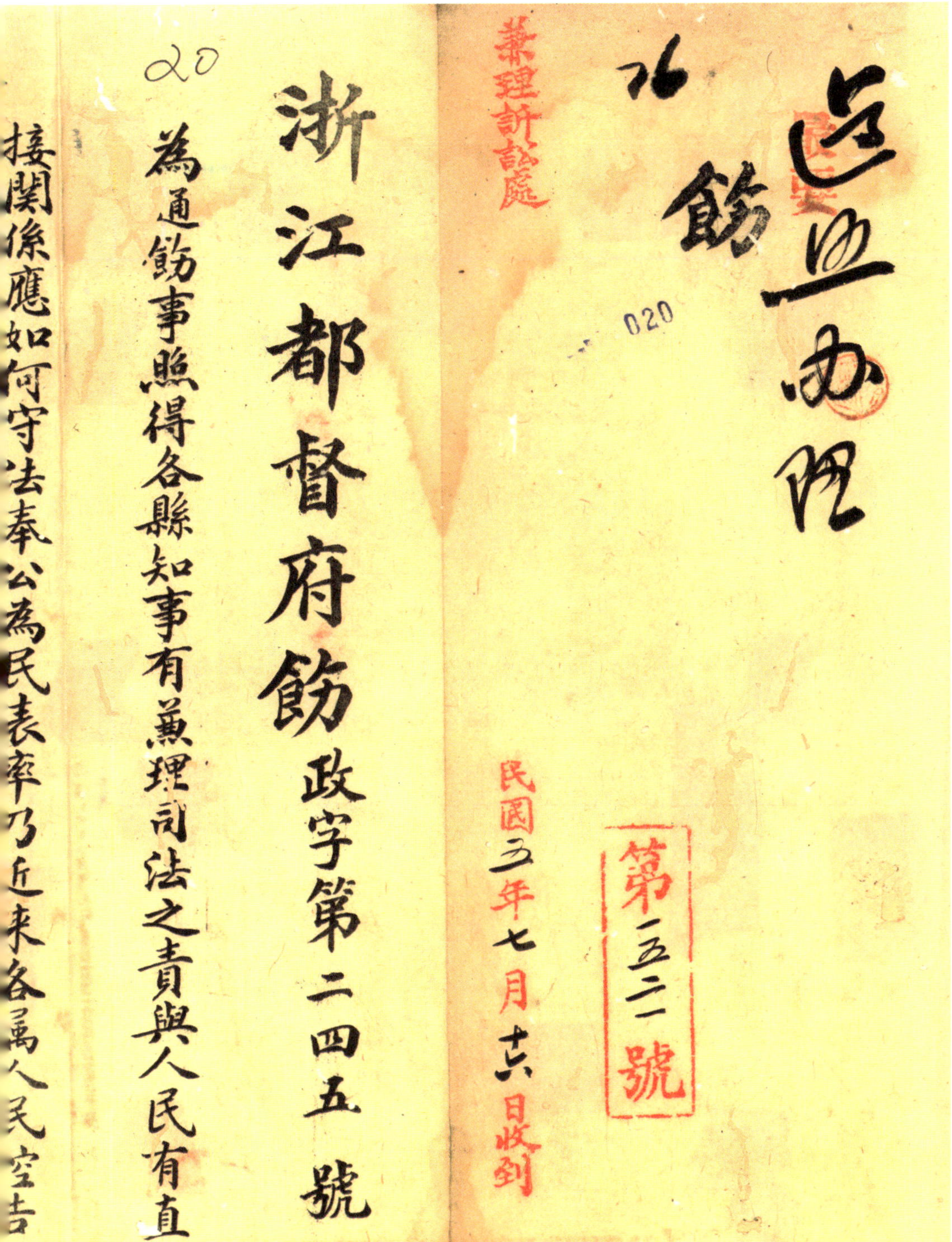

兼理訴訟庭

民國五年七月十六日收到
第一五二一號

浙江都督府飭政字第二四五號
為通飭事照得各縣知事有兼理司法之責與人民有直
接關係應如何守法奉公為民表率乃近來各屬人民控告

浙江都督府为通饬各县知事有兼理司法之责的饬令
（一九一六年七月六日） 0261-004-0160-020

知事違法之案層見疊出其中雖不免飾詞聳聽之事然
兩年以来縣知事濫用威權人民無可告訴本都督久有所聞
現值刷新政治之際官吏人民之行動均應以法律為範圍若
官吏先自違法何能以法繩人兹就各縣知事易犯者三端。為
各知事剴切言之。一曰禁擅殺。慎重人命為吾國講求吏治者
所恒言并非新近法學家所獨創況現在懲治盜匪辦法
苟認為案情重大或於該管區域内安寧秩序有險危之虞及

官吏先自違法何能以法繩人茲就各縣知事易犯者三端為
各知事剴切言之一曰禁擅殺慎重人命為吾國講求吏治者
所恒言并非新近法學家所獨創況現在懲治盜匪辦法
茍認為案情重大或於該管區域內安寧秩序有險危之虞及
有其他必要情形時得先行摘叙事寔電報省行政長官核准
立即執行手續已甚簡單果能循序辦理斷無迫不及待之
虞若藉口案情急迫擅自槍斃或[illegible]

一經告發徵特失出失入辦理錯誤罪有應得即使執行之犯情真罪當而擅殺之咎要無可辭人命至重國法具存何必輕於嘗試嗣後除盜匪持械拒捕真係當場格斃者外其餘一切盜匪案件均須按照向來程序逕報本都督或報由高等審判廳長轉報本都督分別核辦不得違背二曰禁濫押刑事被告未決前之羈押本有一定限制苟案屬輕微及無逃走之虞者自無羈押之必要各縣看守所大都沿用從前班館房屋狹窄

看役無多羈押人衆轉不免有發生疾疫及逃走之危險嗣後刑事除案情重大及竊盜等犯無人可為具保者外其餘在未決以前應取具的保交保候訊民事除照現行審判章程第四十二條第七十九條得分别管收者外其餘案内人證均不得濫行收押三曰禁刑訊折獄之道惟明與慎案情無論如何複雜苟能悉心體察總不患無線索之可尋我國歷代循良之吏長於聽訟無不以刑求為戒況現行新刑律規定審判檢察巡警

人或關係人有强暴凌虐之行為者即成立瀆職罪官吏以為人民犯法加以刑責不知自身已先犯法返己以思能無赧顏或謂犯罪之人往往証據確鑿不肯供認非刑訊不能審理然現在刑事制度重証據不重口供如果証據確鑿即可判决何用刑求或謂死刑案件非取有口供不足以成信讞然三木之下何求不得刑訊得其口供而殺之與不得口供而殺之有無差異故無論就法律言就情理言刑訊均應從嚴禁止以上所舉三端均於人民生命身體

其口供而殺之與不得口供而殺之有無差異故無論就法律言就
情理言刑訊均應從嚴禁止以上所舉三端均於人民生命身體
自由有重大關係各知事今日為官將來仍須為民即自己終身
服官子孫亦將為民試一設身處地遇此不法侵害其能甘心忍
受否除飭高等檢察廳隨時查察依法起訴外合亟通飭自此次
告誡之後如再陽奉陰違一經發覺本都督惟有按法懲治不能曲
為寬貸其各凛遵乃先將奉文遵辦情形及查并專口承審

警佐各員一體遵照毋違切切此飭

浙江都督呂公望

右飭景寧縣知事秦　琪準此

中華民國五年七月　六　日

監印官　沈晉　胡膚

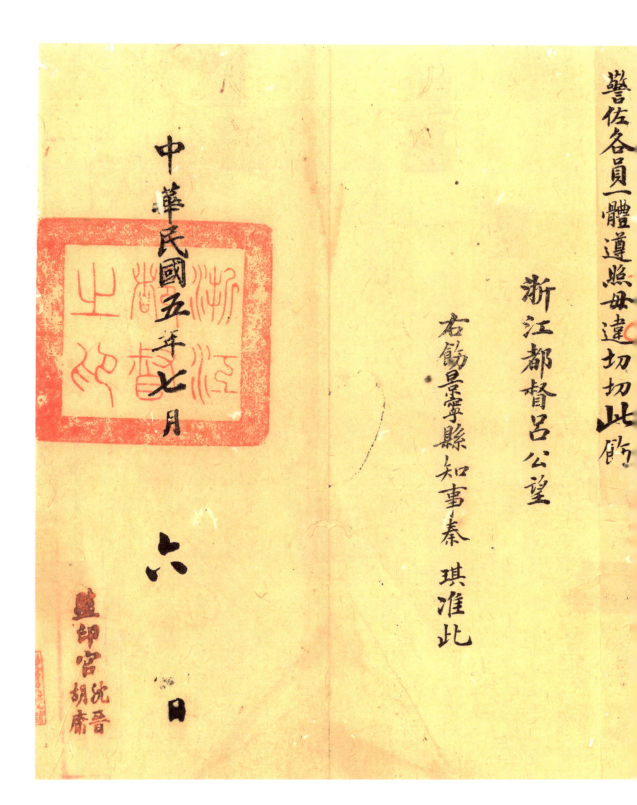

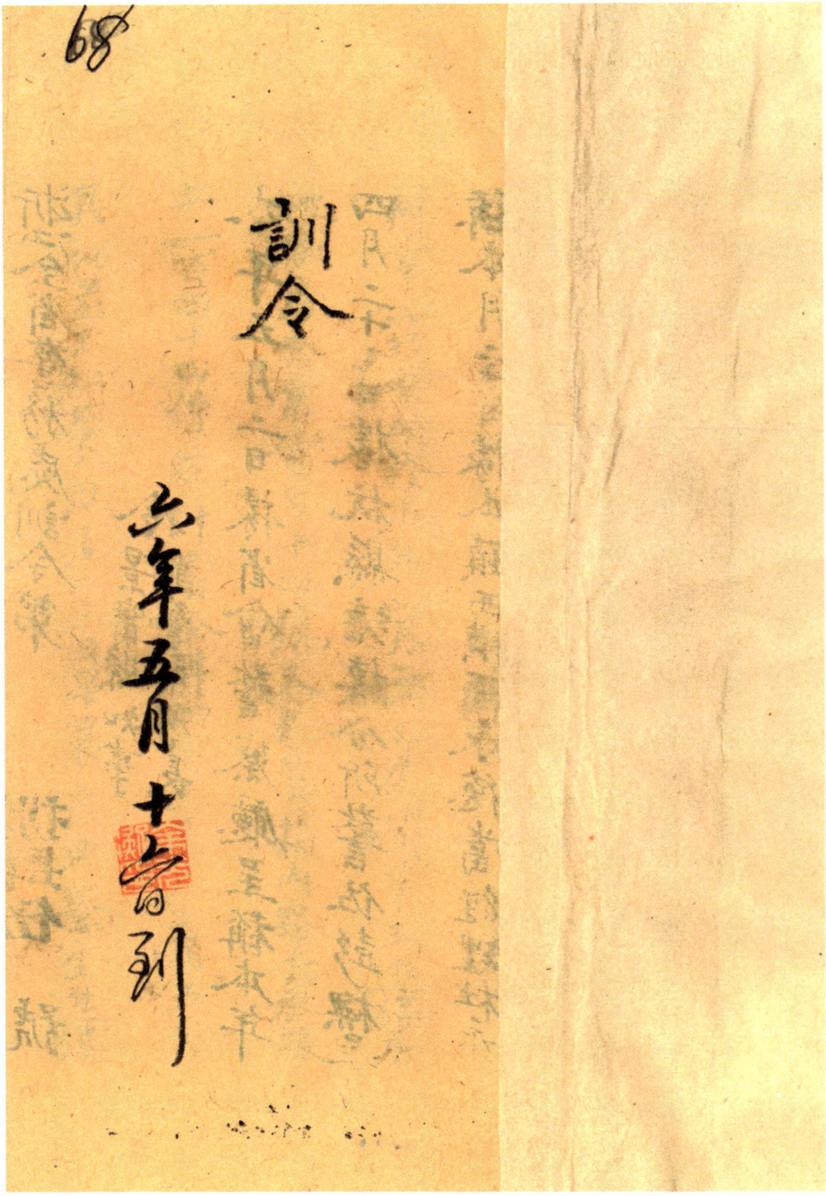

浙江全省警务处关于严缉并通令协缉赃贼解究的训令

（一九一七年五月八日） 0261-003-0030-068

浙江全省警務處訓令第捌肆伍號

令景甯縣知事兼警察所所長

本年五月二日據省會警察廳呈稱本年四月二十三日據杭縣塘棲分所警佐彭樑呈稱本月二十一日據本鎮西横頭承德當經理杜示年呈稱爲當貨被窃損失甚巨叩請嚴緝究辦事窃商典於本年四月二十日夜間第三進樓房被賊窃去當貨五十四號又於質籍内窃去衣服共一百四十四件統計當本洋四百二十二元二角五分其初並不知覺及至二十一日早晨商典學生進樓

取貨始悉被竊當經查看賊踪係由右邊墻上穿穴
而入墻外尚遺竹梯一張為此開具失单呈請詣勘飭
緝務獲賍竊從重究辦除將被竊情形畧請全
浙典業公會轉呈杭縣〻公署查核外謹呈計呈
送失单一紙等情到所據此當經警佐帶同巡長
吳仲巡警李鵬周順發等前往該典查勘勘
得該典右墻係沈壽康空園面積不廣一面係
沈姓後門又有柵門柵門啟閉沈姓主之一面即該典
高墻餘二面有土墻高可一丈五尺竊由南面墻外
之小衖內梯墻入園再以一丈〻〻尺之竹梯緣升極

列

鑿穿洞而入於該典之第三進樓房竊取質
箱內衣服（一當本四十元一當本三十八元）又在貨架上竊
取當貨（據報約三百餘元）遺梯在園開園之柵
門又開園外之二丈餘遠之小衕口柵門而出並遺下
竹梯一張扁担一根破竹籃一個內貯麻繩一根
鐵尖刀一柄鐵鑿一個洋火一盒經警佐飭警帶所
以資查緝除嚴飭長警上緊跴緝外誠恐賊消
竊逸捕獲為難擬請迅賜通令各區署隊所一同
協緝是為公便等情附呈失單一紙到廳據
此查此案失贓甚鉅諒非一竊所能為該管警

72

察毫無察覺防範殊屬不力除指令嚴緝
並通令協緝外理合抄具失單備文呈報仰祈
廳長察核迅賜咨會水警警備隊並通令
所屬一体協緝務獲贓賊解究寔為公便等
情並抄呈失單一紙到廳據此除指令並呈請
省長通飭水陸警隊一体協緝暨分行外合
亟粘抄失單令仰該兼所長即便查照轉
飭所屬一体協緝務獲解究此令
計粘鈔失單一紙

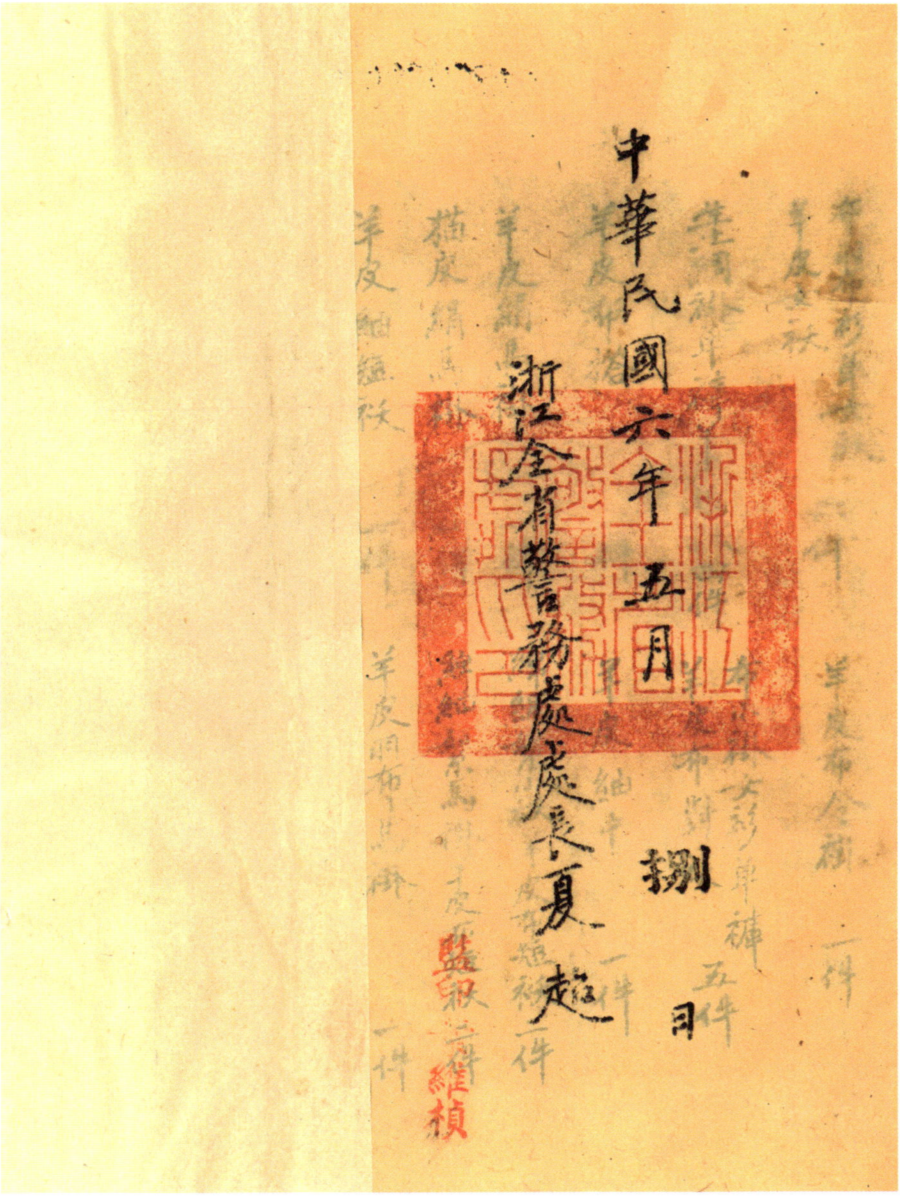
中華民國六年五月[illegible]日
浙江全省警務處處長夏超
監印 繼楨

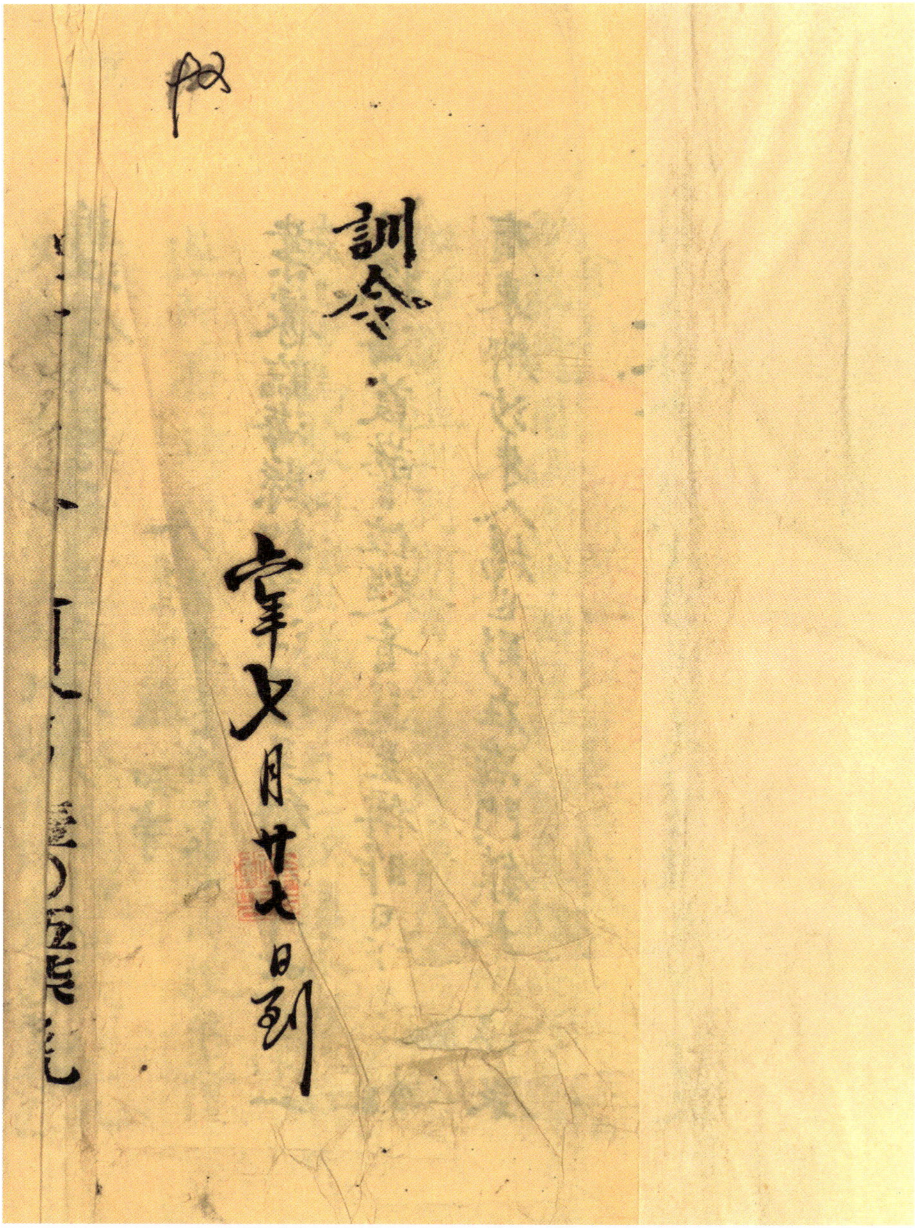
訓令

年七月廿七日到

浙江全省警务处关于认真访查临海海门布庄私造伪币一案的训令
（一九一七年七月二十日） 0261-003-0030-092

抄

浙江全省警務處訓令第壹〇伍柒號

令景甯縣知事兼警察所所長

案據臨海縣知事汪瑩呈稱：本年六月二十五日據海葭警佐趙青選呈稱：昨日下午十鐘有東鄉沙朱人楊世彩在海門鎮大街協康布莊行用偽造中國銀行鈔票，經店夥察知扣留，通知到所，當即派警前往查詢，在該犯沙馬袋內檢出偽鈔票一紙、壞子彈一粒，遂即帶所，復將其身邊馬帶內搜出大洋四十二元、小洋三百角，又在小衫衣袋內搜出大洋二元、

P4

小洋四十二角、子彈五粒、當經警佐訊問，該犯供
詞狡猾。案查本月十五日，有張錦升布店夥，既
仲友、偶不經心，致被該党混用十元偽票二紙，旋
經中國銀行看出、轉交警所存查、即經嚴飭
長警訪緝在案。時隔未久，又有此種偽票發
現、實屬膽大妄為、理合將楊世彩一名並十元
中國銀行偽造鈔票四紙、子彈六粒及洋元等
件一併解請訊辦，等情前來。據經訊明，委
係行使偽造貨幣，當庭發所管押，並核判間。
又據城區警所函稱，昨晚據珍豐昌店夥邑

缶齋報稱被蔣鑑庭混用偽造之中國銀行
十元鈔票一紙，旋由該原告將蔣鑑庭獲送
到所，訊問屬實，相應將訊供情形並原被
告等，及中國銀行十元偽、光樣券一紙函送
訊奪等情到縣。當即開庭嚴訊，據該被
告蔣鑑庭供稱，這鈔票是東鄉橋頭王庄土吾
匪郭王小美的，因他欠民洋元未還，就把十元鈔票一
張給民抵賬等語。知事以案關行使偽造貨幣，
亟應徹底跟究，一面將蔣鑑庭暫行看管，一面
派人馳赴橋頭王庄查拘王小美到案，質訊核辦。

P16

覆稱在王小美家床頂上、搜得僞鈔票八十三張、共
計洋八百三十元、又棹斗内、銅質子洋三十八角、即
將王小美拿住連同僞鈔票、銅質子洋一併解
請究辦等情、前來、覆經開庭、提同蔣鑑
庭對質、訊據王小美供稱是項僞票、由上海帶
來至蔣鑑庭之僞票、實係被伊在民家内
偷去、並非民給與他的、質之蔣鑑庭、又稱是向
王小美買來的等語、言語支離、堅不吐寔、遂
將各該犯分別管押、俟覆訊明確、再行判
決、查是項僞造中國銀行鈔票、風聞發售甚

多、在屬一邑既已數見、難保他處不無混用情
事、現在幫同行使之犯雖已獲辦一二名、而直
接行使之要犯、及偽造機關、一時尚難發覺、
除嚴飭警隊分頭訪拿並呈報
省長外、合亟令行、仰該知事遵照、一體嚴密查禁行使
偽造貨幣式樣連呈兩紙、并辦理情形備文
呈報、仰祈鈞廳察核、迅賜通令各屬嚴切
防範、以杜混用、實爲公便等情、到廳、除以
行使偽造貨幣、律有專條、楊世彩、蔣鑑
庭、王吉臣即王小美等、行使偽鈔票、既經當

事人先後逕案請究，自應切實研訊。此種偽票來自何處，直接行使之犯共有幾人，是何名姓，偽造機關設於何地，即該偽票已有若干，行爲地點何處最多，又楊世彩向擔叢，何以隨身帶有子彈，王吉臣即王小叢中銅質角彈是否私自鑄造，擲向地處遺毀，均應逐一根究明確，援律懲辦，以儆不法，一面嚴飭所屬認真查訪，毋稍疎懈，等語，指令即發外，合亟令仰該縣所長即便遵照，迅飭所屬認真訪查，遇有前項情事，發生，立予嚴辦，以儆不法，毋稍寬縱，切切。

此令。

中華民國六年七月貳拾日

浙江全省警務處處長夏超

門

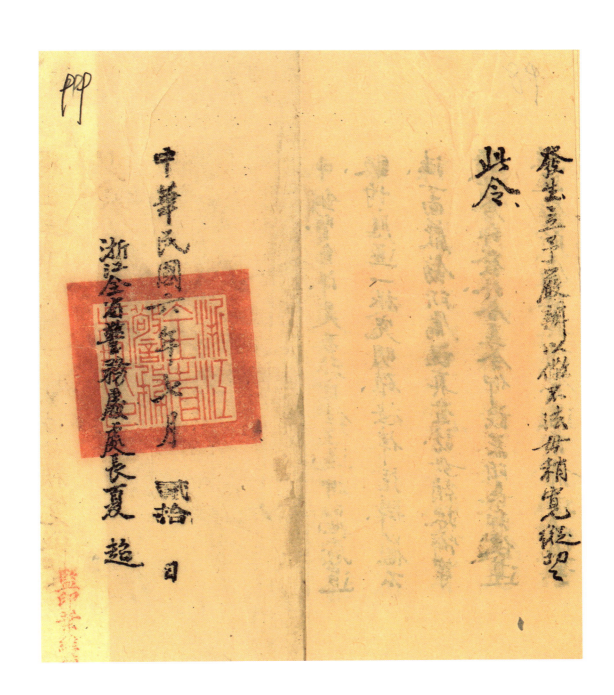

景寧縣兼理訴訟費中華民國九年一月分支出計算書

支出經常門

科目	本月分支付預算數	本月分支出計算數	比較 增	比較 減	備考
第一款 景寧縣兼理訴訟經費	二〇〇元〇〇	二〇〇元三〇〇	〇元三〇〇	〇元〇〇〇	
第一項 俸薪	一五一元〇〇〇	一五一元〇〇〇			本項左列第二第三目計支一百五十一元
第一目 俸給					
第一節 委任員俸給					
第二目 薪水		六六元〇〇〇			
第一節 書記員薪水		三〇元〇〇〇			收據第一第二號
第二節 錄事薪水		一〇元			收據第三號

本月應存數無
本月實領數二百元
本月實支數二百元〇三角

本月薪經由司法收入項下撥補數無
本月由知事自行墊補數三角
本月結存數無

景宁县政府兼理诉讼费支出计算书
（一九二〇年一月） 0261-005-0006-038

第三节 检验吏薪水				一〇元〇〇〇		收据第四号
第四节 承发吏薪水				一六元〇〇〇		收据第五第六号
第三目 役食				八五元〇〇〇		
第一节 法警工食				八五元〇〇〇		收据第七号
第二项 办公费		二九元〇〇〇		四九元四六五	二〇元三〇〇	本项差列第一第二第四 计支四九元三角
第一目 文具				二一元二六〇		
第一节 纸张				一三元七〇〇		收据第八号
第二节 簿籍						
第三节 笔墨				七元五六〇		收据第九号
第四节 印刷						

第五節 雜件		
第一目 郵電	一元八三五	
第一節 電報		
第二節 郵費	一元八三五	收據第十至十三号
第三目 購置		
第一節 器具	無	
第二節 機械	無	
第三節 圖書	無	
第四節 雜品	無	
第四目 消耗	二六元二〇五	
第一節 茶水	六元〇〇〇	收據十四五號
第二節 薪炭	四元〇〇〇	收據十六號
第三節 油燭	一六元二〇五	收據十七号

000160

第一節 各項工程

第二節 雜項修繕

第二目 雜支

第一節 雜支

第三目 特別費

第一節 調查費

第二節 勘驗費

第三節 津貼費

第四節 遞解費

一本月份支出合計銀二百元零三角（系已欵定並理訴訟津貼費二百元本月溢支三角由知事自行墊補）

一八年八月至八年十二月共計支出一千二百元

總計支出銀一千四百元

出納員

景宁县知事兼理司法事务处关于永嘉地方审判厅函开周成通与杨丁炎为山场纠葛控诉一案（一九二〇年三月十六日）　0261-004-0014-040

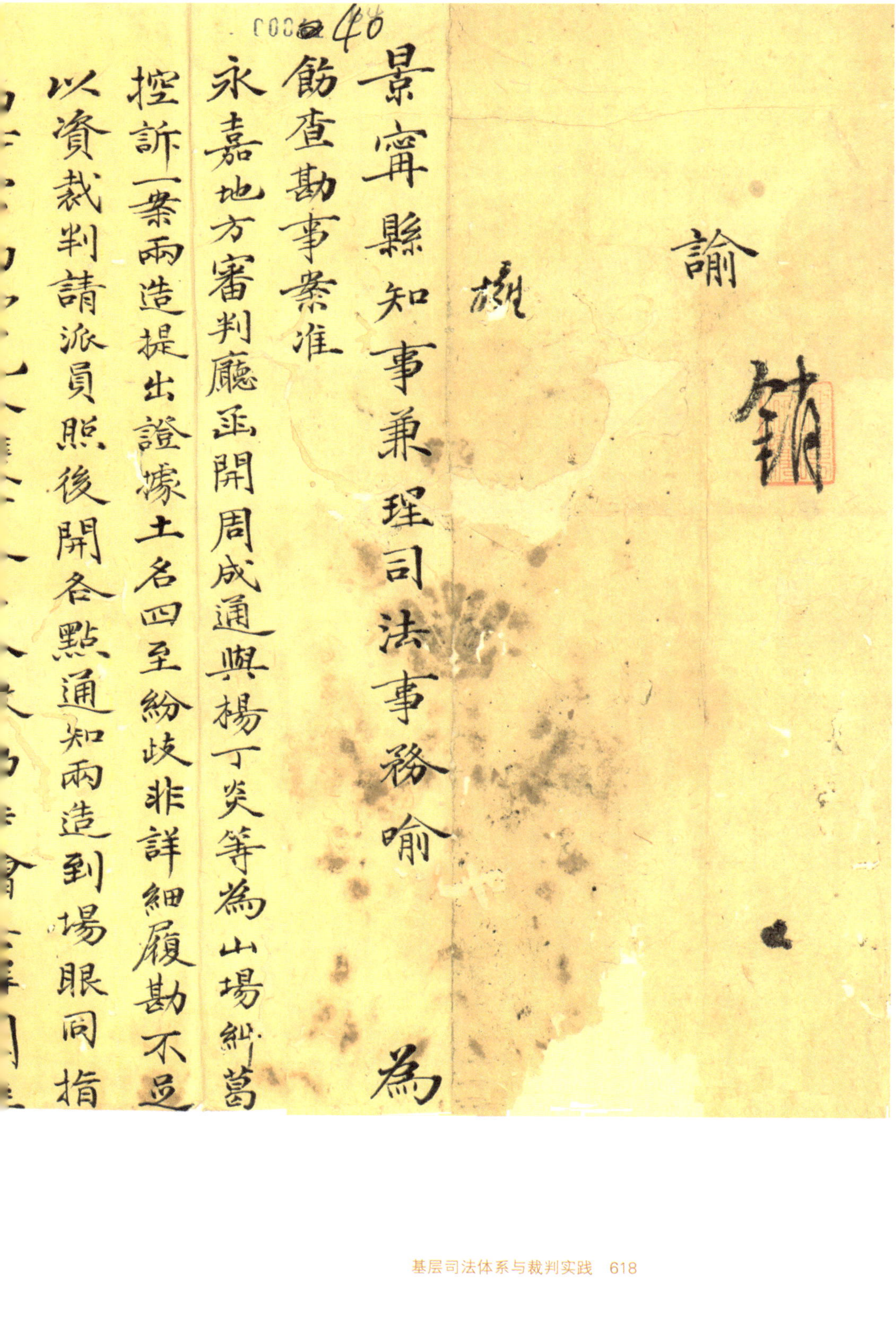

諭

景寧縣知事兼理司法事務喻　為
飭查勘事案准
永嘉地方審判廳函開周成通與楊丁炎等為山場糾葛
控訴一案兩造提出證據土名四至紛歧非詳細履勘不足
以資裁判請派員照後開各點通知兩造到場眼同指

處傳同兩造按照後開查勘事項詳細查勘繪圖附說
據寔具覆以憑巫轉切切此諭

計開查勘事項

(甲)據控訴人雷正富提出光緒廿二年周金發當契及周成通提出光緒廿
二年周根雲當契內同載山一處土名二都官渡双門石安着上至塆
頂下至大溪左至抬田塆王家山右至劉家山為界又山一處土名官
渡處後安着上至塆頂下至大溪左至劉家山右至夏家山為界該
當契所載二處山四至範圍內共有幾處小土名兩造所爭樹木係在何
處小土名內分別查明繪具詳細圖說

(乙)據被控訴人楊登炎提出(一)光緒廿六年雷金有賣契內載杉木一片土名
官渡双廣灘安着上至荒山下至路左至小塆右至小塆為界(二)光緒廿七

41 0048

年雷金有當字內載杉木榅木一片土名二都官渡對面駄毛坳安着
至横路下至小坑左至炭瑶坪右至冷水塘小灣直下小灣為界(三)光緒
廿八年雷春有當字內載杉榅義木一塊土名官渡處上硯遥安着上至大
下至大溪左至垟皃右至茶子地為界(四)光緒廿六年雷金有內載杉榅
一片土名二都古傳双門石駄毛坳西邊安着上至荒山下至横路左至春右
杉木右吳姓杉木小灣直下為界(五)光緒三十年雷春有賣契內載杉
榅二木一塊土名双門石駄毛灣炭遥戶坐西邊安着上至荒山下至横路左
至荒山右至錢主山木為界(六)光緒十四年雷炳云賣契內載榅杉木一片土

杉[illegible]

傳圳田後抽身塝安着上下三魁上至討山杉木下至三法地頂左右小彎為

界（八）光緒廿二年雷春有當字内載榅杉二木一片土名照田後安着上至岩

皮下至大坑内至小坑右至大塝隔欄為界（九）光緒廿三年雷金有賣契内

載松木一片土名官渡第二婆安着上至塝等下至大路右至王家山柴半左

至吉祥榅木小坑直落為界（十）光緒二十六年雲妹兇賣契内載榅木一塊

土名官渡屋後右至金有榅木左至本家園上至錢禾外至本家屋為界（十一）

光緒廿三年雷春有賣契内載榅木一塊土名官渡後底低處後安着左

至路右至本家地上至路下至壇為界（十二）光緒廿年雷春有當字内載

42

竹園一塊松杉榅木並在内土名官渡處後安着上至正清茶子[illegible]

洛左至新墳右至小灣為界(十三)同治二年周培相賣契内載杉木一片

土名官渡寮后水央灣安着上至竹園下至蔴地左至菜園右至岩為

界(十四)同治九年葉德應賣契内載杉木一片土名官渡汗潭垮安着上

至水見灣大路左至烏岩右至金家山下至本家地脚為界(十五)光緒廿五年

周根雲賣契内載地一塊土名二都官渡屋下馱岩頭垮安着上至春有地下

至吉祥地左至吉祥地右至春有地為界(十六)光緒廿五年周根雲賣契内載

土名處後水蹇灣安着計地一塊上至小路下至坳左至大岩右至坳為界(十七)

光緒廿六年雷朱[illegible]當字内載杉木一[illegible]土名二都官渡[illegible]

[illegible]左至大坦直下右至荒山爲界(二)又土

名本村灰寮後安着榲木杉木一片上至荒山下至蔴地左至古墳右至古墳

爲界(三)又土名本村水占彎榲木二十枝上下左右錢主地爲界(十八)民國五年

43

周成通賣契内載杉木一片土名官渡也術科安着上至柴杉下至小坪左至坡

小灣為界以上自㈠至㈤各契所載土名及四至均不相同其土名是否為光

緒廿二年周金法及周根雲當契所載土名二都官渡双門后安着與土名官渡

處後安着二處山四至範圍之小土名如為該當契山内之小土名請分别查明是

否與上列自㈠至㈤各契載明之土名四至相符道之小土名四至範圍内有樹木若干

圖内將小土名四至樹數詳細註明

㈥雲德金與雷妹兒是否胞兄弟如為胞兄弟共有兄弟幾人係何時分家有無

分書可以證明雷妹兒有無子孫如有子孫住在何處

右諭書記鄧譙 准此

中華民國玖年叁月十七日

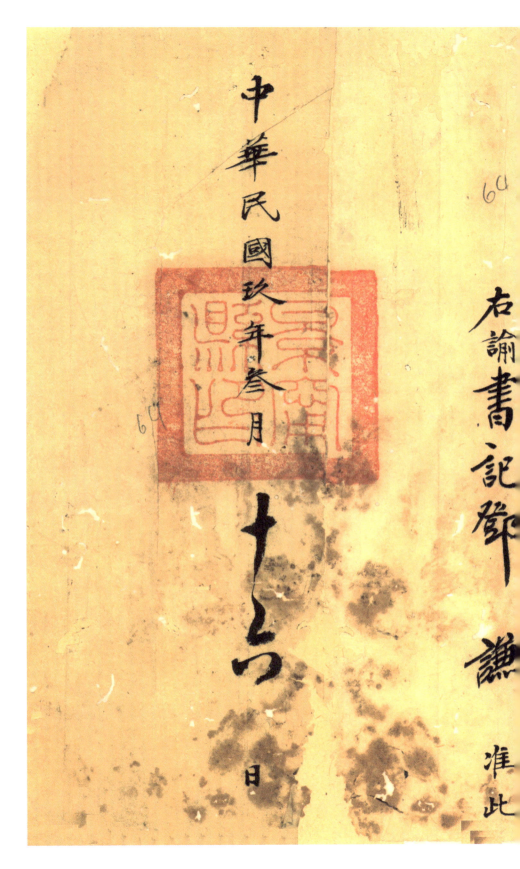

浙江高等检察厅关于契据、教育、拐卖、妇女犯罪、管辖权、罪犯复审、盗窃法、滥用职权相关法院解释等的训令

（一九二〇年三月十九日） 0261-004-0035-049

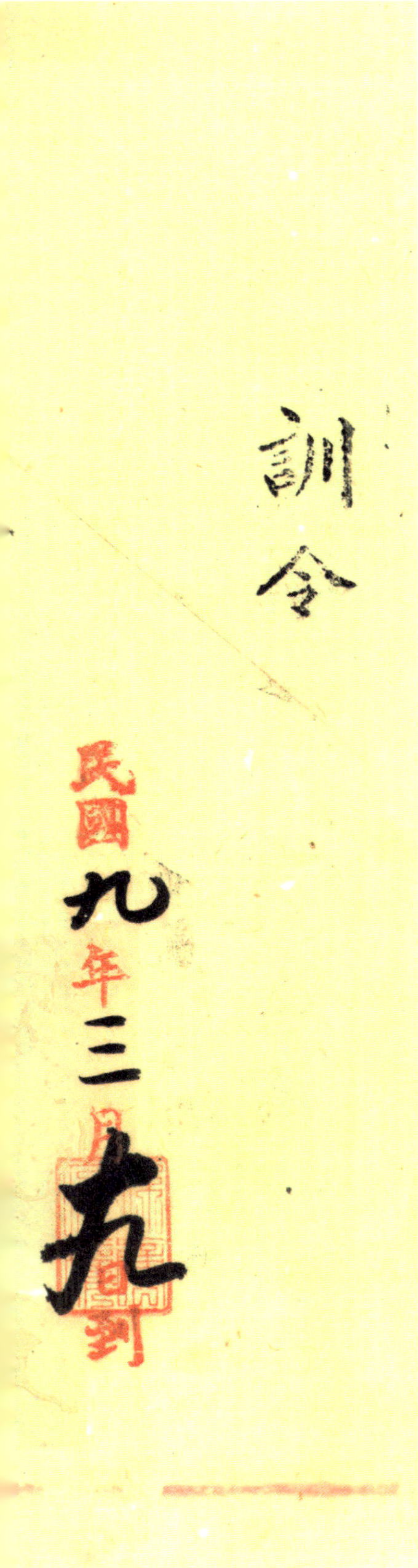
訓令

民國九年三月九日到

浙江高等檢察廳訓令第一七九號

令景寧縣知事

案奉

總檢察廳第二七〇號訓令內開案據安徽高等檢察廳呈稱今有趙甲與人爭執經界自己本有權單印冊可憑因無手上賣契乃偽錢乙早年出賣墨契一紙所載經界仍與印冊相符是權利並無虛偽而名義又係假託能否搆成刑律二百四十三條之罪應請解釋者一又設有孫丙曾在某學校肄業因事推學後並未補習卒業忽向教育廳稟稱畢業文憑遺失請求補呈教育部補發畢業文憑究竟丙是否單純搆成刑律二百四十一條之罪抑應依二百四

單純構成刑律二百四十一條之罪，抑應依二百四十條第二項處斷，應請解釋者二。理合呈請鈞院解釋示遵等情到廳。當經函請大理院解釋去後，茲准函開：查第一問，趙甲偽造錢乙早年出賣墨契所載經界，既仍與印冊相符，如與他人權利義務別無關係，自不得援照刑律第二百四十三條處斷（參照本

85

211

偽發畢業文憑[illegible]
業文憑應構成刑律第二百四十一條之罪該條係
由前條官員所掌文書內特提出文憑執照護照別
為規定故不必再適用前條第二項等因函覆前來
查事關法律解釋各廳援據自應一律除指令並分
行外合行令仰該廳查照飭屬一体遵照此令等因
奉此除分行外合亟令仰該知事遵照此令

中華民國九年十二月　　日

高等檢察長陶思曾

黃洪言監
胡德麟校

051

訓令

民國九年六月五

浙江高等檢察廳訓令第四五四號

令景寧縣知事

案奉

總檢察廳第七二〇號訓令內開案據浙江第二高等檢察分廳代電稱婦女犯罪應褫奪公權時能否褫奪其刑律第四十六條各款資格之全部抑僅限於同條第三款第五款之資格可分二說一說謂依

242

[illegible]
褫奪实爲有益二說孰是理合電請鈞廳轉院解釋以便遵循等情到廳當經函院解釋去後茲准大理院刑字第一零二零號函開查刑律褫奪公權褫奪其第四十六條所列資格之全部或一部於婦女既無特别規定似應一律適用惟法律之適用本以事实存在爲基礎現行法令对於婦女所不許之資格當然無褫奪可言審判衙門即應甚酌辦理等因准此查事関法律解釋各廳援據自應一律除指令並分行外合行令仰該廳查照飭屬一体遵照此令等因奉此除分行外合亟令仰該知事遵照此令

中華民國九年五月廿八日

高等檢察長陳思曾

黃洪言監印
胡德麟校對

訓令

民國九年六月十

浙江高等檢察廳訓令第四六〇號

令景甯縣知事

案奉

總檢察廳第七二一號訓令內開案據浙江第二高等檢察分廳代電稱據建德縣知事佳日代電稱茲有甲要乙殺丙蔡揚甲出外謀生未歸踪跡莫明未[illegible]

拘案丁亦不正式起訴訊乙丙供認不諱此案既無
告訴人應如何辦理倘丁起訴因甲去向不明未有
委任狀能否代訴又夫甲將妻乙典當於丙二年丙
於期限內將乙賣於丁為妻甲出典後走失刻由甲
父戊對丙丁起訴甲父之告訴有效否請核示等情
前來查事關法律疑義理合電請鈞院解釋示遵等
情據此當即函院解釋去後茲准大理院刑字第一
一零九號函開查第一問甲妻乙与丙通姦依刑律
第二百九十四條第二項前段本應俟甲告訴方可
論罪甲出外未歸踪跡莫明如与現行律逃亡三年
不還之例確係相符時乙固得改嫁惟若實係与人通
姦甲之失踪亦已多年者乙本為良家婦則無依刑
律補充條例第六條第二項前段俟乙之尊親屬告

律補充條例第六條第二項前段侯乙之尊親屬告
訴論罪（參照本院統字第四六七號第八九一號解
釋文）甲兄丁均無從代行告訴丙誘拐乙甲及甲之
之尊親屬有獨立告訴權甲兄丁得爲甲或其無親
屬之當然代訴人如甲已多年失蹤而又無尊親屬
惟乙意實欲告訴祇以事實上被居丙勢力下不能
告訴且與丙並未成婚時則丁亦得爲乙之當然代
訴人（參照本院統字第一千二百號解釋文）第二問
甲將妻乙典當於丙二年丙於期限內將乙賣於丁
爲妻除甲丙有買賣意思託名典當應別論罪外如
甲丙雖無買賣意思真爲有期之典當則甲等於得
利縱姦（參照本院統字第八百三十七號解釋文）丙
雖不得[illegible]

[illegible]
例第九條第一項之罪甲父戊得獨立告訴惟應注
意丁是否知情故犯（豫謀）等因准此查事関法律解
釋各廳援據自應一律除指令並分行外合行令仰
該廳查照飭屬一体遵照此令等因奉此除分行外
合亟令仰該知事遵照此令

中華民國九年五月一日

高等檢察長陶思曾

胡纘麟校對
黄洪言監印

55

055

261

訓令

民國九年十月十五日

浙江高等檢察廳訓令第八二三號

令景甯縣知事

案奉

總檢察廳第一二〇三號訓令內開據山東高等檢察廳電稱據濟南地方檢察廳檢察長雷賀呈稱茲有甲某擬稱係省長呈觀串同乙丙丁三人在外招搖丁某與候補縣知事戊某同鄉素識遂以甲某能

262

真即與丁某書立

四千元連同履歷一紙交丁某轉由乙丙交付甲某

收執事經省長查悉委員密查委員亦託辭與省長

至好能為運動縣缺等語向戊某探詢戊某不察即

將前情告知並託代為運動許以謝金三千元寫立

字據委員即據情報告並呈繳戊某親筆字據一紙

查本案甲乙丙丁四人係共犯詐欺取財之罪自無

疑義惟戊某能否論以刑律第一百四十二條之罪

分子丑二說子說謂刑律一百四十二條之罪受贈

者雖須係官員或公斷人蓋本條之罪因身分關係而

成立戊某雖有行使賄賂之行為而甲某既非官員

公斷人所謂目的錯誤當然阻止其犯罪結果刑罰

上謂之不能犯丑說謂戊既信甲為省長且親書立

契約運動縣缺甲是否官員戊固不得而知省長係

成立戊某雖有行使賄賂之行為而甲某既非官員
公斷人所謂目的錯誤當然阻止其犯罪結果刑罰
上謂之不能犯且說謂戊既信甲為省長並親書立
契約運動縣缺甲是否官員戊固不得而知省長係
屬官員毫無疑義戊之行使賄賂直接雖係對甲而
間接係對省長不得以省長不知情即託言受賄賂
者非官員戊應成立第一百四十二條之罪以上二
說職廳主張乙說惟關於法律解釋理合呈請轉院解
釋示遵施行再本案係奉鈞廳轉奉省長交辦之件
停審以待請以快郵代電令併聲明等情前來查案
關解釋法律理合呈請鈞廳鑒核轉院解釋示遵當
即函請大理院解釋去後茲准覆函內開查刑律第
一百四十二條之賄賂罪須直接或間接對於官員
或公斷人所執行之職務為之間接時並須其行賄

權官員其報告省長尤難謂即代戌行賄戌之行為
依刑律第十條均不為罪等由據此查事關法律解
釋各廳援據應即一律除指令外合行令仰該廳查
照轉飭所屬一律遵照此令等因奉此除分行外合
亟令仰該知事遵照此令

中華民國九年十月七日

高等檢察長陶思曾

浙江高等檢察廳之印

黄洪言監印

胡德麟校對

052

訓令

九土の

浙江高等檢察廳訓令第八九九七號

令景寧縣知事

案奉

總檢察廳第一二六九號訓令內開據浙江第二高等檢察分廳代電稱案據建德縣震日代電稱茲有甲縣水警分隊長在甲縣管轄[illegible]

〔即分隊長之長官〕核辦隨經該隊長轉解乙縣訊辦惟查呈准援用之刑事訴訟律第二節第十二條規定之土地管轄似以甲縣為管轄衙門今解往乙縣審判是否合法以後遇有刑事案件可否由警隊逕意變更管轄請予核示等情前來查事關法律疑義理合電請鈞廳迅賜轉院解釋俾便飭遵等因

隊遺意變更管轄請予核示等情前來查事關法律
疑義理合電請鈞廳迅賜轉院解釋俾便飭遵等因
到廳當即函請大理院解釋去後茲准大理院刑字
第二二三一號函開查甲縣縱係犯罪行為地並為
犯人所在地但既經警隊將案解送乙縣則乙縣亦
不能謂非犯人所在地是甲乙兩縣對於本案實均
有土地管轄權應以先受公訴者為管轄衙門本不
得謂為變更管轄等因准此查事關法律解釋各廳
援據應即一律除指令外合行令仰該廳查照轉飭
所屬一體遵照此令等因奉此除分行外合亟令仰
該知事遵照此令

中華民國九年十一月二十八日

高等檢察長陶思曾

黄洪言監印

胡德麟校對

5354 053

訓令

民國九年十一月十日到

浙江高等檢察廳訓令第九三五五號

令景寧縣知事

案奉

總檢察廳第一五一二號訓令內開據安徽第一高等檢察廳呈稱案有甲乙丙在前清共犯强盜傷害人致死罪經臬司於宣統三年擬處斬立決報由大理院核办未結卯值改革甲乙丙均經獄吏釋放嗣甲回籍經被害人訴由知事提案收押罪在赦令不准免除之列依統字七百號解釋似應咨送覆判審[illegible]

257

是否只就甲之部分覆判抑仍將乙丙併行覆判（行刑時效或並覆審時另一問題）之處未敢擅專理合呈請函院解釋指令祇遵等情到廳當即函請大理院解釋去後茲准大理院刑字第二五三四號覆函內開查覆判章程第四條之裁判係用書面審理固不必因被告脫逃而停止覆判程序惟依第五條第一項各款審判時自應仍參照本院統字第八六八號解釋文辦理等因准此查事關法律解釋各廳援據應即一律除指令外合行令仰該廳查照轉飭所屬一體遵照此令等因奉此除分行外合亟令仰該知事遵照此令

中華民國九年十一月三日

高等檢察長陶思曾

黃洪言監印

胡德麟校對

54
54
054

訓令

九土十

浙江高等檢察廳訓令第九三七號

令景寧縣知事

案奉

總檢察廳第一四〇三號訓令內開據江蘇高等檢察廳電稱懲治盜匪法上之犯罪初判誤引刑律呈送覆判高審廳發還覆審依懲治盜匪法處死刑呈由省長發還覆審判決後依懲治盜匪法減等處徒

258

遵等情到廳當即函請大理院解釋茲准大理院刑字第二三四七號覆函内開查縣知事判決之案經覆判審決定發交或發還覆審判決後除依覆判章程第七條分別情形准當事人上訴與否外不再送覆判其因覆判審發交或發還覆審判決後復經過懲治盜匪法第九條之再審或會審等程序而處徒刑者亦同（參照本院統字第七五八號第八七七號解釋文）等因准此查前項解釋各廳自應一律援據除指令外合行令仰該廳查照轉飭所屬一體遵照此令等因奉此除分行外合亟令仰該知事遵照此令

中華民國九年十一月三日

高等檢察長陶思曾

黄洪書監印
胡德麟校對

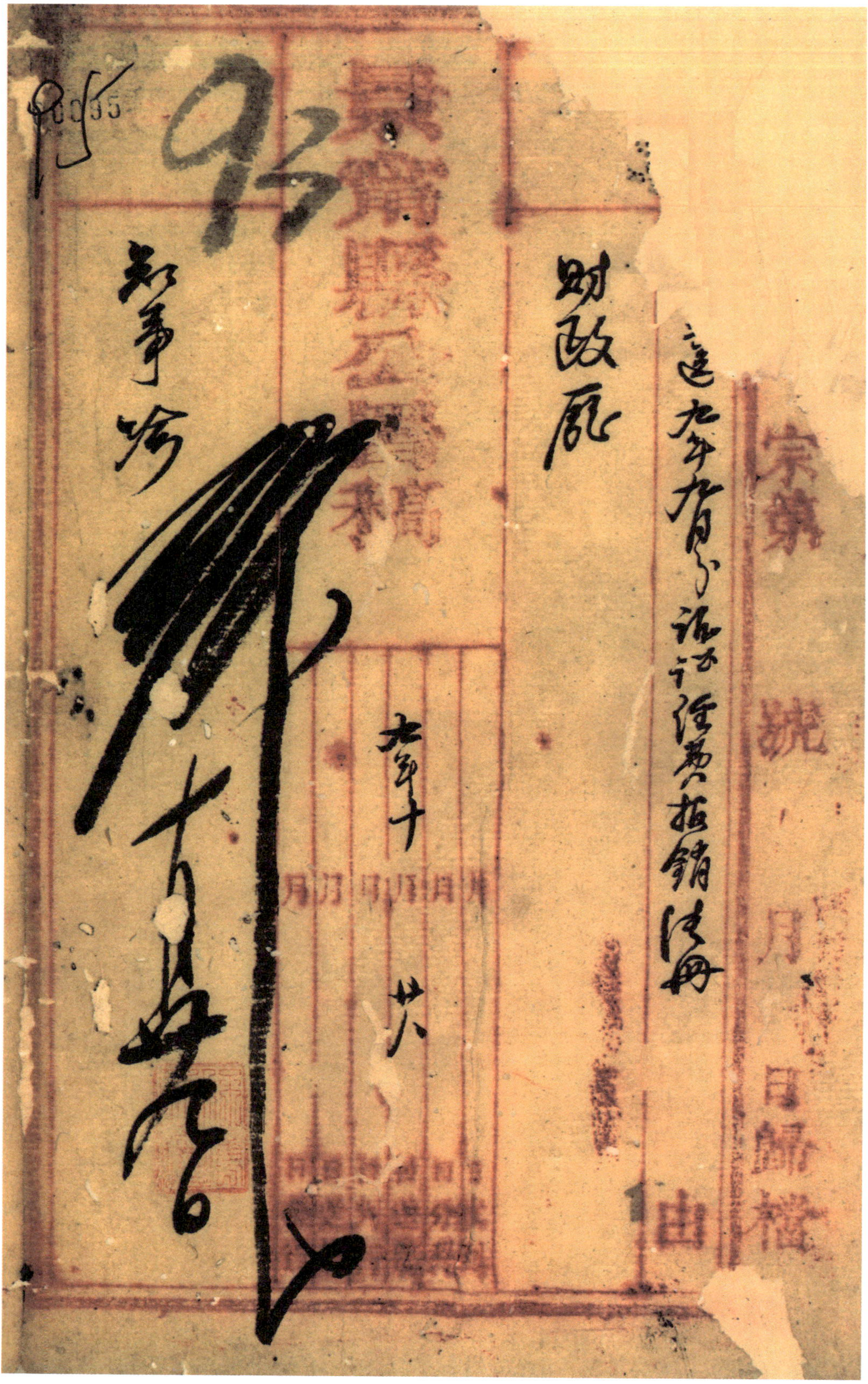
景寧縣公署

財政廳

送九年九月份訴訟經費報銷清冊

宗第 號 月 日歸檔

由

景宁县公署致财政厅九年九月份诉讼经费报销清册
（一九二〇年十月二十八日） 0261-004-0002-095

呈为呈送兼理诉讼报销清册事，窃县奉
高等两厅会令内开：县知事兼理诉讼经费，本厅酌定月支二百
元，每月支出不得稍越范围以外，致干赔补等因，奉此。所有九
月支出司法经费，理合造具清册备文呈送，伏乞
鉴核销，实为公便。除呈报
高等检察厅厅长外，谨呈
[illegible]厅厅长陈

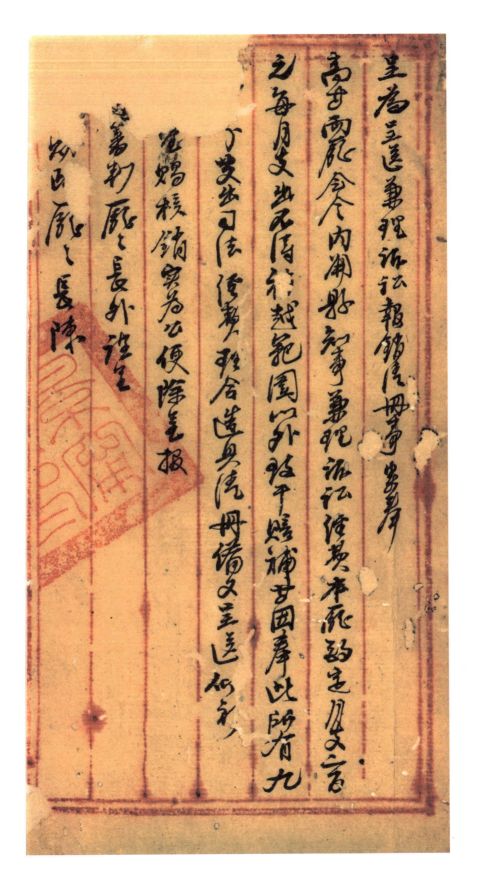

計呈送

九年九月分兼理訴訟經費報銷清冊一本

景寧縣知事呈

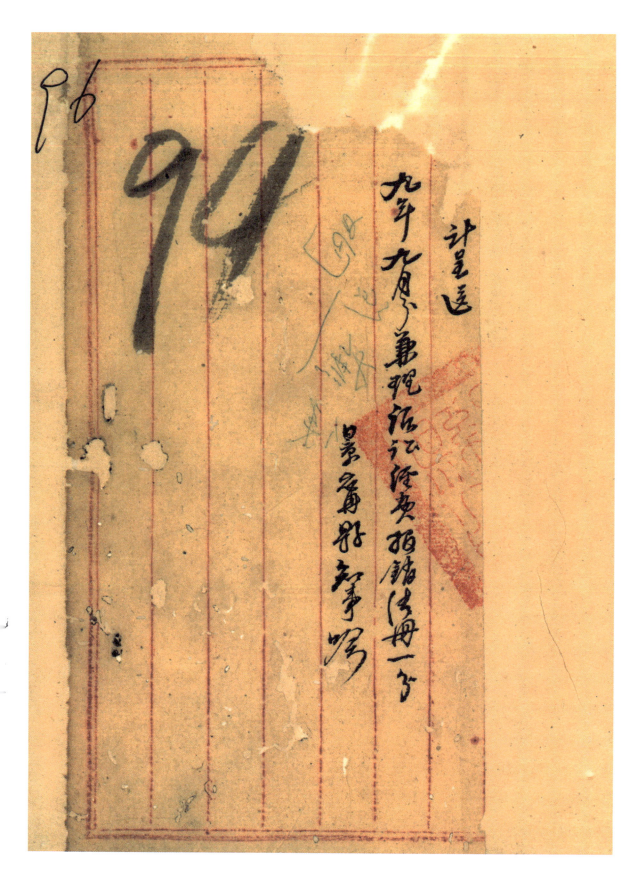